Grandes Religions

26-28, rue Danielle-Casanova, Paris 75002 France
Tél. : 01 42 60 33 84 Fax : 01 42 60 33 85
www.assouline.fr

Dépôt légal : 1er semestre 2004

ISBN : 2 84323 565 0

Imprimé par Maury Imprimeur (France)

Achevé d'imprimer : janvier 2004

Grandes
Religions

ASSOULINE

INTRODUCTION

À l'origine de ce livre : une histoire d'amour et un mariage mixte. Lui juif, elle catholique se retrouvent autour de tables familiales pour Pâques, Noël, Kippour...

La curiosité entretenant le questionnement, il fut très vite établi qu'autour d'une même table les réponses à des questions analogues ne s'accordaient pas.

Les traditions se perpétuaient mais rites, objets et prières avaient le plus souvent perdu de leur sens.

Il fut décidé de créer une série de livres qui auraient pour objet de lister les symboles de chaque religion majeure (correspondant à un grand nombre d'adeptes de par le monde) et de partir des objets ou rites familiers pour expliquer le sens et l'origine de ces différentes croyances.

Ainsi naquirent *Les Symboles du judaïsme*, premier titre de la collection. Le rabbin Marc-Alain Ouaknin fut choisi pour sa grande culture, mais aussi à cause de l'immense curiosité dont il faisait preuve et qui en faisait un des philosophes contemporains les plus écoutés.

Pour photographier chaque symbole, il fut décidé de demander à Laziz Hamani de travailler aux côtés de Marc-Alain Ouaknin. Ce très talentueux photographe de natures mortes, d'origine kabyle et de religion islamique, partageant avec le rabbin ouverture d'esprit et intelligence de cœur.

Ils ramenèrent des photographies magnifiques de leur séjour à Jérusalem et, après plusieurs années, leur amitié reste encore vive.

La collection se poursuivit avec Dom Robert Le Gall (*Les Symboles catholiques*), aujourd'hui évêque de Mende, Claude B. Levenson (*Les Symboles du bouddhisme tibétain*), et Malek Chebel (*Les Symboles de l'Islam*), tous trois spécialistes de leur foi respective et auteurs de nombreux ouvrages de référence à destination du grand public. Elle connut un grand succès et fut non seulement maintes fois réimprimée, mais aussi traduite en plusieurs langues.

Pour la première fois, la religion ne s'expliquait pas à partir de textes théoriques, mais elle empruntait le chemin de notre quotidien et décryptait une réalité qui nous est familière, pour nous entraîner à en comprendre sens et origine.
Le succès de ces livres mettait soudain en évidence la méconnaissance que la plupart des adeptes ont de leur religion.
À fortiori, de la religion de l'autre !
Nous avons alors eu à cœur d'élaborer un livre qui réunirait les symboles de ces quatre grandes religions, afin de permettre au lecteur de découvrir les oppositions et les ressemblances qui sont le propre de ces croyances, dont les origines reposent, pour trois d'entre elles, sur des sources identiques et une matrice unique.
L'idée sous-jacente étant le refus d'accepter tout monopole, et surtout, de s'ouvrir à la différence. D'aimer la différence. Car c'est bien de cela qu'il s'agit : notre époque tiraillée entre un œcuménisme trop discret et une intolérance surmédiatisée nous éloigne d'un dialogue personnel avec Dieu et d'une acceptation, voire d'une curiosité de "l'autre".
Puisse ce livre, analyse de questions fondamentales quant à notre condition d'humain face à la foi, nous aider à trouver l'antidote au fanatisme et à l'intolérance qui pénètrent peu à peu nos sociétés.
Puisse ce livre contribuer à notre ouverture aux autres et, par-delà leurs religions, à leurs traditions et à leurs coutumes. L'acceptation de "l'autre" restant sans doute le premier pas vers la véritable liberté d'être soi.

Martine Assouline
Paris, janvier 2004

MARC-ALAIN OUAKNIN

Rabbin et docteur en philosophie
Directeur du centre de recherche et d'études juives ALEPH (Paris)
Professeur associé à l'université de Bar-Ilan (Israël)

DOM ROBERT LE GALL

Théologien
Évêque de Mende

CLAUDE B. LEVENSON

Orientaliste
Auteur, journaliste et traductrice des enseignements du dalaï-lama

MALEK CHEBEL

Anthropologue
Directeur du Centre d'études et de recherches
sur l'imaginaire arabo-musulman (Cériamus, Paris)

Première Partie

12 Questions Essentielles

Deuxième Partie

Symboles

Première partie

12 QUESTIONS ESSENTIELLES

Qui est Dieu ?

MARC-ALAIN OUAKNIN

Pour le judaïsme, la question de Dieu est la question de la Révélation de Dieu. Chercher à comprendre Dieu, c'est chercher à comprendre la manière spécifique, le mode original par lequel l'infini entre en contact avec le fini, par lequel le divin a voulu se révéler aux hommes.

Après la première parole à Abraham, Dieu se révèle successivement à Isaac, Jacob et Moïse, à chaque fois de manière particulière. Les trois premières sont des Révélations faites à un individu, la quatrième, celle du Sinaï, est faite au groupe par l'intermédiaire de Moïse.

Pour le peuple juif, c'est la Révélation du Sinaï qui est la plus importante. Possède-t-elle une structure originale qui la différencie radicalement des précédentes ? Si nous relisons le texte de l'Exode qui décrit ce moment exceptionnel, on s'aperçoit, c'est une chose connue mais il faut insister, que Dieu comme Dieu n'est qu'une voix qui s'adresse au peuple du haut de la montagne par l'intermédiaire de Moïse ; Dieu qui reste en retrait, invisible, dont la seule incarnation est la voix, sa parole qui se grave sur les tables, les Tables de la Loi.

Le texte est d'ailleurs étonnant car il parle d'une vision des voix : "Et tout le peuple vit les voix". Verset que les commentateurs expliquent comme vision du texte donné, révélé au Sinaï. La Révélation, c'est d'abord la Révélation d'un texte, voilà la grande Révolution que nous rapporte le récit biblique. Et le premier et essentiel rapport à Dieu est un rapport à ce texte de la Loi.

La mystique juive radicalise cette pensée dans la formule suivante : *Qoudcha berikh hou ve torato had hou* ("le Saint Béni soit-il et sa Tora ne font qu'un"). Dieu serait le Texte ! C'est par ce texte que l'homme apprend à connaître Dieu. Dieu est tout d'abord le Créateur du ciel et de la Terre et de tout l'Univers, ce qui confère à l'homme le statut de créature, lui qui vient comme la dernière création de Dieu au sixième jour, achèvement de cette création.

Dieu selon ce récit est celui qui met de l'ordre dans le monde. Chaque chose a sa place propre qui doit être respectée pour que l'équilibre du monde soit maintenu. Cette organisation est valable pour les choses et pour les êtres vivants. C'est la Loi du monde, physique et métaphysique, mathématique et éthique. Le Dieu créateur est donc une force organisatrice des mondes et une force qui soutient ces mondes. Ce Dieu est nommé Élohim par le texte biblique qui s'ouvre sur cette célèbre phrase : "Au commencement Élohim créa le ciel et la Terre".

La question est "qui est Dieu ?", mais le judaïsme possède de multiples façons de dire le divin qui ne sont pas équivalentes. Même si Dieu est unique, la façon dont il se révèle aux hommes est multiple. Il y a le Dieu-Élohim, le Dieu-YHVH, nom en quatre consonnes qui ne se prononce jamais, nom ineffable que certains transcrivent, à tort, *Yahvé* ou *Jéovah*, car cette transcription est déjà une manière de porter atteinte à l'infini du divin. On trouve aussi le nom *Chadaï* qui dit l'autolimitation de Dieu qui fut nécessaire pour créer le monde et pour pouvoir continuer à y être présent. Pour la mystique juive, ce passage de l'infini dans le fini s'est opéré par le texte. Cette dernière remarque permet de comprendre pourquoi la lecture et l'étude sont si importantes dans le judaïsme.

En effet, nous avons dit que Dieu est le texte. Cela signifie que la manifestation la plus radicale du divin passe par le texte, par le livre et les lettres de l'alphabet ; autrement dit, par un objet de ce monde-ci, comme si l'infini – Dieu – passait dans le fini et devenait ainsi lui-même quelque chose de fini, de limité, comme l'est tout texte. Ce passage de l'Infini au fini, cette possibilité pour le fini d'exister à partir de l'Infini porte un nom dans la Cabale, c'est le *Tsimtsoum*, la contraction de Dieu. Cette contraction pose un problème théologique important : si Dieu se propose à la finitude, reste-t-il encore Dieu ?

Ce problème, les cabalistes et les talmudistes l'ont bien vu, et il fallait y répondre, car évidemment le risque est d'avoir affaire à un Dieu fini, un Dieu dans ce monde-ci, c'est-à-dire une idole. Et si Dieu s'est fait Livre, il faut donc en quelque sorte rendre au texte son statut d'Infini, c'est-à-dire utiliser tous les moyens pour lui donner un sens infini. C'est ce que les talmudistes ont réussi à faire. Dans le Talmud, il ne s'agit pas de comprendre mieux le texte, ou de mieux comprendre Dieu, mais d'interpréter le texte de telle sorte que la parole qu'il contient – et qui est unique – soit comprise de manière plurielle.

C'est cette pluralité de perspectives qui fait que l'on peut dire qu'il existe une perception de Dieu qui est différente pour chacun. Ce Dieu pluriel donne le Dieu vivant, non pas un polythéisme, mais un judaïsme pluriel, une liberté pour chacun de percevoir son rapport au divin.

DOM ROBERT LE GALL

Entre le Père et le Fils et leur Esprit, qui sont l'unique Dieu pour les chrétiens, existe une unité à laquelle nous sommes appelés, selon la prière de Jésus à son Père avant sa Passion : "Je prie pour tous ceux qui croiront en moi, afin que tous soient un. Comme toi, Père, tu es en moi et moi en toi, qu'eux aussi soient en nous, afin que le monde croie que tu m'as envoyé" (Jean, XVII, 20-21). La mission du Fils vient de l'unité divine et s'ordonne à elle, "dans l'unité du Saint-Esprit", comme chantent les conclusions des oraisons à la messe ou à l'office.

Père, Fils, Souffle d'amour : les noms des Trois qui sont Un, qui sont le Dieu unique pour la foi chrétienne, sont des noms d'intimité qui plongent au cœur de notre vie humaine en ce qu'elle a de plus précieux. N'est-il pas vrai que dans les relations humaines privilégiées nous tendons à l'unité ? L'amour et l'amitié réalisent une union, une communion, qui respectent l'identité de ceux qui sont ainsi liés et même la construit.

La Trinité est un mystère où se joignent l'unité et la différence, irréductibles l'une à l'autre. Il ne s'agit pas d'une fusion qui mêlerait le Père, le Fils et le Saint-Esprit, mais de Personnes qui en se donnant deviennent pleinement elles-mêmes et sont UN, le Dieu unique. Nous sommes des êtres qui avons besoin de relations pour nous développer, en termes philosophiques des substances relatives ; les Personnes divines, qui sont le seul Dieu, sont, en tant que personnes, des relations subsistantes, c'est-à-dire pleine relation à l'autre coïncidant parfaitement avec l'être divin.

Pour les chrétiens, ce mystère baigne toute leur vie. Depuis leur baptême – ce mot signifie “plongeon” en grec – “au nom du Père et du Fils et du Saint-Esprit”, ils sont plongés dans la Trinité sainte. Chaque signe de croix les marque au nom de ces trois Personnes divines. Chaque prière de la messe s'adresse au Père par le Fils et dans le Saint-Esprit. Chaque psaume s'achève par un “Gloire au Père et au Fils et au Saint-Esprit”, etc.

La Trinité n'est pas une équation insoluble entre trois et un, mais un mystère de vie et d'amour, car il faut être plusieurs pour aimer et être aimé, dans l'unité à laquelle tend la vraie dilection.

CLAUDE B. LEVENSON

À la différence des religions monothéistes, le bouddhisme ne se fonde pas sur la notion d'un dieu créateur. Il est à la fois philosophie de vie et approche spirituelle qui s'ancre dans la réalité d'une personnalité historique d'exception, Çakyamuni, le “Sage des Çakya”, le Bouddha historique, qu'une intense réflexion solitaire de plusieurs années a mené à l'éveil : d'où son nom, le Bouddha – celui qui s'est éveillé des illusions du monde. Le *dharma*, la Loi qu'il a énoncée pour les êtres de ce monde, doit permettre à chacun de suivre un chemin analogue au sien, jusqu'à se libérer de toute souffrance en accédant au *nirvâna*, état suprême de paix que d'aucuns nomment connaissance, sagesse, but ultime, illumination ou encore éveil.

Selon les siècles et les latitudes, multiples sont les chemins qui ont mené à la réalisation de cet idéal. Parmi eux, la voie tibétaine, avec ses nombreuses ramifications, est sans doute l'une des plus attirantes par l'infinie diversité de ses divinités et la cohorte animée de ses dieux souriants et farouches. Des dieux justement : pour le sage des solitudes himalayennes dieux et déesses sont avant tout les projections ou les fantasmagories de l'esprit humain. Ils personnifient des pouvoirs, incarnent des forces puissantes et représentent des tendances qu'il appartient à l'être humain de maîtriser et d'affiner pour les utiliser à des fins de perfectionnement spirituel ou simplement humain : accomplir pleinement son potentiel, les dons et les capacités que chacun porte en soi, comme il porte au tréfonds de son être la nature du bouddha. Celle-ci est la graine d'éveil qu'il lui appartient de soigner, de faire mûrir et fleurir. Les dieux, selon le bouddhisme, sont aussi les habitants d'un royaume de félicité faisant partie de la Roue de la Vie. En tant que tels, ils ne font comme nous que passer, soumis à l'imparable loi du changement, ou de la transformation – donc de l'impermanence. Les êtres humains peuvent renaître dans ce royaume si leur *karma* le leur permet, d'après la loi de causalité, mais ils n'en seront pas moins mortels, même si l'existence dans ces champs de béatitude dure beaucoup plus qu'une simple vie humaine. Dans cette optique, chacun est responsable de lui-même, de ses actes, des autres et du monde qu'il contribue à façonner par sa présence et par son action.

MALEK CHEBEL

Pour un musulman sincère, Dieu ne peut être appréhendé par les cinq sens de l'homme, ni par toute autre spéculation intellectuelle. Une telle question peut d'ailleurs paraître blasphématoire dans son énoncé et inutile dans sa finalité. L'ipséité divine étant intangible, il n'existe aucune entité au monde qui ait la couleur, la consistance ou l'étendue d'Allah, aucun être auquel on puisse le comparer. D'où l'inanité à vouloir l'approcher par quelque argument que ce soit. Aussi, la seule connaissance de Dieu ne peut être exposée : il faut la vivre intimement. Elle relève de la perception concrète, car connaître Dieu c'est d'abord l'aimer et le servir. Une certitude du cœur plus qu'une construction abstraite.

Pourtant, le Coran attribue un certain nombre de qualités à Allah qu'il résume dans quelque quatre-vingt-dix-neuf noms sacrés, autant de prérogatives divines : Allah l'Unique, Allah l'Omniscient, Allah le Tout-Puissant, etc.

Les musulmans croient en une autre vertu d'ordre esthétique, mais qui est cruciale : Allah est beau. Et le prophète Mohamed d'ajouter que ce Dieu-Beauté est aussi un Dieu de la Beauté, ce qui inclut toutes les vertus que la charte humaine s'est données. À cela s'ajoute une infinité d'autres caractéristiques – qui rejoignent les Beaux Noms d'Allah – comme la grandeur, l'étendue, la longévité, etc.

C'est par ce biais-là que se fait l'approche du divin en islam, autant pour en mesurer sa véracité et sa puissance que pour asseoir une vénération authentique.

Peut-on aimer cette entité majestueuse qui, dans sa souveraine puissance, ne laisse aucune place au doute et à l'hésitation ? Pour répondre à cette question, les textes fondateurs de l'islam insistent sur le fait que la vénération de Dieu ne peut pas être imposée de l'extérieur ou pratiquée sous la contrainte. Or, dans la mesure où elle ne peut être désincarnée, artificielle, chaque fidèle doit chercher à la percevoir par lui-même. Exigence d'intériorité qui constitue le joyau central de la foi (*al-imân*).

En tant que Seigneur des Cieux, de la Terre et de l'Univers (XLV, 36), Dieu est également celui par lequel, constamment, heure après heure, se parfait notre monde. Il n'est qu'à regarder autour de soi, scruter la nature chantant ses louanges, observer l'accomplissement de l'homme pour se rendre compte de Sa présence. Le "Règne Vivant" grâce auquel s'accomplit l'acte du créateur, et par conséquent son identité, tel est le principe sur lequel les musulmans fondent le mieux leur définition de Dieu.

Qu'est-ce que le divin ?

MARC-ALAIN OUAKNIN

L'espace politique s'ouvre en tout lieu où se rassemblent plusieurs visages : ils ne sont pas en communauté mais vont construire leur communauté dans le questionnement même du sens de leur rassemblement. Une communauté est dans l'"en-train-de-se-faire" parce qu'elle ne part pas d'un préjugé sur ce qu'elle est ou doit être.

Cependant, malgré le non-savoir définitif sur la définition de la "bonne société", nous continuons à penser que la démocratie est un choix meilleur que le totalitarisme. Et, dans la démocratie, nous portons au pinacle telle valeur plutôt que telle autre. D'où vient ce choix ? Pourquoi choisit-on la démocratie ? C'est une conviction, mais d'où vient-elle ?

Si nous faisons appel au divin et à la Révélation, nous risquons de laisser place au surgissement de faux prophètes qui, au nom de Dieu, proposeront un choix politique fondé sur la violence ! Comment peut-on démontrer que l'égalité est fondée ? Quelle est la légitimité d'une loi instituée par l'homme ? Par les hommes ? Il y a ici une authentique question, "une question sans fin" malgré les nombreuses réponses que l'on peut y apporter.

La modernité politique, qui exclut l'idée de Révélation et de transcendance, se tient dans un paradoxe qui est peut-être la force même du questionnement comme éros de la pensée. Grâce à lui, la pensée pense. Le paradoxe est le suivant : il y a, d'une part, l'exigence de donner un fondement ultime à notre position éthique et politique et, d'autre part, il existe l'exigence proprement moderne de demeurer lucide quant à l'impossibilité de fonder en raison cette position. La modernité a perdu la foi en la possibilité d'atteindre un fondement dernier ou premier des choses, mais elle a maintenu l'exigence de rapporter toutes ses options à un tel fondement. En fait, tout se passe comme si chacun acceptait librement une dimension de transcendance par rapport à toute décision et à tout jugement humains. Au-delà de certaines limites, le jugement et l'action des hommes se font comme si la réponse était donnée par un Dieu.

La Révélation serait cela même : l'ouverture du sujet à autre chose que lui-même, à une autre dimension sans retour égologique. La

Révélation serait cette possibilité même du mouvement du Même vers l'Autre, mouvement que l'on nomme transcendance. La Révélation, comme transcendance de Dieu vers l'homme, serait corollaire de la transcendance de l'homme "vers...", sans retour, responsabilité : la Révélation, en ce sens, serait d'abord éthique !

La structure de la Révélation comme reconnaissance de l'altérité est la limite, l'autolimitation du politique. Cependant, la reconnaissance de l'existence d'un transcendant et son respect ne suffisent pas. Ce n'est qu'un projet bien orienté. Ce sont les hommes qui, en dernière instance, même dans l'horizon de la Révélation, font leur histoire. "Dans une démocratie, le peuple peut faire n'importe quoi – et doit savoir qu'il ne doit pas faire n'importe quoi. La démocratie est le régime de l'autolimitation; elle est donc le régime du risque historique." Risquons l'Histoire.

DOM ROBERT LE GALL

La Révélation biblique définit le divin à partir de l'humain. Il fallait en effet que Dieu utilisât un langage humain pour nous dire qui il était. Le dernier mot de cette Révélation est l'Incarnation, par laquelle "le Verbe s'est fait chair" (Jean, I, 14). Ce Verbe est la Parole même de Dieu. Il peut donc nous parler de Dieu en vérité. Que nous en dit-il ? "Dieu est Amour" (I Jean, IV, 8-16). Nous l'avons déjà expliqué : Dieu est Trois et Un; son mystère d'unité est un foyer d'amour éternel auquel nous sommes nous-mêmes conviés. Dieu est l'être, "Celui qui est" (Exode, III, 14). Tout ce qui est vient de lui : "Tout fut par lui, et sans lui rien ne fut" (Jean, I, 3). Mais il est distinct des êtres qu'il crée. La création est un acte de séparation, comme la naissance d'un enfant le sépare de sa mère; cependant la relation demeure et même doit grandir. Il en va de même pour les créatures qui, distinctes de Dieu, gardent avec lui une relation constante, qu'elles doivent découvrir et vivifier de plus en plus. Pour les chrétiens, il ne s'agit pas de devenir Dieu, de se fondre dans un grand Tout, comme la goutte d'eau se répand dans l'océan. Le Dieu Créateur, Père, Fils et Esprit-Saint, qui est Amour, offre aux créatures, qu'il a faites capables de connaître et d'aimer, d'entrer dans sa vie divine. Nous sommes invités non pas à devenir Dieu, mais à être "divinisés" en recevant – sans le prendre – le don de son amour. C'est "dès la fondation du monde" que le Père nous a élus en son Fils, "pour être saints et immaculés en sa présence dans l'amour" (Éphésiens, I, 4).

Ainsi, tout ce que nous faisons dans l'amour vient, d'une façon ou d'une autre, de Dieu et nous rapproche de lui, mais nous savons aussi que d'autres forces ou tendances nous attirent vers d'autres directions.

CLAUDE B. LEVENSON

Puissance supérieure, le divin est indéfinissable et inaccessible à l'entendement courant. À en croire certains sages, il pourrait être la réflexion ou la projection subtile de l'esprit humain. Selon les bouddhistes, divinités et déités représentent des forces naturelles ou surnaturelles dont les êtres sensibles doivent s'accommoder afin de préserver de précaires équilibres.

Dieux et déesses jouent un rôle de protection, mieux vaut veiller à s'assurer leur bienveillance plutôt que de s'attirer leur courroux. En fait, le bouddhisme ne reconnaît aucune "révélation divine" au sens où l'entendent les religions monothéistes, puisque Gautama Siddharta, devenu bouddha, c'est-à-dire "éveillé", est un être humain ayant vécu à une période historique déterminée, un demi-millénaire avant le Christ. Sa quête spirituelle persévérante et sans concession l'a amené à formuler une vision particulière du monde, devenue au fil du temps l'assise du bouddhisme.

Cette approche singulière a par la suite façonné des générations et des générations, principalement sur le continent asiatique où elle s'est peu à peu enrichie de légendes, de commentaires, de récits et de recherches individuelles, jusqu'à former le tronc solide aux ramifications diverses d'une manière de vivre et de ressentir le monde.

MALEK CHEBEL

Dans une formulation classique, le divin est une puissance transfigurante qui se manifeste à travers le foisonnement de la nature ou à travers l'entité humaine. Par ailleurs, celle-ci aurait (comment le savoir autrement ?) des propriétés intérieures plus abstraites : unicité, transcendance, permanence.

Ses formes extérieures sont multiples ; elles sont liées au nombre de ses attributs (Allah jouit de quatre-vingt-dix-neuf noms sacrés, qui sont autant d'attributs, de signes le caractérisant) et à d'autres manifestations exotériques (les formes humaines, animales, végétales, etc.). Mais Dieu n'est divin, en son essence et en ses représentations, que s'il est une horloge sublime douée de mouvement, une entité cinétique, un *pneuma* primordial. Au-delà de son aspect ineffable ou inaccessible, Dieu est divin en ce qu'il est un perpétuel mouvement, une dynamique sans fin qui se concrétise par son acte créateur : "J'étais un trésor caché, J'ai voulu être connu et J'ai créé" (*hadith qûdsi*). La preuve évidente de l'existence de Dieu, sa définition en somme, est d'ordre pneumatique.

L'homme, comme signe du divin, en Dieu et en nous-mêmes, reste le meilleur cor par lequel le chant céleste se transmet.

Lorsque le musulman prononce la *chahada, La ilâha ila Allah* (Il n'y a d'autre Dieu que Dieu...) – qui est aussi l'acte premier de sa religion –, il entend désigner cet Être suprême, dont l'unicité principielle ("Il est l'Un...") est garante de son universalité ("Il est la Totalité et la Multiplicité réunifiées").

L'autre distinction du divin est d'être lui-même la force suprasensible qui le nourrit. Le divin est également celui par lequel se parachève l'humanisation de l'homme : "Nous avons créé l'homme ; Nous savons ce que son âme lui suggère ; Nous sommes plus près de lui que sa veine jugulaire" (Coran, L, 16).

Qu'est-ce que la foi ?

MARC-ALAIN OUAKNIN

Dans sa recherche, l'homme juif doute. Il ne recherche pas la vérité, mais le sens. La question n'est plus "Comment Dieu a-t-il créé le monde?", mais "Puisque le texte me dit que Dieu a créé le monde, quel sens cela a-t-il pour moi?".

L'homme talmudique se situe toujours dans un mouvement, sortant de la certitude pour entrer dans l'inquiétude du "ne pas savoir", selon une formule de Rabbi Nahman de Braslav. Il est essentiellement "chercheur", son travail est essentiellement une "recherche". Chez Rabbi Nahman, ici proche de Kierkegaard, nous rencontrons le terme de "croyance", qu'on ne peut écrire qu'avec des guillemets pour ne pas l'entendre et ne pas le confondre avec la simple foi.

Pour l'homme juif, il y a toujours des combats à mener, des possibilités de défaites à envisager. Situations à choisir sans repos. C'est le combat de Jacob avec l'ange. C'est ainsi qu'il devient Israël! L'homme juif ne connaît pas de certitude extérieure, confortable, définitive. Dans la "croyance" qui reste encore "recherche", il y a toujours un "pour" et un "contre", et lorsqu'on choisit le "pour", on sait très bien que le doute peut énoncer le "contre".

La "recherche" ou la "croyance" est une tension infinie de deux contraires qui ne se résorbent pas dans un troisième terme de synthèse. Le terme positif n'annule jamais le terme négatif et il ne s'agit pas d'un équilibre stable entre les deux mais d'un va-et-vient continuel, tantôt accentuation de l'un, tantôt accentuation de l'autre.

L'homme juif comme "chercheur éternel" a opté – de manière réversible, sinon il aurait choisi, une fois pour toutes, et se serait enfermé dans un système – pour "une philosophie de la caresse" où il n'y a jamais de prise ou d'emprise de manière définitive. Au contraire, il y a production d'"à venir". Ici émerge une sagesse de l'incertitude, d'une incertitude objective. Ce qui se dit de la foi peut être transposé à d'autres perceptions mondaines.

"Ai-je la foi?, demande Kierkegaard, de cela, je ne puis avoir aucune certitude immédiate, car la foi est précisément cette oscillation dialectique qui, dans le tremblement et la crainte, ne désespère pourtant jamais. Elle est ce souci infini au sujet de soi-même, ce souci de savoir si on a la foi, et c'est ce souci qui est la foi."

Pour le "chercheur", pour l'homme juif, il n'est qu'une certitude, celle du risque de l'absolu.

Lorsque Rabbi Nahman affirme que "le monde est un pont étroit, jeté sur l'abîme", où l'homme risque de tomber à chaque instant d'un côté ou de l'autre, il signifie l'incertitude objective de l'homme, face au monde, face à l'Autre lui-même. C'est en effet le mouvement d'incertitude qui est notre signe de relation avec l'Autre ; cette incertitude est le signe même de la "croyance". C'est lorsque l'individu n'est pas assuré de sa relation avec l'Autre qu'il y a relation avec l'Autre. Dans le domaine de la foi, "c'est lorsque l'homme n'est pas assuré de sa relation avec Dieu qu'il y a relation avec Dieu. Malheureux ceux qui croient être en relation avec lui car ils ne le sont certainement pas."

Cependant, cette manière d'avoir la foi est très subjective. C'est pour cela que les maîtres de la tradition ont formulé des "articles de foi" qui sont les principes essentiels auxquels les juifs se doivent d'adhérer pour permettre une société fondée autour de valeurs communes. Les plus connues sont celles de Maïmonide.

Il énonce treize articles de foi qui sont :

L'existence de Dieu ;

L'unicité de Dieu ;

L'incorporéité de Dieu ;

L'éternité de Dieu ;

Dieu seul doit être l'objet d'adoration ;

Croire en la prophétie ;

Supériorité de Moïse sur tous les prophètes ;

Dieu a révélé la Tora à Moïse ;

La Tora est immuable dans son texte ;

Omniscience de Dieu ;

Il existe des rétributions et des châtiments ;

Le messie viendra ;

Les morts ressusciteront.

DOM ROBERT LE GALL

La foi est au cœur des relations entre personnes. On ne peut pas vivre sans faire confiance aux autres. Qu'est-ce qui me prouve, par exemple, que je suis l'enfant de mes parents ? Spontanément, nous croyons ce que les autres nous disent, quand ils nous apprennent des nouvelles ou des événements. Une société où règne la peur ou la défiance, comme les totalitarismes qui installaient la délation jusque dans les familles, est dénaturée. Aimer suppose qu'au-delà des signes de l'amour on se fonde sur le cœur de l'autre : "On ne voit bien qu'avec le cœur, dit le Renard au Petit Prince ; l'essentiel est invisible pour les yeux." Donner sa foi, c'est se lier à quelqu'un, s'ancrer dans son cœur.

Dans la tradition catholique, on distingue la foi, l'espérance et la charité, en suivant l'enseignement de saint Paul en sa première lettre aux Corinthiens : "Maintenant demeurent foi, espérance et charité, mais la plus grande d'entre elles, c'est la charité" (XIII, 13). La foi est destinée à faire place à la vision ; l'espérance à la possession ; mais l'amour atteint déjà son objet. La limite de cette distinction est de faire de la foi une vertu intellectuelle, alors qu'elle est adhésion de tout l'être à ce que Dieu nous révèle : "La foi est la substance des biens que l'on espère, la preuve des réalités qu'on ne voit pas", enseigne l'épître aux Hébreux (XI, 1). Croire en des vérités de foi suppose que l'on ait foi en celui qui nous les propose.

Toute l'Écriture est un appel à donner sa foi et sa confiance en Dieu, comme cette première finale de l'Évangile selon saint Jean : "Jésus a fait sous les yeux de ses disciples encore beaucoup d'autres signes, qui ne sont pas écrits dans ce livre. Ceux-là ont été mis par écrit pour que vous croyiez que Jésus est le Christ, le Fils de Dieu, et pour qu'en croyant vous ayez la vie en son nom" (XX, 30).

CLAUDE B. LEVENSON

La foi est une manière de croire, de s'en remettre à une force extérieure ou à la sienne propre, et de se battre jusqu'au bout, jusqu'à atteindre son but ; elle peut être le moteur d'une façon de vivre et de faire face aux multiples défis d'une simple existence humaine.

On peut avoir foi en une multitude de choses : en une puissance divine bien sûr, en la providence, mais également en un ange gardien, en un guide intérieur, en un maître de sagesse, en sa bonne étoile, en une idée de justice, en une vie meilleure (à ne pas remettre toujours au lendemain) : il semble que la source d'une certaine foi est inépuisable et que ce sont les êtres humains qui lui confèrent la multiplicité de ses couleurs ou de ses objets, le temps d'un passage sur Terre. La foi peut être aussi un choix personnel, fait par affinité ou après réflexion, et qui finit par être cette petite lumière vacillante que chacun, dit-on, porte en lui.

MALEK CHEBEL

Un jour, un homme vient trouver le Prophète et lui dit : "Qu'est-ce la foi ? – C'est, répondit-il, croire en Dieu, à ses anges, à l'autre vie, aux prophètes et à la Résurrection[1]", et le Coran d'ajouter : "… sans plus jamais en douter par la suite" (XLIX, 15).

Au cœur du dispositif de la foi se trouve la croyance. On ne peut acquérir l'une sans disposer des potentialités de l'autre : foi et croyance sont les deux facettes d'une même attitude. Dans la réponse donnée par le Prophète au Bédouin qui l'a interrogé, on remarque les étapes essentielles du processus, car l'attitude de la croyance est soutenue par une orientation, un projet. La foi – sentiment complexe et puissant qui procède directement du Mystère de la Création – tient en une conviction intime et inébranlable ayant pour objet notre vocation d'êtres humains nés pour servir une cause commune, universelle, transcendantale.

De manière pratique, la foi comprend le respect que l'on doit aux prescriptions canoniques (*ibadat*) qui constituent l'islam, au sens exotérique du terme. Elles sont au nombre de cinq : profession de foi, prière, aumône, jeûne, pèlerinage. À cela s'ajoutent les dispositions intimes à l'égard de Dieu ("servir Allah comme si on le voyait, car si nous ne le voyons pas, Lui nous voit") et de son Prophète. Cela se traduit par des attitudes de dévouement sincère, de confiance, d'amour et de crainte.

La foi en islam, *al-iman* – le terme dérive de *amana*, "mettre en sûreté" –, est une disposition naturelle que la pratique religieuse augmente, sans la donner, afin "qu'ils ajoutent une foi nouvelle à leur foi" (XLVIII, 4).

Sur la foi, les compagnons du Prophète nous ont laissé un grand nombre d'apophtegmes et d'adages. Il ressort de la plupart de ces propos que la foi est une disposition fondée sur la "crainte" de Dieu. Mais n'étant sanctionnée par aucune vérification immédiate, la foi ne saurait être univoque ou manquer de sincérité. C'est au croyant lui-même d'adhérer ou de ne pas adhérer à la parole divine, de l'honorer ou de l'exclure. Ainsi se comprend le mot d'Ibn Mas'oud (VIIe siècle) qui dit que la foi est une certitude et que cette certitude est la foi tout entière.

La difficulté du pénitent et son long cheminement en direction d'une foi pleine s'expriment par l'expression prophétique selon laquelle cette dernière comportait plus de soixante branches.

La foi est un sentiment intime qui n'accepte aucun artifice : "Ce n'est pas de la piété que de tourner votre visage du côté de l'orient ou du couchant", précise le Coran. La piété consiste à croire aux prescriptions des textes sacrés, à craindre Dieu (*khouchou'*) et respecter son Prophète, sans chercher à tirer d'avantage de cette situation.

1. El Bokhari, *Les Traditions islamiques*, t. 1, p. 28, Paris, Adrien Maisonneuve, 1984.

Qu’est-ce qu’un prophète ?

MARC-ALAIN OUAKNIN

En hébreu, le prophète se dit *navi*, c'est l'homme qui parle qui s'élève à un niveau de conscience tel qu'il entend la parole de Dieu et sait la retraduire de manière à ce qu'elle soit audible pour les hommes.

Contrairement à l'opinion populaire, le prophète n'annonce pas l'avenir. Il éveille simplement les hommes à leurs devoirs et les prévient des conséquences positives et négatives de leurs actes. Il énonce le déroulement logique des choses. Messager de Dieu, il doit traduire en langage populaire le fruit de sa révélation. En ce sens, il est habité par la parole divine, mais ne souffre pas de perte de sa propre personnalité, ni de son identité. La source de la prophétie réside dans la "parole" et non dans l'"Esprit" divin, et ce qui fait de l'individu un prophète n'est pas l'Esprit qui l'entoure, mais les mots dont il est le détenteur. Il peut cependant s'engager dans un dialogue avec le divin et la contrainte de sa charge ne détruit pas son libre arbitre.

L'expérience prophétique consiste en une confrontation. Le prophète participe de l'action ou de la parole qu'il accueille ; armé uniquement de la parole divine, il devient iconoclaste en examinant le monde par ses voies. Il n'acquiert pas une connaissance particulière du divin, mais seulement de son dessein momentané dans l'histoire ; il n'est ni un philosophe, ni un théologien, mais un médiateur. Il n'incarne pas la finalité d'un message, il n'est qu'un homme moyen qui, subissant l'expérience de la parole divine, doit accomplir la tâche difficile qui lui incombe de la transmettre à un auditoire indifférent, voire hostile. Ceci explique la diversité de style des prophètes, dont chacun d'entre eux est maître à sa manière, que ce soit dans l'expression littéraire, les sermons, les prières, les paraboles ou les jugements légaux. Ainsi le message divin est-il transmis à travers le prisme de l'homme, la révélation divine étant délivrée par un agent essentiellement humain et chaque fois différent.

Les premiers prophètes jouèrent un rôle important dans les affaires courantes et ils étaient fréquemment consultés afin de recueillir les oracles de Dieu. Certaines mentions sont faites de leur rétribution à ces fins (I S, 9,8 ; I R, 14,3 ; II R, 8,9). Ils exercèrent une importance considérable sur le destin politique d'Israël. Les prophètes furent si importants pour la monarchie que certains rois avaient leurs propres prophètes à la cour, tels Nathan (II S, 7,1 ; I R 1,8) ou Gad (I S, 22,5 ; II S, 24,11 ; I Ch, 21, 9 ; 29,29). Ces premiers prophètes alliaient à une réflexion d'une grande lucidité sur le présent le pouvoir de prédire l'avenir, encore qu'ils agissaient plus par actes symboliques que par prédiction au sens littéral du terme. Ils pouvaient aussi accomplir des miracles, comme Élie et Élisée. Mais, si tous ces actes étaient effectués "au nom de Dieu", qui les opérait par leur intermédiaire, cette position ne leur assurait pas pour autant l'impunité ou la sécurité et n'empêchait nullement qu'ils fussent persécutés, tel Élie (I R, 17), ou emprisonnés, comme Michée (I R, 22,27).

La Bible hébraïque appelle Neviim, "Prophètes", la deuxième section canonique qui suit immédiatement la Tora ou Pentateuque. Cette section est divisée en deux parties et compte tout d'abord les "Premiers Prophètes" : les livres de Josué, des Juges, de Samuel et des Rois qui sont en fait des "livres historiques" mais contiennent les récits des prophètes préclassiques, dont ceux de Nathan, d'Élie et d'Élisée. Le second groupe, dit des "Derniers Prophètes", contient les œuvres de la littérature prophétique classique, celles des trois "grands prophètes" (Isaïe, Jérémie et Ézéchiel) et des douze "petits prophètes" (Osée, Joïl, Amos, Obadiah, Jonas, Michée, Nahoum, Habacuc, Sophonie, Aggée, Zacharie, Malachie). La différence entre les prophètes "grands" et "petits" tient à la longueur de leurs œuvres, et non à leur importance et qualités respectives.

Les premiers livres contiennent principalement des récits biographiques sur les prophètes, alors que les derniers s'attachent au contenu des prophéties. Les deux types ont en commun le titre de "prophète" et l'inspiration divine qui pousse ces hommes à délivrer leur message au peuple d'Israël pour préserver son Alliance avec Dieu.

Les premiers prophètes sont parfois appelés "voyants". Certains d'entre eux, en particulier Élie et Élisée, accomplissaient des miracles.

DOM ROBERT LE GALL

Contrairement à ce que l'on pense d'habitude, un prophète n'est pas seulement quelqu'un qui prédit l'avenir. Le mot signifie soit "parler à l'avance", ou surtout "parler à la place d'un autre" (selon les deux sens de la préposition *pro*, *phèmi* signifiant "parler"). Le prophète est donc un homme qui parle au nom de Dieu. Moïse fut le grand prophète de l'Ancien Testament, à qui le Seigneur déclara au moment de sa vocation : "Va maintenant, je serai avec ta bouche, et je t'indiquerai ce que tu devras dire" (Exode, IV, 12). Lors de son appel, Isaïe voit sa bouche purifiée par le contact avec une braise venue de l'autel d'En Haut (VI, 6-7). Il en fut de même pour Jérémie : "Le Seigneur étendit la main et me toucha la bouche et me dit : 'Voici que j'ai placé mes paroles en ta bouche'" (I, 9).

Le prophète est parfois appelé "voyant", selon cette notation que l'on trouve dans le premier livre de Samuel : "Au lieu de prophète comme aujourd'hui, on disait autrefois voyant" (IX, 9). Le prophète malgré lui qu'est Balaam dans le livre des Nombres introduit ainsi ce qu'il doit transmettre : "Oracle de Balaam, fils de Béor, oracle de l'homme au regard pénétrant, oracle de celui qui écoute les paroles de Dieu, de celui qui sait la science du Très-Haut. Il voit ce que Shaddaï fait voir, il obtient la réponse divine et ses yeux s'ouvrent" (XXIV, 15-16).

Ainsi, prophète est celui qui, d'une façon ou d'une autre, voit ce que Dieu voit, écoute ce que Dieu dit, pour le transmettre à ceux à qui Dieu veut transmettre un message pour leur salut. Jésus est le Prophète par excellence, car il est Dieu, et ses paroles humaines peuvent dire vraiment qui est Dieu. Qui peut mieux révéler Dieu que l'Homme-Dieu ? Pierre au moment de la confession de Césarée fait acte de prophète, selon la réflexion que lui fait Jésus : "Tu es heureux, Simon, fils de Jonas, car cette révélation t'est venue non de la chair et du sang, mais de mon Père qui est dans les cieux" (Matthieu, XVI, 17).

À la suite du Prince des Apôtres, tout homme qui reçoit le témoignage apostolique est aussi prophète. Moïse souhaitait que tout le Peuple de Dieu fût prophète (Nombres, XI, 29), vœu qu'accomplira la Pentecôte, annoncée par le prophète Joël (*cf.* III, 1-2 et Actes des Apôtres II, 16 et suiv.). La prophétie était d'usage courant au temps de l'Église primitive, comme le rapporte saint Paul (*cf.* I Corinthiens, XIV). Dans la mesure où l'Esprit de Dieu nous habite, nous pouvons parler sous son influence. Plongé dans le mystère du Christ et marqué par l'Esprit, le chrétien participe à la triple fonction sacerdotale, prophétique et royale du Seigneur Jésus, comme l'a enseigné le second concile du Vatican[1].

CLAUDE B. LEVENSON

Il n'existe pas de prophète dans le bouddhisme au sens entendu dans les religions monothéistes. En revanche, des personnages d'exception surgissent parfois dans la communauté humaine : le *bodhisattva*, le maître et l'oracle. Chacun joue un rôle précis parmi ses semblables, mais ce sont avant tout des êtres humains qui, par la persévérance de leur quête, ont dépassé en quelque sorte le niveau commun pour se hisser à un degré supérieur d'humanité.

Le *bodhisattva* représente d'une certaine manière l'idéal bouddhique tibétain en ce monde : aspirer à l'éveil non pour soi-même, mais pour aider autrui, en prenant sur soi la souffrance de tous les être sensibles ; une fois parvenu à l'éveil plénier, renoncer au *nirvâna* et demeurer, de vie en vie, parmi les êtres en mettant sa sagesse accomplie et sa compassion sans limite au service de tous les autres. Des correspondances peuvent être établies avec l'idéal de sainteté d'autres traditions religieuses, sans négliger toutefois que la compassion et la sagesse du *bodhisattva* sont toujours actives et se manifestent de vie en vie.

Le maître, ou *lama*, sens premier de "gourou", celui qui enseigne, forme et octroie la bénédiction autorisant à s'engager dans la voie, est lui-même un être humain formé selon les traditions. Choisir, ou se choisir, un maître dans le monde tibétain est une affaire minutieuse tant pour le disciple que pour le *lama* : c'est d'abord une question de confiance, assise d'une relation équilibrée qui doit à la raison autant qu'à la dévotion. Il ne saurait y avoir de foi aveugle, tout maître digne de ce nom ayant à cœur de rappeler au candidat à la sagesse que le Bouddha lui-même a mis en garde contre la crédulité, la facilité ou encore la précipitation dans un choix qui engage toute une vie. Le maître ne fait jamais étalage de ses connaissances ou de ses pouvoirs ; il prêche par l'exemple : seules sa conduite et ses qualités sont à même de garantir la vérité dont il est porteur.

L'oracle, moine ou laïc (homme ou femme), ne le devient pas forcément par choix personnel. Il est "choisi" par une puissance supérieure qui entend s'exprimer à travers lui en lui faisant jouer un rôle de médium. C'est un rude métier, qui exige de celui qui s'y plie une discipline austère, une force de caractère capable de supporter et de surmonter l'épreuve à la fois physique et spirituelle à laquelle il est soumis lorsque s'annonce et se déroule la transe divinatoire qui apporte aux hommes des éléments de réponse à des questions essentielles.

MALEK CHEBEL

Prophète, messager de dieu ou prédicateur, il est difficile de distinguer les attributs exacts de ces trois aspects de la prophétie et de la sainteté en islam. Les mots eux-mêmes sont interchangeables et leurs usages multiples. Il suffit de lire les deux sourates principales du Coran où il est question de prophètes, soit *Les Prophètes* et *Les Poètes*, pour réaliser combien la sémiologie des mots *prophète*, *annonciateur*, *messager* et *législateur* est mouvante. Toutefois, l'islam est par excellence une prédication monothéiste forte, car elle est articulée sur une trilogie verticale : *Allah/Le Coran/Mohamed.* Ce dernier est présenté comme un témoin, un annonciateur de bonnes nouvelles, un avertisseur et un "brillant luminaire." Il est le Prophète de Dieu.

À cette approche terminologique s'ajoute une évaluation de contenu, car les "Envoyés de Dieu" n'ont pas les mêmes prérogatives selon qu'ils sont des Messagers (*roussal*) ou des Prophètes (*anbiya*).

Dans la première catégorie, la tradition islamique reconnaît neuf Messagers depuis la création du monde : Adam, Seth, Noé, Abraham, Ismaël, Moïse, Lot, Jésus et Mohamed, lequel est censé clore le cycle des prophéties. Cinq seulement ont été des prophètes ayant apporté une législation nouvelle : Noé, Abraham, Moïse, Jésus et Mohamed. Quatre prophètes ont été spécialement envoyés aux Arabes : Sâlih, Houd, Chou'aïb et Mohamed.

La seconde catégorie est composée par des prophètes-messagers ou prophètes-annonciateurs dont le nombre équivaut mythiquement et symboliquement à cent vingt-quatre mille.

Tout prophète est également messager, annonciateur, législateur, mais le messager n'a pas la capacité de créer une législation nouvelle, ni d'amener un Livre saint.

Le prophète est un intercesseur entre deux mondes, le monde des créatures célestes et le monde des humains. Sa vertu est de transmettre un message sacré sans le déformer à une Terre qui s'appauvrit spirituellement et moralement.

1. *Constitution dogmatique sur l'Église*, n° 31 ; *cf.* n° 35.

Doit-on considérer les textes “sacrés” comme une volonté transcendantale ou comme la parole d’êtres “supérieurs” ?

MARC-ALAIN OUAKNIN

Le texte implique la lecture et des lecteurs. La lecture juive des écritures, et ainsi la compréhension juive de Dieu, n'est pas lecture fidéiste, répétition passive d'un texte qui existe enfermé en son sens unique une fois pour toutes. La lecture signifie d'emblée exégèse, interprétation, herméneutique ! Lecture qui est d'emblée étude, commentaire du commentaire qui renouvellent les lettres immuables et le souffle du Dieu Vivant.

“Dieu certes non incarné, mais en quelque façon inscrit, vivant sa vie – ou une part de sa vie – dans les lettres : dans les lignes et entre les lignes, et dans l'échange d'idées entre lecteurs qui les commentent[1].”

Le Talmud est l'ensemble des interprétations que les commentateurs ont donné à propos du texte de la Révélation depuis Moïse jusqu'à nos jours ; ainsi le texte de la Révélation explose littéralement sous l'effet de l'interprétation, c'est ce que nous appelons “lire aux éclats” !

Les maîtres du Talmud soulignent une idée fondamentale : le peuple juif n'est pas “le peuple du livre” mais “le peuple de l'interprétation du livre”, selon une formule chère à Armand Abecassis.

Nous avons dit au début dans notre première réponse que “Dieu est le texte” ! Cela signifie que la manifestation la plus radicale du divin passe par le texte, par le livre et les lettres de l'alphabet ; autrement dit, par un objet de ce monde-ci, comme si l'infini – Dieu – passait dans le fini et devenait ainsi lui-même quelque chose de fini, de limité, comme l'est tout texte.

Ce passage de l'Infini au fini, cette possibilité pour le fini d'exister à partir de l'Infini porte un nom dans la Cabale, c'est le *Tsimtsoum*, “la contraction de Dieu”. Cette contraction pose un problème théologique important. Si Dieu se propose à la finitude, reste-t-il encore Dieu ?

Ce problème, les cabalistes et les talmudistes l'ont bien vu, et il fallait y répondre, car évidemment le risque est d'avoir affaire à un Dieu fini, un Dieu dans ce monde-ci, c'est-à-dire une idole. Et si Dieu se fait Livre, il faut donc en quelque sorte rendre au texte son statut d'Infini, c'est-à-dire utiliser tous les moyens pour lui donner un sens infini. C'est ce que les talmudistes ont réussi à faire. Dans le Talmud, il ne s'agit pas de comprendre mieux le texte, ou de mieux comprendre Dieu : ce serait une façon de s'approprier Dieu, d'enfermer l'infini. Non, il s'agit d'interpréter le texte de telle sorte que la parole qu'il contient – et qui est unique – soit comprise de manière plurielle. La définition du Talmud consiste précisément en cette parole plurielle : pluralité des interprétations humaines. On peut dire une chose sur un texte, mais aussi une autre, et une autre encore : l'interprétation ne s'arrête pas. Le Talmud n'énonce pas le sens de la Tora, mais ouvre au contraire sans cesse la Tora à de nouveaux sens.

Dans le judaïsme d'aujourd'hui, on ne doit donc pas parler d'une, mais de deux Tora : la loi écrite et, en lien immédiat et nécessaire avec elle, la loi orale, c'est-à-dire la loi de l'interprétation.

Liberté des hommes et liberté de Dieu !

Les discussions talmudiques et l'interprétation infinie font obstacle à la mort de Dieu !

Enfermer Dieu dans une compréhension unique, c'est le tuer ou le laisser mourir. La vocation du Talmud – la loi orale des juifs –, c'est de faire éclater la parole unique de la Révélation biblique, pour rendre, offrir à Dieu son statut d'infini. Voilà ce qu'on veut dire quand on dit que le peuple juif, ou le judaïsme, a un rapport non pas à Dieu mais au Livre, au Livre unique de la Bible interprété dans des sens multiples par le Talmud. Le Talmud n'est pas l'interprétation de la Bible, mais le lieu de l'interprétation juive, des interprétations multiples de la Bible.

Lorsqu'un maître du Talmud propose une interprétation de tel ou tel verset ou mot de la Bible, il y a sur-le-champ un autre maître qui énonce une parole contraire, et un troisième pour avancer encore un autre sens. Il n'y a pas ici de vérité définitive, mais seulement du sens ou des sens qui s'opposent, se corrigent, se complètent. Le sens, c'est l'écart, ou la tension entre plusieurs sens, mais il n'y a jamais là rien de définitif. Dans mon langage, j'appelle cela "lire aux éclats", un jeu de mots pour dire qu'il faut faire "éclater" la vérité. Il s'agit de tuer l'idole de Dieu, enfermée dans un système par la théologie et la philosophie, pour faire vivre le Dieu vivant et infini.

DOM ROBERT LE GALL

Pour les catholiques, l'Écriture sainte ou la Bible est une bibliothèque, car elle comporte soixante-treize livres, répartis en deux groupes : l'Ancien Testament qui compte quarante-six livres (les juifs reconnaissent vingt-quatre livres excluant les livres écrits en grec), et le Nouveau Testament qui en compte vingt-sept.

Le mot "testament" est presque synonyme du mot "alliance" : ce sont les dispositions prises par Dieu pour que le Peuple soit héritier des promesses. Les deux Testaments contiennent la Révélation faite par le Dieu d'Abraham, d'Isaac et de Jacob, qui est le Père de Jésus-Christ, Fils de Dieu, pour que nous entrions pleinement dans l'Alliance, telle qu'elle sera consommée dans la Jérusalem céleste.

Les livres de la Bible illustrent plusieurs genres littéraires : l'histoire, de la Genèse aux Chroniques ou bien avec les Évangiles et les Actes des Apôtres; le rituel, comme le Lévitique; la prière liturgique avec le livre des Psaumes; la réflexion de sagesse dans Job, les Proverbes, la Sagesse ou l'Ecclésiastique; la prophétie, liée à la poésie comme dans les Psaumes, avec tous les livres des prophètes; enfin, les lettres des Apôtres, qui constituent la majeure partie du Nouveau Testament.

Les auteurs sacrés de la Bible ont bénéficié du charisme de l'inspiration. Chacun d'eux a gardé sa personnalité, sa formation, son style, que l'Esprit-Saint a utilisés pour aboutir, de façon complexe, à la rédaction des livres que nous connaissons. Il s'agit là d'un exemple privilégié de la "synergie" qui unit sans les mêler le divin et l'humain dans la conception catholique de la religion, fondée sur l'Incarnation : Dieu et l'homme agissent chacun dans leur registre; la grâce ne prend pas la place de la liberté, mais au contraire la grandit.

C'est l'Église qui a déterminé le "canon" – c'est-à-dire la "règle" – des Écritures, précisant quels livres elle reconnaît comme inspirés (concile de Rome en 382). On peut dire que la sainte Écriture représente le noyau de la transmission ecclésiale de la Révélation (ou Tradition) : noyau issu de toute la vie du Peuple de l'Alliance, dans sa liturgie, dans sa prière, dans sa réflexion; noyau "régulant" en retour et nourrissant cette vie. Dans ce sens, "la sainte Tradition et la sainte Écriture constituent un unique dépôt sacré de la parole de Dieu, confié à l'Église[2]".

L'Esprit-Saint, qui est l'inspirateur des Écritures, est aussi celui qui les fait comprendre aux croyants pour qu'ils en vivent et accroissent ainsi la Tradition vivante de l'Église. Toute la vie chrétienne se résume dans ce mot de saint Paul aux Romains : "Tous ceux qu'anime l'Esprit de Dieu sont fils de Dieu" (VIII, 14), fils dans le Fils à la gloire du Père.

CLAUDE B. LEVENSON

Pour les bouddhistes de toutes obédiences, il ne saurait y avoir de doute : les textes dont ils se réclament sont l'œuvre d'êtres humains dont la "supériorité" a été acquise par l'effort, l'étude et l'expérience personnelle. Pour les bouddhistes tibétains, c'est à l'usage qu'il est possible d'évaluer l'efficacité de la méthode suivie et d'en apprécier les résultats; la voie choisie par l'un n'est pas nécessairement celle qui conviendra à un autre.

Les deux grandes séries de textes considérés comme particulièrement précieux, voire "sacrés", par les bouddhistes tibétains sont œuvre humaine : le Kanjur, soit la parole du Bouddha, regroupe en cent huit volumes *sûtras* et *tantras*; le Tanjur représente plus de deux cents volumes de commentaires canoniques dus aux grands maîtres du bouddhisme indien, dont se sont inspirés sages, érudits et ascètes du Pays des Neiges.

À partir d'un certain niveau de développement personnel, les textes en apparence les plus ardus s'éclairent et donnent la clef de la poursuite du cheminement. Sans doute les maîtres les plus accomplis peuvent-ils être doués de qualités ou de pouvoirs qui apparaissent extraordinaires au regard du commun des mortels, mais leurs disciples affirment qu'il s'agit simplement de potentialités propres à tout être humain, inlassablement exercées et perfectionnées grâce à une stricte discipline individuelle en utilisant à bon escient les moyens appropriés.

MALEK CHEBEL

Dans le cas de l'islam, cette question est tranchée dès l'origine. Le prophète Mohamed s'étant défini lui-même comme un simple mortel, un homme parmi les hommes, le Coran est tenu pour l'authentique parole divine (concept du Coran increé) sur laquelle "aucun doute n'est permis". Texte sacré transcendant et législation émancipatrice, le Coran est en outre réfractaire à l'évaluation humaine, dans la mesure où il fonde un rapport nouveau à Dieu.

Les lecteurs du Coran méditent souvent cette dialectique de la nature divine, Allah étant honoré et présenté comme une "prière pour les hommes", une présence dynamique, tout en mouvement. Ceux qui ne peuvent lire le texte sacré, parole divine, l'écoutent et l'apprécient à travers le son et la psalmodie, car ses qualités spirituelles reposent essentiellement sur son efficacité symbolique.

Les courants ésotériques et confrériques de l'islam tiennent le *moushaf* que nous connaissons sous la forme d'un livre relié comme la réplique matérielle d'un Coran céleste caché, une *materia prima* occultée aux yeux du profane et reposant sur une mystérieuse Table gardée (*al-Lawh al-mahfouz*), également appelée la Mère du Livre (*Omm al-Kitab*).

Ce Coran, qui est parole, volonté et manifestation divine, est reconnaissable à une autre particularité : son inimitabilité (*i'jâz*). "Si les hommes et les djinns s'unissaient pour produire quelque chose de semblable à ce Coran, ils ne produiraient rien qui lui ressemble, même s'ils s'aidaient mutuellement" (Coran, XVII, 88).

Le Coran pourrait être la transcription dans le langage humain d'une volonté transcendantale que la conscience humaine n'appréhende que par la foi, les “yeux du cœur”, la conscience profonde.

Mais le débat reste ouvert, d’autant qu’il est ancien. On sait que la philosophie musulmane – voir notamment le discours d’Averroès, dit de la “double vérité”, qui oppose vérité rationnelle et vérité révélée – a voulu transcender cette dualité des textes sacrés qui, pour être transcendants, n’en sont pas moins formulés dans un support linguistique on ne peut plus humain.

1. Lévinas, *À l’heure des nations*, p. 71.

2. *Constitution dogmatique sur la Révélation divine de Vatican II*, n° 10.

La religion est-elle nécessaire ?

MARC-ALAIN OUAKNIN

Il ressort clairement de tout ce que nous venons de dire sur la question du mal et de la responsabilité des hommes, vis-à-vis des hommes et vis-à-vis de Dieu lui-même et du monde, que la religion – en tant que structure sociale et politique qui permet le bien et le refus du mal – est d'une nécessité absolue. La religion c'est d'abord la Loi, avant Dieu lui-même. Un *Midrach* enseigne que Dieu a regardé dans la Tora et a créé le monde. Le monde repose sur la Loi ; pas de monde sans Lois. Toute structure politique et sociale aujourd'hui repose sur la loi donnée au Sinaï. Il est significatif que les droits de l'homme, tels qu'ils furent promulgués la première fois de manière laïque, aient été écrits sur deux tables reprenant les représentations classiques des tables de la Loi du Sinaï.

Une société peut-elle se passer des commandements de ne pas tuer, de ne pas voler, etc. ?

L'homme est libre de choisir le bien ou le mal, mais c'est le texte de la Révélation, la Loi, qui lui donne le chemin du bien en lui indiquant les gestes à faire et à ne pas faire, un ensemble de rituels qui lui permette de réaliser concrètement la voie du bien et de la bonté. Il ne suffit pas de vouloir le bien, il faut le réaliser. D'où, pour le judaïsme, l'importance fondamentale de l'Acte – qui se dit en hébreu *Mitsva.*

J'ai montré dans mes réponses précédentes que la religion était avant tout interprétation et responsabilité pour l'infini. En ce sens, la religion est sans aucun doute nécessaire pour permettre à l'homme de sortir de la prison de sa finitude, pour sortir de la petitesse d'une vie close sur elle-même et découvrir les délices d'un dépassement et de l'invention de soi… Religion qui offre à l'homme la liberté d'inventer pour inventer la liberté.

Pas d'idée de liberté sans moyen de réaliser concrètement et en acte cette liberté. Les grandes idées ne suffisent pas, il faut qu'elles puissent s'inscrire dans la mémoire et les corps. Si nous lisons attentivement les Dix Paroles ou les Dix Commandements, nous pouvons voir qu'ils sont inaugurés par une proposition dont la tonalité donne l'orientation à l'ensemble. Les commentateurs font remarquer que Dieu ne se présente pas comme le Créateur du ciel et de la Terre, mais comme le libérateur de la maison d'esclavage. Le Dieu de la Loi est un Dieu de libération. La libération et la liberté sont les principes fondamentaux qui organisent la Loi.

Ainsi, la Tora se présente comme un code éthique, permettant l'épanouissement personnel et individuel au sein d'une société harmonieusement équilibrée et organisée.

DOM ROBERT LE GALL

L'être humain n'est jamais seul. Pour lui, s'isoler c'est périr. Le mettre à l'écart c'est l'empêcher d'être homme, comme le cas limite des enfants-loups l'a montré. Né dans une famille, l'homme ne grandit que dans un foyer d'amour et ne se développe que dans la société de ses semblables.

On dit souvent que la réussite ou la facilité d'une existence tient au nombre et à la qualité des relations qu'elle tisse. On ne fait rien sans relations. Il faut aller plus loin et dire qu'on n'est rien sans relations. L'être humain, né des relations intimes d'un homme et d'une femme – relations d'amour –, ne deviendra lui-même que s'il est d'abord en relation avec son père et avec sa mère : il y va de son équilibre psychologique et affectif. Sur cette base relationnelle s'édifieront de proche en proche toutes les autres relations : frères et sœurs, camarades, amis, jusqu'à la fondation d'un nouveau foyer.

Exercer la sexualité, c'est, pour le langage courant, "avoir des relations", ce qui est un euphémisme. En fait, le plus souvent, ce ne sont que des relations superficielles et peu durables ; elles déçoivent cet immense désir ou attente d'unité que recherchent l'homme et la femme, en vue de former un couple stable et fécond, ou bien les hommes et les femmes, dans le but de constituer une société qui assure le bien commun de tous. Nous nous sentons faits pour la communion des cœurs et des âmes, et souhaitons l'avènement de cette "civilisation de l'amour" que le Christ annonce dans son Évangile : "Voici quel est mon commandement : vous aimer les uns les autres comme je vous ai aimés" (Jean, XV, 12).

Le mot *religio* en latin vient du verbe *religare*, qui signifie "relier". Le mot *relatio*, lui, vient de *referre*, qui veut dire "rapporter" ou "référer" : la relation met en rapport, donne des références. On peut dire que la religion est ce qui lie, ce qui relie, ce qui met en gerbe l'ensemble de nos relations, de nos rapports. En tant qu'êtres humains, nous sommes constamment en rapport avec le monde dans lequel nous vivons – c'est-à-dire l'Univers visible, le cosmos, la création –, avec les autres, nos semblables, et avec Dieu, qui est la référence ultime, le lien transcendant dont nous avons besoin pour exister et pour subsister.

Nous sommes donc faits pour une communion avec la nature, avec les autres et avec Dieu, et ce dernier rapport fonde les deux autres. "Dieu, personne ne l'a jamais vu" (Jean, I, 18), car il est invisible, mais nous savons bien, selon la parole du renard au Petit Prince, qu'"on ne voit bien qu'avec le cœur ; l'essentiel est invisible pour les yeux". Devant la mer ou face à la montagne, nous sentons un appel du cœur qui nous fait adhérer confusément à un au-delà du monde ; dans les yeux de qui vous aime et que l'on aime, on perçoit un amour-source.

CLAUDE B. LEVENSON

Il se peut que la religion soit nécessaire, encore que l'actuel dalaï-lama, quatorzième de la lignée, n'hésite pas à dire que l'essentiel pour l'être humain est d'avoir bon cœur, de faire preuve de compassion et de suivre des principes éthiques fondamentaux communs à l'ensemble de l'humanité et à toutes les croyances religieuses.

Tel qu'il est pratiqué sous diverses latitudes aux couleurs locales, le bouddhisme est autant une philosophie ou un art de vivre qu'une grille de lecture de l'existence ou une religion au sens large du terme, puisqu'il pose le lien cardinal entre les êtres, la société et l'environnement. Par ce biais, l'inconnu ou l'inconnaissable est nommé pour venir à l'existence et s'enraciner dans la conscience. La religion (ou ce qui en tient lieu) joue un rôle d'ancrage, de réconfort ou d'aide lorsque les forces s'épuisent à l'épreuve des obstacles du quotidien.

Et peut-être faut-il à l'être un défi au-delà de ses ambitions personnelles pour le pousser au dépassement de soi : en ce sens aussi, la religion, qui représente souvent un idéal ou une perfection, permet de soutenir l'effort qui y vise. À la fois conditionnement, apprentissage et transmission d'un savoir spirituel, la religion est étroitement liée à la société des hommes.

Elle reflète leur condition, leurs contradictions et leurs espoirs. Mais pour être fille de la communauté humaine, elle n'est exempte ni de ses défauts ni de ses intolérances, en dépit des valeurs supérieures dont elle se réclame.

MALEK CHEBEL

La religion est à la fois un édifice moral pour les hommes et un lieu de médiation avec le Créateur, un système de croyances. Par le passé, la religion était aussi un cadre permettant de réguler les conduites asociales, outrageuses et déviantes. Mais le pouvoir des hommes d'Église, *imams*, théologiens, jurisconsultes, s'est élimé lentement au profit des hommes politiques, des citoyens, des scientifiques… Aujourd'hui, la religion joue un rôle appréciable dans la gestion de l'irrationnel et dans la préparation des fidèles à leur vie de l'au-delà. L'islam pour sa part enregistre régulièrement des pics de renaissance qui sont autant de mises en question des systèmes politiques existants.

En cela, la religion est nécessaire parce qu'elle offre une norme salutaire pour l'homme où qu'il se trouve, un moment d'intimité avec l'Ordre supérieur du monde.

Pour qu'elle devienne le havre de paix et de concorde que les théologiens décrivent, il faut que la religion soit facile à vivre et à pratiquer : “La religion en principe est de pratique facile, dit le Prophète.

Que personne ne cherche à être trop rigoureux dans l'observance de la religion sinon il succombera à la tâche. En conséquence restez dans un juste milieu en cherchant à vous rapprocher de la perfection[1]". Cette parole du Prophète induit un *codex vitae* appelé *charia*, que la majorité des musulmans observent scrupuleusement. Enfin, la religion est une raison supplémentaire de maîtrise de l'émotion collective, car elle fait appel à des ressources profondes et ignorées de l'être humain.

On demande aujourd'hui à la religion de fournir des preuves de son non-sectarisme et de sa non-violence. Sans cela, comme ce fut le cas au temps de Sodome et Gomorrhe, elle tomberait dans l'une des multiples formes de l'hérésie : secte satanique, désordre infernal, dépravation morale.

1. El Bokhari, *Les Traditions islamiques*, t. 1, p. 22, Paris, Adrien Maisonneuve, 1984.

Peut-on être religieux sans avoir la foi ?

MARC-ALAIN OUAKNIN

Tout est question de définition. Qu'appelle-t-on la foi ? Et que signifie religieux ?

Nous avons montré la place fondamentale du texte, de l'étude, et de l'action. Nous avons dit que l'essentiel de la Révélation est l'introduction de l'éthique, liberté et justice et égalité pour tous les hommes. Si un homme est capable de réaliser ces projets de vie sans avoir la foi en l'existence de Dieu, il sera "religieux" au sens étymologique du mot "religion" – qui vient du latin *religere*, signifiant "relier", "être en relation avec..." –, avec les autres hommes dans un monde de bonté. Je crois que le mieux pour répondre à cette question est de raconter une petite histoire hassidique.

"Un jour un homme religieux vint voir un grand Rabbi qui détenait de nombreux pouvoirs, une sagesse immense et tous les remèdes pour les problèmes aussi bien matériels que spirituels. L'homme très croyant et possédant une grande foi en Dieu s'adressa au Rabbi :

– Maître, je suis venu te voir car j'ai entendu ta réputation et ton grand pouvoir. Je voudrais que tu m'enseignes comment servir Dieu et que tu m'apprennes la 'crainte de Dieu'.

– Je suis désolé de te décevoir, dit le Maître, je ne connais aucun remède qui donne immédiatement la crainte de Dieu. Mais je peux t'indiquer le chemin qui y conduit.

– Tu ne possèdes pas de potion, d'élixir qui pourrait renforcer ma foi et ma crainte de Dieu pour que je puisse mieux le servir ? s'étonna l'homme de religion, déçu.

– Non !, répéta le Maître, mais je connais le chemin qui y mène.

– Et quel est ce chemin ? demanda l'homme.

– Ce chemin, c'est le respect et la crainte des hommes..."

DOM ROBERT LE GALL

Si tout part d'un mystère de relations qui suppose la confiance mutuelle, si la Rédemption renoue les relations entre Dieu et les hommes, grâce à l'Homme-Dieu qui les unit dans sa personne, on comprend que religion et foi soient liées, bien que distinctes.

La religion est le réseau complet des relations qui nous unissent à l'Univers, aux autres et à Dieu. Elle comporte trois éléments : une croyance ou foi, un rituel ou liturgie, une morale ou éthique ; elle suppose en effet des notions dans l'intelligence, des actes communs publics, et une conduite en harmonie avec ce que l'on croit et ce que l'on célèbre. La foi s'exprime communautairement dans la liturgie et se vit tant de façon personnelle que sociale dans les exigences d'une morale.

Le plus visible d'une religion se situe dans sa liturgie avec tous les actes du culte. Il est en effet normal que la croyance s'exprime à tous les niveaux de relations que noue la religion : la liturgie met en œuvre non seulement l'homme corps et âme, avec ses gestes, ses paroles et ses chants, l'homme en sa dimension communautaire, mais aussi l'homme placé dans le monde où il se trouve, avec l'eau, la lumière, le feu, les couleurs, l'espace et l'architecture.

Le danger pour la religion est d'en rester au visible. Les actes du culte peuvent devenir un alibi qui dispense de la foi et de la morale. Les prophètes ont fréquemment réagi contre cette tendance humaine. Dieu se plaint d'un culte qui ne vient pas du cœur : "Je hais, je méprise vos fêtes et je ne puis sentir vos réunions solennelles. Quand vous m'offrez vos holocaustes, vos oblations, je ne les agrée pas, le sacrifice de vos bêtes grasses, je ne le regarde pas. Écarte de moi le bruit de tes cantiques, que je n'entende pas la musique de tes harpes ! Mais que le droit coule comme de l'eau, et la justice comme un torrent qui ne tarit pas" (Amos, V, 21-24 ; *cf.* Isaïe, I, 11-16).

De même, dans l'Évangile on voit le Christ chasser du Temple avec un fouet les vendeurs en s'écriant : "Enlevez cela d'ici. Ne faites pas de la maison de mon Père une maison de commerce" (Jean, II, 16). Jésus dit à la Samaritaine : "Crois-moi, femme, l'heure vient où ce n'est ni sur cette montagne ni à Jérusalem que vous adorerez le Père. L'heure vient – et c'est maintenant – où les véritables adorateurs adoreront le Père dans l'esprit et la vérité, car tels sont les adorateurs que cherche le Père. Dieu est esprit, et ceux qui l'adorent, c'est dans l'esprit et la vérité qu'ils doivent l'adorer" (Jean, IV, 21, 23-24).

Le Christ ne refuse pas les actes du culte, liés à notre nature humaine, lui qui institue le sacrifice de la nouvelle Alliance dans l'offrande, non des animaux, mais de son corps et de son sang donnés pour nous ; mais tout son enseignement montre que même sa chair offerte qu'il nous donne en nourriture ne sert de rien si le cœur n'y est pas : "C'est l'esprit qui vivifie, la chair ne sert de rien. Les paroles que je vous ai dites sont esprit et elles sont vie" (Jean, VI, 63). L'exigence fondamentale du culte est, pour reprendre l'expression de saint Benoît dans sa Règle, "que notre esprit concorde avec notre voix" (XIX, 7).

L'Évangile s'ouvre sur un appel à la conversion (Marc, I, 15), à un retournement qui oriente nos forces vives vers Dieu et non vers nous-mêmes. La foi, précisément, consiste en ce regard et cet élan du cœur vers Dieu. Nous le disons au plan humain : avoir foi en quelqu'un, c'est mettre en lui sa confiance ; la foi manifeste donc une relation d'une qualité supérieure. C'est pourquoi la religion, en soi, ne s'oppose pas à la foi ; au contraire, toute vraie religion est animée par une foi, c'est-à-dire une confiance dans la divinité, qui fait qu'on se donne à elle, et cette foi donne sens à toutes les pratiques de la religion. Si la religion n'est qu'extérieure, elle ne met pas en lien véritable avec Dieu.

L'expression "entrer en religion" signifie la décision que prennent certains chrétiens, conscients de répondre à un appel de Dieu, de se vouer à lui totalement dans la vie "religieuse". Ces "religieux" mettent toute leur existence en "relation" avec le mystère divin ; ils veulent vivre à plein leur baptême et leur état rappelle à tous les baptisés les exigences de leur foi, comme le terme vers lequel ils tendent tous : la vie éternelle. Leur état de vie est dit eschatologique, puisqu'il rappelle le but ultime de la grâce baptismale : l'immersion dans la vie des relations trinitaires, dans l'amour virginal des trois Personnes divines.

CLAUDE B. LEVENSON

Le religieux peut très probablement s'entendre sans la foi. Être religieux n'implique pas nécessairement l'adhésion à une doctrine établie, strictement codifiée et organisée dans un cadre social plus ou moins rigide.

Le sentiment religieux peut fort bien être ressenti en dehors d'une révélation divine, simplement par rapport à une sensibilité particulière au monde, sans implication métaphysique directe. D'autre part une idéologie peut elle aussi être vécue comme foi religieuse (ce qui indique un besoin profond poussant d'instinct l'être humain à rechercher la communauté de ses semblables dans la quête d'une identité fondatrice), de même qu'une dévotion profonde à la beauté, à un lieu spécifique, à une idée.

En dernier ressort, croire ou non en Dieu au sens le plus large du terme est une affaire strictement individuelle. Mais être religieux sans avoir la foi recouvre sans doute un espace plus vaste de possibilités de perfectionnement spirituel, qui est aussi un cheminement personnel. Un choix en somme, ou le libre arbitre de chacun, dans la mesure où il a conscience d'être responsable de sa propre vie.

MALEK CHEBEL

La foi est l'article premier de la religion, le guide spirituel qui actionne la conduite humaine. Le Coran utilise souvent le mot : "Croyez et agissez selon le bien". Cette idée ne revient pas moins de sept cents fois dans le texte sacré, le terme *mouslim* n'étant employé que quarante-quatre fois.

Une controverse discrète oppose ceux des théologiens qui donnent à l'homme une essence divine ayant reçu la foi dès sa naissance (*fitra*) et ceux qui considèrent que celui-ci se parfait grâce à l'exercice de sa religion, en vertu de son libre arbitre. Au fond, les innéistes et les "dogmatiques" s'opposent sur la définition même de la religion, sur son essence et sur sa portée.

Qu'est-ce qu'une piété sans pratique religieuse et sans observance de rituels ? À quoi rime l'exercice soutenu d'une croyance, si les adeptes n'éprouvent aucune illumination de la foi ?

Une telle dualité essentialiste s'exprime à travers deux attitudes : *mou'mîn* (croyant) d'un côté et *mouslim* (pratiquant) de l'autre. On peut en effet s'adonner artificiellement aux gestes imposés par le dogme sans éprouver la moindre émotion enveloppante, ni le transport que l'on appelle "foi", ou en ne les éprouvant qu'à moitié.

A contrario, le croyant sincère (il est toujours pratiquant) ne peut imaginer un manquement, même relatif, aux rites de l'islam (*ibadât*). Sans une foi solidement arrimée, il ne peut se contenter d'un culte apparent qui tôt ou tard aboutit à une impasse. Pour le musulman, les rituels ne sont qu'un véhicule parmi d'autres pour parvenir à sa destination.

La question peut enfin se renverser : est-il possible de croire sans pratiquer, d'avoir une foi chevillée au corps sans jamais rompre au moindre rituel ? En islam, le problème est constamment posé. Parmi ses nombreuses illuminations, le grand mystique Al-Hallaj (858-922) préconise la suppression pure et simple du dogme, l'abolition des rituels. En lieu et place, il prône le seul transport mystique, l'adhésion du cœur et la fusion avec le Créateur.

Il en est ainsi des rituels simples (prière, jeûne, etc.), mais également du pèlerinage qui, dès lors, dispenserait le fidèle de son voyage à La Mecque.

Cette proposition est certes impensable dans l'islam d'aujourd'hui. Mais, tout comme le fait de pratiquer une religion à laquelle on ne croit pas, il faut accepter de penser l'exercice d'une foi, sans son support dogmatique, ni le recours à aucune religion en son sens exotérique.

Pourquoi Dieu permet-il le mal?

MARC-ALAIN OUAKNIN

Il est dit : “Dieu vit tout ce qu’Il avait fait, et voici que c’était très bien.” S’il en est ainsi, comment, et dans quel but, le mal existe-t-il dans le monde ?

La philosophie religieuse juive fournit plusieurs explications sur l’origine du mal. Je n’en apporterai qu’une ici sans prétendre qu’il s’agit de la seule opinion reconnue du judaïsme, car il n’y a point de décision souveraine dans le domaine de la pensée juive.

On peut cependant distinguer trois catégories de “mal” :

– le mal éthique ;
– le mal physique ;
– le mal métaphysique.

Commençons par une remarque générale fondamentale. Il arrive souvent que l’entendement humain se trompe et confonde “bien” et “mal”, parce qu’il ne peut discerner les conséquences dernières d’un événement dont il ne perçoit que le début. Si les hommes veulent bien jeter un regard en arrière, ils trouveront certainement dans leur existence de nombreux incidents qu’ils avaient d’abord considérés comme de grands malheurs, et qui, en fin de compte, se sont avérés salutaires. En effet, notre compréhension n’est que partielle et limitée, incapable de voir et de saisir les liens entre les événements et leurs conséquences. Cela doit nous servir d’avertissement afin que nous ne nous érigions pas en juges du Créateur.

Pourquoi le mal existe-t-il ? Pourquoi l’homme n’a-t-il pas été créé parfaitement bon, incapable de commettre des fautes et des péchés et de se mal conduire ? Combien l’humanité eût-elle été heureuse si tous les hommes avaient été bons et que l’ordre eût régné dans le monde ! N’est-ce pas là une aspiration universelle ? Le judaïsme ne croit pas à un péché originel transmissible de génération en génération. Il appartient à chacun, en son temps, de faire triompher par des luttes quotidiennes son bon penchant sur son mauvais instinct, de combattre le mal moral sous tous ses aspects, de s’en abstenir soi-même et de s’opposer à celui que font les autres. Du fait qu’il nous est enjoint d’être “une nation de prêtres et un peuple saint”, nous avons pour tâche de déraciner le mal éthique. Mais le but est une chose, et la voie pour y parvenir une autre. Si les hommes avaient été créés uniquement avec le bon penchant, ils n'auraient pas eu de libre arbitre et auraient fait automatiquement tout ce que le Créateur leur impose.

C'est pourquoi deux instincts ont été formés : la source du bien moral et la source du mal moral sont nées en même temps. Cependant une chance était donnée à l'homme. S'il avait écouté de son plein gré la voix du Créateur et avait été disposé à toujours se conformer à Ses seules injonctions, il n'aurait pas eu besoin de connaître le bien et le mal : son libre choix de suivre toujours les voies divines l'en aurait dégagé et lui aurait évité une lutte de tous les instants. Mais l'humanité n'a point emprunté ce chemin, elle a enfreint la parole de Dieu. Une idée très profonde est renfermée dans cet unique commandement : "Et de l'arbre de la connaissance du bien et du mal, tu ne mangeras pas." En effet, aussi longtemps que l'homme était décidé à observer cette prescription, il n'avait pas besoin de connaître le bien et le mal. Au moment où il résolut de pécher, il mangea "du fruit de l'arbre", et désormais la guerre des penchants est devenue un phénomène de tous les jours et de tous les instants. Même alors, l'humanité aurait encore pu triompher si elle avait choisi le bien : si elle avait ressenti constamment la responsabilité qu'entraîne sa ressemblance avec Dieu et avait coopéré avec son Créateur, le monde eût pu être pleinement heureux. Mais nous n'avons pas eu ce mérite.

Que de fois les hommes optent pour le mal et, au lieu de faire régner le bonheur dans l'Univers, y provoquent des catastrophes ! Dieu pourvoit à la nourriture de tous les vivants, et nous la répartissons inintelligemment et injustement. Dans un pays, on brûle les "surplus" ou on les jette à la mer, tandis que dans un autre on meurt de faim. L'humanité s'abaisse à des persécutions nationales, raciales, religieuses, politiques. C'est à elle, et non à Dieu, qu'il faut poser la question de l'existence du mal moral dans le monde. C'est nous, et nous seuls, qui sommes responsables du vol et du brigandage, du commerce des esclaves, du meurtre et des guerres. La vie et la mort, la bénédiction et la malédiction, le bien et le mal, nous étaient proposés ; nous devions choisir le bien, et nous avons opté pour le mal.

L'humanité n'a même pas le droit d'invoquer son ignorance pour excuse. Une alliance a été conclue avec les fils de Noé, de nombreux messagers ont été envoyés à toutes les nations. Avec nous, juifs, furent scellées des alliances supplémentaires, nous avons reçu la Loi et les Prophètes, et nous avons eu nos saints, prédicateurs et décisionnaires, ainsi que de nombreux penseurs. En outre, à chaque peuple est dévolu le grand enseignement de l'histoire. Chacun a pu constater à quels malheurs entraîne l'usage de la force sans justification morale. De grands pays, des nations puissantes ont disparu, comme s'ils n'avaient jamais existé. De tout cela, l'humanité n'a presque rien appris. Chaque nouveau dictateur espère étendre sa domination sur le monde entier et trouve des adeptes qui persécutent et tuent au nom du "grand chef". En fin de compte, les peuples se réveillent et se plaignent des catastrophes qu'eux-mêmes ont suscitées. Ce n'est pas à Dieu qu'ils doivent s'en prendre, mais à eux-mêmes. Dieu ne nous a pas créés muets, mais à Son image et doués du libre arbitre. Nous n'aurions pas voulu être créés et vivre en d'autres conditions : nous lever et nous coucher sous la contrainte, travailler ou nous reposer malgré nous, nous tourner à droite ou nous tourner à gauche sans que notre volonté intervienne. Ce qui donne à la vie sa valeur, c'est justement le pouvoir de décider et d'agir, de donner et de refuser, de choisir et de se tromper.

C'est le sens de l'Élection. Peuple élu pour la responsabilité.

Comment, si Dieu existe et conduit l'histoire, a-t-il pu laisser faire une chose aussi inouïe que la Shoa ?

Comment un juif croyant peut-il comprendre Auschwitz ? Quelle est la place de l'Holocauste dans l'histoire millénaire et souvent tragique d'Israël comme dans l'histoire du monde ? Mais aussi, comment le juif laïc, séculier, peut-il encore accepter de faire partie de la communauté juive ?

À Auschwitz, les communautés juives de l'Europe ont disparu en quasi-totalité. Des millions d'enfants, de femmes et d'hommes juifs. Après Auschwitz, quelle espérance pour le peuple juif ? S'est-il levé un prophète pour annoncer qu'un reste reviendrait ? N'est-ce pas dérision de célébrer la mémoire de ceux qui ont sombré dans la tourmente et sont aujourd'hui ignorés à tout jamais ? Le juif d'aujourd'hui et de demain ne ferait-il pas mieux de se délivrer de sa croyance et d'oublier ce passé catastrophique et révolu ?

Mais, pour le juif, il n'y a pas d'oubli.

Oublier Auschwitz, ou même se comporter un instant comme si Auschwitz n'avait pas existé, serait blasphémer. Or le juif garde au cœur du présent une "expérience fondatrice". Il demeure, aujourd'hui comme hier, la descendance d'Abraham. Et son espérance indéracinable est là.

Je pense avec Élie Wiesel que le juif peut vivre avec Dieu, contre Dieu, mais pas sans Dieu !

DOM ROBERT LE GALL

Si la source de la vie est Amour et si vivre c'est aimer, pourquoi le christianisme met-il en avant la Croix et, avec elle, la souffrance et la mort ? Pour éclairer cette question, il faut encore partir du mystère de la relation.

Le mystère de Dieu-Trinité fonde l'être dans des relations d'amour. Le dessein de Dieu est de nous faire entrer dans ce foyer où règne le don de soi. Les premières pages de la Genèse montrent que ce dessein fut contrecarré par un être de ténèbres, le serpent, image du Malin ou Diable (le "diviseur" étymologiquement), qui introduisit le soupçon dans les relations amicales entre Dieu et le premier couple humain (*cf.* Genèse, III, 1-13). Le péché originel est l'extension au genre humain d'une faute d'un esprit de lumière – il s'appelait d'abord Lucifer, c'est-à-dire "porteur de lumière" – qui s'est complu en sa propre beauté, sans consentir à la recevoir de son Créateur. Il a voulu retirer la prise – sa relation à lui – et s'est retrouvé Prince des ténèbres (*cf.* Jean, XII, 31-35). Par ruse, il a entraîné Adam et Ève dans cette coupure d'avec Dieu : ils voulurent mettre la main sur les privilèges divins, en faisant l'économie de la relation à Dieu, alors que l'intention divine était bien de les associer à sa vie.

Tous les péchés qui suivirent – la tour de Babel, le Veau d'or, par exemple – sont des récidives de cette volonté de mainmise sur Dieu : on veut prendre au lieu de recevoir. Il en va ainsi de nos fautes personnelles, qui sont des refus d'aimer, c'est-à-dire des refus de dépendre, car quand on aime on veut dépendre.

La rédemption aurait pu être faite de multiples façons, pour replacer le genre humain dans la dépendance d'amour. Le Fils de Dieu est dans une telle relation vis-à-vis de son Père : c'est lui qui s'est fait homme, pour que l'homme redevienne pleinement fils. Comme la faute originelle était essentiellement un péché d'orgueil et de suffisance, le Verbe fait chair naît humblement dans ce monde à Noël pour mourir encore plus humblement sur la Croix et ressusciter le jour de Pâques. Par amour pour son Père et pour nous, le Christ meurt pour nos péchés et ressuscite pour nous restituer la dignité filiale.

Aux disciples d'Emmaüs, qui revenaient, désabusés, de Jérusalem après les événements du Vendredi saint, le Christ vivant se manifeste de façon cachée et leur dit : “Ne fallait-il pas que le Christ endurât ces souffrances pour entrer dans sa gloire ?” (Luc, XXIV, 26). Saint Paul proclame que la Croix est scandale pour les juifs et folie pour les païens (I Corinthiens, I, 23). Certes, nous ne voulons pas du mal ni de la souffrance ni de la mort, mais l'expérience humaine universelle les étale sous nos yeux. Le christianisme n'est pas une religion du rêve, qui plane loin des réalités de nos existences : il assume pleinement la condition humaine. Que nous dirait, face à la douleur et face à la mort, un sauveur souriant et doucereux ?

Le Christ en croix montre le sérieux avec lequel Dieu vient nous reprendre à fond, jusqu'au fond, non pour y rester avec nous, mais pour nous en sortir. La Croix n'est pas le terme, mais le passage, la Pâque : ce qui est définitif, c'est la victoire du Christ sur la mort par sa résurrection, prélude de la nôtre. Ayant vaincu notre orgueil par son humilité jusqu'à la mort sur la Croix, Jésus nous ramène à son Père par le même chemin de la croix. La souffrance et la mort demeurent, qui sont évidentes dans le monde, mais, par lui, elles ont un sens, c'est-à-dire une signification et une direction. Nous avons toujours autant de mal à les comprendre, mais le Christ crucifié et ressuscité nous donne la clef de nos existences difficiles, où une relation de plus en plus étroite avec lui et avec son Père répand les fruits de l'Esprit-Saint : amour, joie, paix, patience, serviabilité, bonté, confiance dans les autres et maîtrise de soi (*cf.* Galates, V, 22) qui, tous, viennent de liens que l'épreuve a mûris.

Les chrétiens ici-bas sont à la recherche d'un équilibre entre croix et joie.

Le jansénisme joint aux guerres de ce siècle et du précédent a pu leur donner les allures doloristes d'une religion de "sacrifices", où la Résurrection avait peu de place en pratique ; les Trente Glorieuses, qui ont commencé la seconde partie du XXe siècle, ont au contraire estompé ou escamoté la souffrance et la croix, jusque dans certaines présentations de Vatican II. La note juste est celle de la joie qui vient de la Croix, qui honore tout le mystère pascal, célébré du jeudi saint au dimanche de Pâques inclusivement, et repris, par exemple, dans la fête de la Croix glorieuse le 14 septembre.

Le dernier mot n'est pas au mal ni à la mort, mais à la vie, selon ce cri de saint Paul : "La mort a été engloutie dans la victoire. Où est-elle, ô mort, ta victoire ? Où est-il, ô mort, ton aiguillon" (I Corinthiens, XV, 54-55 et Osée, XIII, 14). Oui, "l'amour est fort comme la mort, chante la bien-aimée du Cantique des cantiques. Les grandes eaux ne pourront éteindre l'amour, ni les fleuves le submerger" (Ct, VIII, 6-7). Le Christ qui nous a aimés jusqu'à la mort est le Prince de la Vie (Actes, III, 15).

CLAUDE B. LEVENSON

Pour un fidèle du Bouddha, la question du mal ne saurait se poser en ces termes. Dans la mesure où l'être humain vit dans un monde pétri de contradictions et de forces opposées, sans doute le bien n'est-il guère concevable sans le mal, comme le jour répond à la nuit, la lumière aux ténèbres, le froid au chaud ou encore le ciel à la Terre.

Selon la loi bouddhique de l'impermanence, les notions elles-mêmes de bien et de mal sont assujetties au changement, c'est-à-dire à la transformation ; c'est à l'homme de les faire siennes à l'épreuve de l'expérience et de la réflexion. À lui ensuite de choisir sa voie, sachant que la loi de causalité du *karma* exerce inflexiblement ses effets dans cette vie ou dans une autre. Le bien et le mal n'existent sur Terre qu'en fonction de l'être humain. Aussi est-ce à lui d'assumer la responsabilité de ses actes, qu'ils soient liés à l'une ou à l'autre option de cette alternative fondamentale, et d'avoir pleine conscience de leurs conséquences.

MALEK CHEBEL

Il est du mal et de son corollaire – le bien – comme d'une étrange association. Faut-il que Dieu les interdise pour que nous cessions de les nommer ? Faut-il qu'il les maintienne pour qu'à bon droit, et aussi longtemps que nous demeurerons en vie, nous nous affligions de les subir ou de les incarner ?

Le mal est une épreuve pour l'homme, le vérificateur ultime de la solidité de sa foi et peut-être l'une de ses composantes. Comment reconnaître le vrai, l'utile, le bien, le bon, et les faire siens, si la tentation diabolique n'est pas contournée, jugulée, disciplinée ?

En outre, le mal est fait de tromperie, car il est une incitation indirecte : "Ils sont semblables au Démon quand il dit à l'homme : 'Sois incrédule !' Mais quand celui-ci est incrédule, il dit : 'Je te désavoue ! Oui, je redoute le Seigneur des mondes'" (Coran, LIX, 16). Ici, le mal est aussi une mise à l'épreuve, une tentation contenue et dépassée.

En cela, qu'il soit qualifié de majeur ou de mineur, le mal est une délimitation du bien. En avoir conscience, c'est une façon de cultiver sa religion avec plus de responsabilité et de sérénité. Cette discrimination du bien et du mal est une part inséparable de la foi, non pas évidemment une mécréance supplémentaire. L'islam semble avoir fait sienne la sagesse des adages anciens : "Comment concevoir de cure si l'on ignore tout du mal qui nous ronge ?"

Il y a également une dimension pédagogique dans la présentation dualiste du mal et du bien, même si la liste des péchés en islam est très riche et se refuse à une opposition aussi sommaire. Par exemple, chez les mou'tazilites – un mouvement rationalisant de l'islam (IXe siècle) –, le musulman qui commet un péché grave n'est pas encore hors l'islam ; il ne le sera qu'après qu'une période déterminée se sera écoulée. Il est dans une position intermédiaire (*manzila baïna almanzilataïne*) qui est aussi un état antinomique à l'opposition duelle du bien et du mal au sens manichéen du terme. Du reste, s'appuyant sur un verset coranique important ("Vous êtes la meilleure communauté qu'il y ait eu parmi les hommes. Vous ordonnez le bien, vous proscrivez le mal et croyez en Dieu...", Coran, III, 110), les mou'tazilites établissent la priorité absolue du bien sur le mal.

Mais au point de vue de la doctrine élémentaire, le dualisme bien/mal a un bienfait immédiat : il pousse le croyant à ne commettre que les actes qui sont susceptibles d'être honorés ici-bas, avant de l'être dans l'au-delà. "Une parole mauvaise est semblable à un arbre mauvais : déraciné de la surface de la Terre, il manque de stabilité" (Coran, XIV, 26). C'est la rétribution divine qui donne sa légitimité à l'acte commis sur Terre. Mais en permettant le mal, Dieu nous enseigne la manière de le combattre. L'islam accorde une absolution ininterrompue à tous les croyants. La fréquentation de la mosquée, les procédés de purification liés à la prière quotidienne (*salat*) et la demande de pardon (*dou'a, istighfar*) leur permettent de se racheter, sans qu'il y ait passage devant un *imam*. La pénitence du musulman se fait en dehors du confessionnal et en l'absence de tout semblable, car celui-ci, dût-il être le plus grand juge, est capable de commettre la part de mal qui lui est prescrite.

La religion est-elle dangereuse ?

MARC-ALAIN OUAKNIN

Pour le judaïsme, le monde n'existe pas en soi. Il est à chaque fois le résultat d'une projection de sens, c'est l'homme qui investit le monde de signification. La vie est fondamentalement herméneutique !

"Dans tous les cas, il s'agit d'interprétations, c'est-à-dire de projection de schèmes explicatifs abstraits sur les perceptions de nos sens, en vue de nous en donner une représentation unifiée où les relations unificatrices sont produites par la raison." (Henri Atlan)

Cette hypothèse, nous semble-t-il, est le fondement de toute la réflexion talmudique. On comprend immédiatement que se pose la question de la loi. Pour le judaïsme, la loi est une "norme" et non pas un "dogme". Toute l'entreprise talmudique de l'interprétation repose sur cette distinction essentielle. Ainsi, la loi comme "norme" n'est-elle pas une contrainte mais, au contraire, la possibilité même de l'ouverture.

"Un normatif quel qu'il soit, associé à une méthode de connaissance et se heurtant éventuellement aux productions de celle-ci, peut l'ouvrir et lui permettre d'évoluer dans des désorganisations cognitives suivies de réorganisations incessantes." (Henri Atlan) En revanche, lorsque s'instaure le "dogme", c'est-à-dire quand une interprétation, un modèle se présentent comme "contenu de connaissance définitive", il y a constitution d'un "corpus à la fois théorique et normatif auquel tout un chacun est tenu de croire et de se soumettre au nom de la vérité". Une norme est différente d'un contenu de connaissance "objective" de la nature des choses. Une norme "déploie un projet collectif plus ou moins intériorisé par des individus ; elle est mythique, symbolique, activité sociale d'échange, source à la fois collective et individuelle qui définit un champ commun à une société et aux individus qui la constituent." (Henri Atlan)

La distinction entre la norme et la connaissance dogmatique implique la possibilité permanente d'une évolution et d'un renouvellement où la norme elle-même se renouvelle "mais à un rythme différent, et avec des justifications et médiatisations différentes des modifications des contenus de connaissances". Le délire, disait Lacan, est la théorie d'un seul. La loi talmudique est refus du dogme : elle est une norme. Le Talmud se pense en communauté pour éviter le délire ! Le Talmud met en place une structure de pensée dialogique, la *Mahloquèt*, qui garantit l'impossibilité de l'enfermement, l'impossibilité de la vérité dogmatique.

DOM ROBERT LE GALL

Toute religion est totalisante, parce qu'elle regroupe toutes les relations qui nous font être et vivre : à la nature, aux autres et à Dieu. La religion est une force unificatrice puissante. Si elle est mise au service d'autres que Dieu, elle peut devenir un pouvoir dangereux, totalitaire.

On sait où peut conduire le fanatisme. Dès le livre de l'Exode, l'Alliance conclue entre Dieu et son Peuple au Sinaï est d'abord religieuse, mais elle est présente dans toute la vie du Peuple par le Code de l'Alliance (Exode, 21-23), qui prévoit jusqu'aux détails de l'existence. Israël est un peuple dont le roi est Dieu : il s'agit bien d'une théocratie. Un jour vient où le peuple veut un roi plus visible. Dieu n'apprécie pas la requête, qui dénote un certain manque de foi (I Samuel, VIII). Le roi humain qu'il finit par accorder sera d'abord un échec avec Saül, mais Dieu aimera son successeur, qui est un homme de cœur malgré ses péchés : le roi David dont le Messie sera le lointain successeur (I Samuel, XVI). Jésus, Fils de Dieu et Fils de David, sera le vrai roi d'Israël (Luc, I, 32), "le Prince des rois de la Terre" (Apocalypse, I, 5), mais il aura soin de préciser que "son royaume n'est pas de ce monde" (Jean, XVIII, 36). L'histoire de l'ère après Jésus-Christ montre que les royaumes de la Terre se sont souvent ligués contre Dieu et son Messie (Psaumes, II, 1-3). On accusait les premiers chrétiens d'athéisme, alors qu'ils refusaient le paganisme de leur temps et la façon dont les empereurs romains se faisaient diviniser.

Tout pouvoir tend à devenir "de droit divin" pour s'étendre et durer. Après les premiers siècles de persécution, le christianisme est devenu religion d'État sous Constantin, avec les ambiguïtés que cette situation nouvelle apportait : la tentation des empereurs romains sera d'utiliser la religion à des fins politiques, ce qu'on appelle le "césaropapisme". À l'inverse, quand les papes auront peu à peu acquis une indépendance politique qui s'avérait utile à leur mission, leur autorité versera parfois dans le temporel, ce qui sera dommageable pour leur rôle spécifique. Si un certain équilibre se manifesta sous l'empereur Charlemagne, au long des siècles les querelles ne manqueront pas, depuis celle des investitures au XIe siècle jusqu'au gallicanisme de Louis XIV.

L'Inquisition – qu'il convient de situer historiquement – représente au XIIIe siècle une sorte de collusion du pouvoir spirituel et du "bras séculier" pour purifier le peuple chrétien de toute hérésie. Aux XVe et XVIe siècles, l'Inquisition espagnole s'exerça aussi contre les Maures et les juifs. Le pape Jean-Paul II invite les fils de l'Église à y voir l'une de ces erreurs, infidélités ou incohérences, dont ils ont à se repentir à l'orée du IIIe millénaire[1].

La difficile création de l'unité italienne à la fin du siècle dernier amena la suppression des États pontificaux, ce qui mit le pape Pie IX et ses successeurs dans une situation délicate de spoliés, jusqu'aux accords du Latran sous Pie XI. On peut dire maintenant que la souveraineté du pape sur le tout petit Vatican lui garantit une indépendance nécessaire, mais donne à sa mission spirituelle toute sa portée.

L'influence croissante des papes au-delà de l'Église manifeste un réel pouvoir qui s'est concrétisé lors de la chute de l'empire communiste, athée, persécuteur, mais créateur d'une religion nouvelle avec dogme, liturgie et morale. Actuellement, la doctrine sociale de l'Église, élaborée depuis la fin du siècle dernier, renvoie dos à dos communistes et libéralistes pour un service véritable de tout homme et de tout l'homme. La séparation de l'Église et de l'État dans la plupart des pays lève en bonne partie les ambiguïtés inhérentes aux collusions dans les deux sens, à condition que soit assurée cette liberté religieuse que l'Église ne cesse de revendiquer, pour elle-même et pour les autres religions authentiques.

CLAUDE B. LEVENSON

La religion ne devrait pas être dangereuse puisque pour l'essentiel les religions sont censées prôner l'harmonie dans la société et y œuvrer au nom d'un idéal de perfection fondé sur l'amour de son prochain ou de son semblable. La religion est supposée régir des sociétés selon des normes d'équité et de justice favorables à l'épanouissement de chacun de ses membres, dans le respect des intérêts de tous. Comme tout conditionnement, elle est également un apprentissage de la vie en commun puisque, fondamentalement, elle est transmission d'un savoir spirituel visant à maîtriser les forces contradictoires d'une société humaine.

L'histoire, telle que transmise au fil des temps et des régimes, tendrait cependant à démontrer que la religion a engendré les pires violences et nombre de conflits, dès lors que l'un ou l'autre de ses chefs ou de ses guides a proclamé détenir LA vérité. Elle porte donc une indéniable responsabilité dans d'innombrables massacres, car c'est le plus souvent sous son couvert que des guerres de rapines ont été déclenchées.

Ambivalente comme la plupart des notions forgées par l'homme, la religion demeure potentiellement dangereuse tant que l'être humain n'a pas assimilé le sens cardinal du respect de l'autre.

MALEK CHEBEL

Chaque fois que la religion est utilisée à d'autres fins que celles que lui prescrivent les Livres saints, elle devient idéologie et, comme telle, est oppression et déviance. Sa vertu normative et législative, au sens humain du terme, est outrepassée et gauchie. Or le sacré ne peut s'abâtardir ou s'affaisser mentalement, pas plus que se réduire à un ensemble de mesurettes où seule la vie d'ici-bas trouve une réponse. L'islam préconise un tout indissociable entre la foi et la vie quotidienne, toute confusion dans l'une des deux sphères entraîne des perturbations dans l'autre, ou un excès de conformisme. Ainsi, mal assumée, la peur de l'au-delà peut être considérée comme une panique qui paralyse certains croyants.

Mais le caractère délétère de la religion est un raccourci commode par lequel on se justifie du peu de foi des prétendants et de l'absence quasi définitive de flamme spirituelle en eux.

À cet égard, l'islam est exposé aux dérives conjoncturelles qui, en son nom, l'entraînent dans des calculs stratégiques ou politiques.

Mais l'humain ne peut se séparer de la loi divine qui lui fait obligation de respecter la vie. Si la religion pousse ses adeptes vers la suppression d'autrui ou vers la négation de la vie, elle peut devenir dangereuse par cela même qu'elle vise à combattre : l'intolérance, le manque de respect pour la vie, l'incroyance et la présomption. Les exemples ne manquent pas : le terrorisme islamique, depuis les Hachachins (Assassins) – la secte chi'ite ismaélienne de Hassan as-Sabbah (1090-1272) –, a longuement sévi à l'ombre de la parole divine.

L'usage idéologique de la religion ne saurait être néfaste si l'école, l'université, l'État de droit remplissent les missions qui leur sont dévolues.

On peut donc dire que, pas plus que la citoyenneté ou le savoir, la religion ne saurait se passer d'éducation.

1. *Lettre apostolique*, 10 novembre 1994, n° 33.

Quelle est la définition de l’homme ?

MARC-ALAIN OUAKNIN

> "Être ne suffit pas à l'homme.
> Il lui faut être autre."
> ARAGON

Qu'est-ce que l'homme ? On est tenté de répondre "l'homme c'est...", et de donner telle ou telle définition.

Mais est-il possible de définir l'homme ? L'homme n'est-il pas justement cet être tout à fait singulier qui échappe à toute possibilité de définition ? L'homme n'est-il pas l'existant dont la définition est de ne pas avoir de définition ?

L'essence de l'homme n'est-elle pas de ne pas avoir d'essence ? Paradoxe que la langue hébraïque énonce parfaitement. L'essence se dit *mahout*, de la racine *ma* signifiant "quoi". L'essence est la "quoibilité", néologisme que nous créons pour dire cette essence questionnante de l'homme, cette questionnabilité qui maintient l'être ouvert à la possibilité de ses possibles et de son futur.

La Cabale nous apprend que le mot *ma*, qui signifie "quoi ?" et qui s'écrit en hébreu *mèm-hé*, possède une valeur numérique de 45. *Mèm* = 40 et *hé* = 5. Or le mot *adam*, "l'homme", qui s'écrit *mèm-dalèt-hé*, possède la même valeur numérique 1+4+40.

L'homme est une question, un "quoi", un "qu'est-ce ?", un *ma*, c'est ce que nous appelons l'homme infinitif.

L'horizon hébraïque est tout entier "quoibilité", mise en scène du questionnement. Le Livre est un "livre des questions", depuis la Bible jusqu'à la pensée contemporaine en passant par le Talmud, la Cabale et le Hassidisme. Revenons à la première révélation de Dieu à Moïse :

"Un envoyé de Dieu lui apparut... et voici que le buisson brûlait dans le feu, et le buisson ne se consumait pas. Et Moïse dit : 'Je vais me détourner pour voir pourquoi le buisson ne se consume-t-il pas ?' Et Dieu vit que Moïse s'était détourné, alors il l'appela..."

La structure du récit est on ne peut plus éloquente. Moïse voit une chose étrange et questionne, puis appelle. L'appel est corrélatif de la capacité à s'étonner. Le "pourquoi ?" est une des modalités fondamentales de l'être-homme. La capacité de s'étonner, de s'interroger sur l'événement, la non-indifférence aux situations qu'il rencontre font de l'homme un être de liberté, sortant du déterminisme, des chemins tracés, où tout est décidé à sa place, imposé à lui, le plus souvent sans qu'il s'en rende compte. Le *madoua* est cette parole de Moïse se détournant du chemin pour aller voir pourquoi le buisson ardent ne se consume pas.

La possibilité même du "pourquoi ?" est l'indice d'une conscience qui peut assumer la responsabilité de son histoire et, mieux encore, métamorphoser le destin en Histoire. Dans le "pourquoi ?" se trouvent en attente le germe de la révolte, le refus d'un laisser-être destinal.

L'homme n'est pas "le berger de l'être", mais la sentinelle du questionnement, le gardien de la "quoibilité". Une petite anecdote sera ici éloquente :

Primo Lévi demanda un jour à un des gardiens d'Auschwitz :
– Pourquoi tout cela ?
– *Hier ist kein Warum!* ("Ici, il n'y a pas de pourquoi !"), lui répondit le SS.
C'est ainsi que l'humanité fit naufrage dans le "sans-pourquoi".

DOM ROBERT LE GALL

Quand Dieu se révèle à nous dans la Bible, il exprime le lien qu'il veut avoir avec nous en continuité, avec nos relations les plus humaines : il est l'Époux de son Peuple ; il est Père et nous sommes ses fils ; il nous aime plus qu'une mère n'aime ses enfants ; nous sommes frères et sœurs, puisque issus de lui.

"Ton Créateur est ton Époux", chante Isaïe (LIV, 5) avec tous les prophètes, et le Cantique des cantiques, qui est le cœur des Écritures pour les juifs ; pour les chrétiens il annonce le mystère des noces entre le Christ et l'Église, qui parcourt tout le Nouveau Testament.

L'Évangile nous révèle que le Christ est le Fils de Dieu ; plus exactement, Jésus lui-même nous apprend qu'il a un Père, avec qui il est UN : "Moi et le Père, nous sommes un" (Jean, X, 30). Une relation étroite existe entre le Père et le Fils, nouée en leur Esprit, qui est leur souffle mutuel d'amour.

Envoyé par le Père, ce Fils vient nous annoncer cette vie éternelle qui est la leur et qui nous est ouverte. Pour cela, il se fait homme, offre de s'unir à tout homme, pour réaliser un mystère nuptial, qui fait de lui et de nous le Fils total. "Il en va du Royaume des Cieux comme d'un roi qui fit un festin de noces pour son fils" (Matthieu, XXII, 2). Le Père est ce Roi ; le Fils est l'Époux ; nous sommes l'Épouse, cette Église qu'il veut s'unir pour l'éternité.

Cette alliance se fait dans la souffrance et se consomme dans la mort sur la Croix, preuve suprême et indubitable de l'amour de Jésus pour son Père et pour nous. Ressuscité, le Christ est le "Premier-né d'entre les morts" (Colossiens, I, 18), "l'aîné d'une multitude de frères" (Romains, VIII, 29), qui reproduisent l'image du Fils unique : "Va trouver mes frères, dit Jésus à Marie-Madeleine le matin de Pâques, et dis-leur : 'Je monte vers mon Père et votre Père, vers mon Dieu et votre Dieu'" (Jean, XX, 17).

L'amour inconditionnel du Père pour nous inclut et dépasse l'amour maternel, selon ce texte émouvant du prophète Isaïe : "Sion disait : 'Yahvé m'a abandonnée, le Seigneur m'a oubliée.' Une femme oublie-t-elle l'enfant qu'elle nourrit ? Cesse-t-elle de chérir le fils de ses entrailles ? Même s'il s'en trouvait une pour l'oublier, moi je ne t'oublierai jamais !" (IL, 14-15). La Vierge Marie, Mère de Jésus, que la tradition chrétienne salue du titre vrai de Mère de Dieu, est pour nous le visage ou l'icône de la "maternité" du Père.

Père, mère, époux, épouse, fils et filles, frères et sœurs : la révélation chrétienne se définit par ces relations qui nous sont les plus intimes et les plus nécessaires. Elle est pleinement humaine et révèle l'humanité à elle-même. En effet, l'expérience de ces relations, avec leurs joies et leurs limites, amène à découvrir, à espérer une plénitude d'amour paternel, maternel, conjugal, filial et fraternel, qui se trouve en Dieu, qui est Dieu.

Voici ce que m'écrit la mère d'un jeune moine, au moment où je rédige ces pages : "Vous savez sans doute que pour une maman, son fils, qu'il soit ministre, évêque, etc., c'est toujours son petit : elle l'a porté pendant neuf mois, lui a donné la vie, l'a aimé, choyé, protégé, guidé, encouragé, afin d'essayer d'en faire un être responsable et d'en tirer le meilleur parti, si j'ose dire. La tâche est rude, le plus souvent, et de tous les instants, mais l'amour, l'amour entre les parents, l'amour donné à ses enfants, l'amour enfants-parents, et, le plus important sans doute, l'amour de Dieu pour nous tous, apporte une aide considérable. Petit à petit, je comprends qu'il faut s'en remettre totalement à Dieu, notre Père, notre guide, et ne pas le décevoir, ce qui n'est pas tous les jours facile..." Cette maman exprime fort bien que Dieu est au cœur de nos relations, et que ces relations fondamentales nous conduisent vers lui.

Comment peut-il en être autrement, si Dieu en lui-même est relations ?

CLAUDE B. LEVENSON

L'homme est un animal doué de raison, ou de déraison, selon l'humeur du temps et les circonstances du moment. Il est capable du meilleur comme du pire quand il est de ce monde qui, selon le bouddhisme, est le seul à pouvoir lui offrir l'occasion rare et précieuse de se mettre en quête d'une véritable liberté.

L'homme est un être sensible, doué de potentialités multiples qu'il peut, s'il le veut, mener à leur accomplissement en choisissant l'ouverture du cœur, l'attention compatissante à autrui et l'aide désintéressée au plus grand nombre. L'être humain est responsable de ses actes, de ses pensées et de ses paroles ; il est capable de réflexion et peut dépasser ses limites égoïstes afin d'accéder à ce qu'on appelle, selon les lieux et les traditions, sagesse, connaissance, beauté ou éveil. Il est un être social et sociable qui ne saurait survivre sans ses semblables, même si chaque être humain est un Univers en lui-même, responsable de tous, du bien et du mal, du malheur et du bonheur : à lui de décider de quel côté faire pencher le balancier d'un équilibre en perpétuelle mutation.

MALEK CHEBEL

L'humain n'existe pas en soi, car il est un simple reflet de l'activité spirituelle des hommes, leur synthèse d'émotion, leur bâti. Au plan de la doctrine, il est une réaction de l'être vivant face aux horizons lointains qu'il se donne, ou que la religion, la spiritualité et la croyance lui donnent.

C'est ainsi qu'il est envisagé en islam : l'humain est la part vive, sensible, créative de celui qui croit en Dieu, qui aime son prochain et qui respecte ses engagements. Autrement dit : avoir la foi en une force suprahumaine, accepter la main tendue d'autrui (société), s'accepter dans sa singularité. Un compagnon du prophète Mohamed, du nom de Anas (VIIe siècle), rapporte ce mot : "Aucun de vous n'aura vraiment la foi – ne sera musulman – s'il ne désire pour son prochain ce qu'il désire pour lui-même." Une telle conception implique une part d'altruisme chez l'homme, même si l'altruisme absolu est par définition inaccessible. En réalité, l'être humain est d'abord celui qui observe les injonctions divines, les cultive comme une donnée immédiate de sa conscience et les place au-dessus des autres préoccupations. L'humain est donc celui qui trouve sa réalisation dans la louange et dans la célébration.

Dans une approche plus philosophique préconisée par Shabestari, grand mystique iranien mort en 1320, "L'homme est le dernier être créé, car il est la cause déterminante de la création[1]". On évoque la création tardive d'Adam (le vendredi après-midi) et le fait que rien n'ait été créé après lui, afin de le distinguer du reste de la Création. L'humain est une part de soi qui s'accomplit au contact d'autrui.

Enfin, l'humain est une aptitude vigile de l'homme, en vertu de quoi il est un "être-au-monde", sensible à l'altérité, et une conscience virtuelle qui croit en la béatitude d'un Dieu créateur, possesseur des Deux Mondes, celui de l'Ici-bas et celui de l'Au-delà.

Qu'il ait à jouir pleinement de son passage sur cette Terre ne contrarie en rien son projet futur, car la vie terrestre n'est qu'une étape de son assomption et de son déploiement global.

1. *La Roseraie du mystère*, Paris, Sindbad, 1991, collection "La Bibliothèque persane", p. 132.

L'homme est-il lié à la Terre ?

MARC-ALAIN OUAKNIN

Nous essayons de comprendre, et nous approchons de cette créature étrange qui a pour nom l'homme. L'hébreu le dit *adam* du mot *adama* qui veut dire la "terre", comme le latin le dira *homo* – et *humus* la "terre", le "limon", la "glèbe" – ; le "glèbeux" en serait une bonne traduction si l'homme n'était que poussière, mais il est aussi souffle et parole. Il est un souffle parlant : *rouah melaléla.*

Comprendre l'homme, c'est remonter au souffle. Au souffle qui fut cri quand il nous advint, au jour même de notre naissance, dans le lieu et le temps même de la séparation et de la coupure, celle des corps dans leurs arrachements. L'eau et le souffle sont dans une relation extrêmement importante au moment de la naissance. À peine sommes-nous arrachés à notre mère et à l'océan amniotique de son ventre protecteur qu'une fontaine d'air prend place en nous ; et voilà le premier cri.

Souffle inaugural, le cri se fait respiration silencieuse, lettre discrète du *hé* qui est la seule lettre de l'alphabet hébraïque à ne faire intervenir aucun élément de la bouche pour être prononcée : pur souffle !

Chaque respiration est un *hé*, un souffle, une prière. Respirer c'est déjà prier !

Le Talmud enseigne au nom de Rav Yehouda, fils de Rabbi Ilaye : le monde a été créé avec la lettre *hé*, comme il est écrit "voici l'histoire des cieux et de la Terre au jour où ils ont été créés" – *behibaream* –; ne lis pas *behibaream* ("où ils ont été créés"), mais *be hé baream* ("avec un *hé* ils les ont créés").

Le *mah*, le "quoi ?", s'écrit de deux lettres, *mèm* et *hé* qui signifient l'articulation de l'eau-*mèm* et du souffle-*hé*. Ces deux lettres se conjuguent au moment de la naissance. Le passage de l'eau amniotique à l'air du monde.

Ainsi questionner, c'est retrouver ce moment inaugural de l'entrée dans la vie. Voir le monde avec des yeux neufs, comme si on le voyait pour la première fois. Chaque question est une nouvelle naissance de soi et du monde. Rupture avec l'ancien moi et création d'une nouvelle modalité d'investir le monde de signification.

Lorsque l'enfant devient l'adulte, l'homme mûr, ce n'est pas l'accession à une perfection définitive, à un achèvement, mais à la découverte de la "quoibilité" infinie, la question *mah* qui pousse l'homme à continuer à chercher, construire, inventer, à la découverte de "l'homme infinitif"...

La force inaugurale du commencement : le *mèm* du *mah* inaugure un mouvement archéologique mettant le cap vers l'origine qui nous fait retourner à l'émergence du monde. *Mèm* signifie en effet la "provenance". Non pas que ce retour nous offre le commencement originaire dans lequel serait déposé le sens de l'existence, qu'il s'agirait de se "réapproprier" comme un objet perdu. Le commencement n'est pas un contenu mais une force... Retourner à l'origine pour puiser une force, la force de recommencer chaque fois à nouveau, pour retrouver l'articulation fondatrice de l'eau et du souffle, pour réaliser le fait que "vivre, c'est naître à chaque instant".

Avoir rendez-vous avec le commencement, c'est rencontrer la force inaugurale, la force qui a rendu possible le commencement.

"L'homme a été créé pour qu'il y eût un commencement." Chaque homme est un nouveau commencement et chaque homme se doit d'accepter cette tâche difficile et exigeante de créer le temps à partir d'un nouveau commencement. La lettre *mèm* qui ouvre l'homme à l'existence est avant tout encouragement à mettre en œuvre cette faculté humaine de commencer, d'entreprendre, de prendre une initiative et ainsi d'entrer dans l'action.

"La vie de l'homme se précipitant vers la mort entraînerait inévitablement à la ruine, à la destruction, tout ce qui est humain, n'était la faculté d'interrompre ce cours et de commencer du neuf, faculté inhérente à l'action comme pour rappeler constamment que les hommes, bien qu'ils doivent mourir, ne sont pas nés pour mourir mais pour innover" (Hannah Arendt).

Le *mah* qui dit l'homme, *adam*-question, dit aussi l'eau et le souffle, le moment de la naissance ; chaque instant de l'existence puise sa force dans ce moment de la naissance. Il vient pour rappeler qu'"à chaque naissance, quelque chose d'uniquement neuf arrive au monde" (Hannah Arendt). Chaque naissance est l'émergence d'un nouveau questionnement, d'un nouveau désir d'être. Répondre au fait de notre naissance, c'est être responsable, c'est-à-dire protéger le questionnement et le moment inaugural de la naissance qui sont la matrice de notre liberté.

"Parce que nous sommes nés, nous sommes condamnés à être libres" (Hannah Arendt).

DOM ROBERT LE GALL

Né sur la Terre, l'être humain vit sur cette "planète bleue" qui n'est pas un paradis, que les écologistes nous montrent à juste titre menacée, mais qui est un milieu humain où Dieu s'est fait chair dans l'histoire. L'existence humaine est conditionnée par l'équilibre fragile et instable de notre Terre : elle est liée à ses rythmes diurnes et annuels, car la Terre tourne sur elle-même chaque jour et autour du Soleil chaque année. Notre connaissance dépend du sensible et notre volonté tend spontanément vers les biens visibles. Cependant, l'âme humaine, liée pour son exercice à l'expérience des réalités terrestres, dépasse la Terre. L'homme a toujours regardé vers le ciel, tendant à la plénitude de l'être et du bien. Il se sent lié à un au-delà de la Terre, pour lequel il se sait fait, et sa prière est souvent celle de ce Psaume : "Vers toi j'ai les yeux levés, qui te tiens au ciel" (CXXIII, 1). Les lieux élevés de la Terre, comme les montagnes, sont ceux où la rencontre avec Dieu se fait (Sinaï), et c'est pourquoi les autels dans les églises se trouvent aussi surélevés. L'homme perçoit qu'il est fait pour un ailleurs que les religions définissent.

Pour les chrétiens, Dieu est venu sur Terre par l'Incarnation, de façon à nous mener au ciel. Pour autant nous ne sommes pas invités à rester dans les nuages : les anges de l'Ascension renvoient les Apôtres à leur mission ici-bas (Actes des Apôtres, I, 11). Nous sommes déjà en espérance citoyens des cieux (Philippiens, III, 20), mais cela ne nous dispense pas de contribuer à la construction de la cité terrestre. Le chrétien vit en équilibre entre le déjà et le pas encore de sa condition présente. C'est le temps de l'Église qui pèlerine dans la foi. Jésus-Christ mort et ressuscité est monté aux cieux pour nous y préparer une place, Seigneur de l'histoire assis à la droite du Père. Pour continuer sa mission au long des siècles, il a fondé l'Église, qui est proprement le rassemblement des hommes et des femmes qui croient en lui, sont baptisés en son nom et répandent dans le monde "la bonne odeur du Christ" (II Corinthiens, II, 15).

En la confiant à Pierre, qui, au nom de tous les Apôtres, avait confessé sa foi en sa divinité, Jésus avait prononcé solennellement ces paroles fondatrices : "Tu es Pierre, et sur cette pierre je bâtirai mon Église, et les portes de l'enfer ne prévaudront pas contre elle. Je te donnerai les clefs du Royaume des Cieux : tout ce que tu auras lié sur Terre sera lié dans le ciel, et tout ce que tu auras délié sur la Terre sera délié dans les cieux" (Matthieu, XVI, 18-19). On sait que ce pouvoir de Pierre n'est pas compris de la même façon dans les diverses confessions chrétiennes.

C'est tout le travail de l'œcuménisme de promouvoir l'unité des chrétiens, mais pour cette réunification pèsent tous les poids de l'histoire et des sensibilités diverses, même si le pape Jean-Paul II multiplie les signes d'ouverture aux approches de l'an 2000 et du grand Jubilé de la Rédemption qu'il va célébrer : il va jusqu'à reconnaître les fautes de l'Église dans l'histoire et jusqu'à dire que l'on peut revoir la façon dont les papes exercent la primauté dans la charité pour le service de l'unité.

L'audience et l'influence du pape à la fin de notre siècle sont remarquables. Nos contemporains ont pris l'habitude d'en prendre et d'en laisser dans l'enseignement de l'Église, même en son sein, mais il faut reconnaître que si on ne suit pas des prescriptions que les médias rendent impopulaires, on est quand même attentif à ce qui est dit, d'autant plus qu'à l'heure actuelle les repères ont disparu. Les rappels de l'Église dans le domaine moral et sexuel (avortement, contraception, homosexualité) agacent assurément, mais on sent pourtant qu'il en va, par la promotion de la famille, de l'avenir de nos sociétés. En matière de morale personnelle et sociale, on se rend compte que l'Église ne travaille pas pour elle-même, mais pour l'homme et son avenir.

Malgré ses opacités, l'Église n'est pas une institution purement humaine. Pour reprendre la définition de saint Cyprien, évêque de Carthage et martyr au milieu du IIIe siècle, elle est "le peuple qui tire son unité de l'unité du Père et du Fils et du Saint-Esprit" (De oratione dominica, XXIII), ce qui nous ramène au cœur du christianisme, ce mystère des relations entre les Personnes divines au nom desquelles les chrétiens sont baptisés ; ils sont invités à partager leur bonheur infini et définitif. Saint Jean l'écrit dans l'introduction de sa première lettre : "Ce que nous avons vu et entendu, nous vous l'annonçons, afin que vous aussi vous soyez en communion avec nous. Quant à notre communion, elle est avec le Père et avec son Fils Jésus-Christ. Tout ceci, nous vous l'écrivons pour que notre joie soit parfaite" (I, 3-4). Citons la grande prière de Jésus avant sa Passion, qui donne la véritable identité de l'Église : "Je leur ai donné la gloire que tu m'as donnée, pour qu'ils soient un comme nous sommes un, moi en eux et toi en moi, afin qu'ils soient parfaits dans l'unité, et que le monde reconnaisse que tu m'as envoyé et que tu les as aimés comme tu m'as aimé" (Jean, XVII, 22-23). Peuple unifié dans l'unité de la Trinité, Corps et Épouse du Christ, Temple de l'Esprit, l'Église offre à tous d'entrer pleinement par leurs relations humaines les plus profondes dans la plénitude d'amour des Trois qui sont Un.

CLAUDE B. LEVENSON

Des rapports les plus apparents aux réseaux de correspondances les plus subtils, il existe entre tous les éléments fondateurs du monde un enchaînement qui constitue la trame de la vie : l'homme est lié à la Terre, mère nourricière, dans sa réalité la plus immédiate ou sublimée en divinité féminine.

Cette dernière représente l'énergie, sans laquelle rien de vivant ne semble possible. Lié à la Terre, l'homme l'est, ne serait-ce que parce qu'il y vit et qu'il attend d'elle qu'elle assure sa subsistance au jour le jour. Elle lui offre des moyens de survie, puis d'existence, à condition toutefois qu'il n'oublie pas que ceux-ci ne sont pas inépuisables.

En fournissant son cadre de vie à l'être humain, la Terre nourrit également son esprit et son imaginaire, lui ouvrant de vastes perspectives tant au-delà de son horizon que dans sa quête spirituelle. Évidentes ou cachées, les correspondances entre l'homme et son environnement témoignent d'un lien indissoluble, subtil jeu de miroirs se renvoyant l'un l'autre des images de leur propre réalité.

MALEK CHEBEL

La cosmogonie islamique fait une place particulière à la Terre, dont l'homme – pris ici au sens général – est le principal ornement. Ce lien est traditionnel. Il s'explique par la force territoriale qu'avait acquise cette religion au fur et à mesure de son expansion et par l'idée que la Terre nourricière est le seul bien que l'homme possède durant toute sa vie, sans pour cela la contraindre ou la réduire à cela. La conscience aiguë du thème de la "Terre habitée/Terre inhabitée" qu'avait le Bédouin de l'Arabie ancienne avait marqué l'ensemble des représentations islamiques. La notion Terre est de ce fait constitutive de la cosmogonie islamique, et de l'humanité qui s'y réfère. Mais il s'agit bien d'une Terre héritée collectivement, qui n'appartient à personne en propre. C'est une Terre où le Créateur a placé son apôtre, le chargeant de transmettre la nouvelle révélation et le bénissant avant que celui-ci ne bénisse les autres.

Ici se rattache la filiation de cet homme, né des entrailles de la terre glaise, mais relevant dans sa mission de la divinité du texte sacré. En cela, la conception de l'homme s'oppose à celle des djinns qui sont une création de feu : "Il a créé l'homme d'argile, comme la poterie ; Il a créé les djinns d'un feu pur" (Coran, LV, 15).

Ces notions articulent la représentation du monde en islam. Elles permettent de définir avec précision le rôle et la place de l'homme dans l'architecture sacrée de l'islam. Le vécu concret de celui-ci implique une sensibilité particulière à la Terre – corps, masse et étendue –, mais également à travers sa correspondance symbolique de frontière du monde.

L'image de la Terre-demeure-de-l'homme est traversée d'un souffle poétique propre aux entités épiphaniques, ce que la scansion coranique et les médiations phonétiques qui lui sont associées traduisent avec force et amplitude.

Dans son acception profane, la problématique de la Terre – la Terre des ancêtres par exemple – existe au sein des représentations collectives, sans jouir d'un traitement juridique uniforme. Mais le Coran lui assigne une indéniable portée augurale.

Le complexe historique qui lie la Terre à l'islam est devenu plus sensible et plus exigeant avec le temps. À mesure que l'islam primitif s'affranchissait de ses caractéristiques spatio-temporelles (isolement, sécheresse, morphologie), la notion d'enracinement à la terre a laissé place à celle de l'étendue, du déploiement et de la conquête. La Terre s'est muée en territoire, en provinces, en géographie.

L'univers lunaire du Rub'al-Khali, le désert caillouteux qui borde La Mecque et Médine, a ajouté au manque crucial éprouvé par l'islam à ses débuts d'une quasi-absence de terre.

Doit-on replacer dans ce contexte d'exiguïté de la terre d'origine, la boulimie de conquête de l'islam ?

Symbole de la puissance divine (Coran, XLI, 39), la Terre est aussi le refuge et la protection de l'homme (XLI, 9). C'est là qu'il trouve la substance qui le nourrit : "Allah est celui qui, pour vous, a disposé la Terre comme séjour stable, et le ciel comme édifice" (XL, 66). À cela, il faut ajouter que Dieu a voulu que la Terre soit digne de Lui, large et belle (LXXX, 24-32). Mais la Terre est également truffée de pièges, surtout pour les mécréants : "Parcourez la Terre, et considérez quelle a été la fin des coupables".

Allah est Celui qui déchaîne les vents…

Qu’est-ce que l’au-delà ? Que se passe-t-il après la mort ?

MARC-ALAIN OUAKNIN

Le judaïsme proclame l'éternité de l'âme. Cette vérité fondamentale selon laquelle la destinée de l'homme se prolonge au-delà de son existence terrestre sous-tend, en réalité, l'ensemble de sa doctrine.

En effet, les commandements de la Tora sont intimement liés dans l'Écriture au principe de la rétribution. Or, selon la Tradition, l'essentiel de cette récompense n'est destiné qu'à l'âme et n'est accordé qu'après la mort. Si bien que la vie ici-bas ne trouve son couronnement et sa pleine justification que dans la perspective de celle de l'au-delà. "Rabbi Yaacov dit : 'Ce monde-ci ressemble à un vestibule devant le monde futur : prends tes dispositions dans le vestibule pour être en mesure d'accéder au palais'" (Avot, IV, 1 6).

Une telle conception de la vie est aussi une conception de la mort. Celle-ci n'affecte que la composante physique de l'homme, mais elle ne signifie nullement la disparition de l'être, qui est contenu tout entier dans l'âme. Elle consacre, au contraire, l'achèvement de sa mission terrestre, et son accession à un monde éternel, lieu de la véritable béatitude. On a ainsi, à juste titre, comparé la mort à une sorte d'accouchement, douloureux en soi, il est vrai, mais qui préside à l'inauguration d'une vie nouvelle.

Cette notion d'éternité de l'âme est, de plus, concrétisée et renforcée dans la pensée juive par l'espérance – qui compte parmi les articles de foi – en la résurrection des morts : à la fin des temps, et selon des modalités imprécises qui ont divisé parfois les théologiens, les âmes des défunts, ou tout au moins un grand nombre d'entre elles (Daniel, I, 2,2), se réincarneront pour connaître une vie terrestre de félicité.

Aussi, le juif fidèle n'éprouve-t-il ni terreur, ni désarroi quand il est confronté à la mort ; il s'agit là d'un phénomène attendu qui ne comporte en lui-même rien de néfaste.

Pourtant, le judaïsme reconnaît le droit d'éprouver et de manifester douleur et tristesse face à la disparition d'un être cher. Il y voit même un devoir, puisque la loi juive a institué et codifié de nombreux rites de deuil. La raison en est très clairement exprimée dans le traité

Avot (IV, 1-7, à la suite de la *Michna* précédemment citée) : "Une heure de repentir et de bonnes actions en ce monde-ci vaut plus que toute la vie du monde futur. Et une heure de félicité dans le monde futur vaut plus que toute la vie de ce monde-ci".

Si le monde futur est le lieu par excellence de la rétribution et de la vraie jouissance, seul le monde présent offre à l'individu la possibilité de progresser, de s'élever et de mériter la récompense. En effet la cohabitation du corps et de l'âme – apanage exclusif de l'existence terrestre – est seule capable de créer les conditions d'une mission humaine, et, par la suite, celles d'une rétribution. L'âme en tant que telle est tout acquise à Dieu. Mais le corps sollicite la personne, et l'incite à se détacher de Lui.

De là résulte la tâche assignée à l'homme : résister aux impulsions physiques, soumettre, en accomplissant les commandements de Dieu, la matière à l'esprit, transformer et sublimer le corps en instrument du service divin. De plus, cet antagonisme qui oppose les forces du corps à celles de l'esprit conditionne aussi le libre arbitre, qui est lui-même un préalable absolu à toute notion de mérite et de récompense.

En d'autres termes, le corps représente pour l'âme une chance unique d'ascension et d'enrichissement. C'est la perte irrémédiable de cette source de fécondité et de richesse que nous pleurons. Ainsi conçus, les rites de deuil ne sont pas stériles, mais salutaires et édifiants pour ceux qui les observent. Ils les conduisent à prendre conscience du sens véritable de la vie, et de la nécessité pour chacun d'agir et de vivre de manière optimale le court passage dans le monde ici-bas ; à minimiser l'importance du physique et du matériel ; à refuser, enfin, d'identifier leur être à leur propre corps, pour ne pas disparaître avec lui au temps où il rejoindra la poussière.

DOM ROBERT LE GALL

L'au-delà, c'est le mystère primordial et final de l'amour trinitaire, déjà présent et actif en nos vies qui l'acceptent. L'Évangile de Jésus-Christ, c'est la Bonne Nouvelle de ce "Royaume des Cieux" (Matthieu, V, 19) où nous attend "le Père qui est dans les cieux" (V, 16). Pour y parvenir, il faut écouter l'enseignement de Jésus et le mettre en pratique, c'est-à-dire vivre le paradoxe des Béatitudes, qui nous prépare à entrer pleinement dans le mystère pascal de l'Agneau immolé.

Nos souffrances et notre propre mort nous configurent au Christ qui a souffert et qui est mort, afin que nous lui ressemblions par une résurrection semblable à la sienne. Au dernier moment, de façon intime et personnelle, à chacun de nous Dieu pose clairement une ultime question : "Veux-tu de mon amour ? Acceptes-tu le bonheur pour lequel tu es fait, toi qui passes par une mort semblable à la mienne ?"

La tradition catholique reconnaît entre la mort et la pleine entrée dans la vie de Dieu un sas de purification pour "voir Dieu", au moins pour ceux qui ne meurent pas dans le plein amour de leur Seigneur : c'est le purgatoire, qui n'est pas un lieu de souffrances corporelles, parce que la résurrection de la chair n'est pas encore intervenue, mais une durée faite pour que l'âme, prisonnière d'elle-même, s'ouvre totalement à l'amour virginal de l'éternité. L'être humain n'entre pas seul dans la vie du Père et du Fils et du Saint-Esprit. Avec ses frères et sœurs, il constitue l'Épouse du Christ, celle que le sacrifice rédempteur rend "toute resplendissante, sans tache, sans ride ni rien de tel, mais sainte et immaculée" (Éphésiens, V, 27).

La vie éternelle, ce sont les noces préparées par un roi pour son fils, comme Jésus lui-même nous l'a révélé (Matthieu, XXII, 2), les noces de l'Agneau, célébrées dans l'Apocalypse : "Voici les noces de l'Agneau, et son épouse s'est faite belle : on lui a donné de se vêtir de lin d'une blancheur éclatante – le lin, c'est en effet les bonnes actions des saints" (XIX, 7-8). C'est alors la consommation de l'Alliance : "Voici la demeure de Dieu avec les hommes. Il aura sa demeure avec eux : ils seront son peuple, et lui, Dieu-avec-eux ("Emmanuel"), sera leur Dieu" (XXI, 3). En attendant cette immersion dans le Fleuve de vie, qui jaillit du trône de Dieu et de l'Agneau (XXII, 1), "l'Esprit et l'Épouse disent : Viens ! Amen, viens Seigneur Jésus !" (XXII, 20).

CLAUDE B. LEVENSON

Après la mort physique s'ouvrent un espace et un temps inconnus, par définition inconnaissables puisque, à de rares exceptions près – saints ascètes, ermites ou poètes –, nul n'en serait jamais revenu. Pour certains, c'est un lieu de félicité et d'amour ; pour d'autres, l'horreur de souffrances sans fin ; pour d'aucuns enfin, rien, le vide ou le néant. Pour les bouddhistes, la mort est un temps de transition dans le cycle des existences ; pour les bouddhistes tibétains, elle est le monde temporaire du *bardo* dans lequel l'homme transite avant de naître à nouveau dans l'un des six royaumes d'existence.

Intégrer la mort à la vie fait partie du quotidien tibétain ; l'une ne saurait exister sans l'autre. Il est donc particulièrement important de vivre consciemment sa mort afin de s'assurer la meilleure renaissance possible. À moins de saisir l'occasion, rare et précieuse entre toutes, de reconnaître la signification de la Claire Lumière qui se manifeste durant la période de transition et qui délivre à jamais du cycle des naissances, ou *samsâra*.

Pour réussir ce difficile passage, les Tibétains disposent d'un guide, dit *Le Livre des morts tibétains*, ou *Bardo Thödol Chenmo*, dont le titre exact signifie "la grande libération par la voie de l'audition durant le *bardo*". Lorsqu'un *lama* le lit à un agonisant, cet ouvrage permet, dit-on, à ce dernier de reconnaître les différentes étapes de la dissolution corporelle et mentale, sans en être effrayé. Ainsi, une conscience claire de ce qui se passe en ces instants cruciaux constitue-t-elle la voie qui mène au *nirvâna* : connaissance, sagesse ou éveil, sans devoir revenir dans l'un des royaumes où, sous une forme ou sous une autre, se manifeste la souffrance.

Selon les usages tibétains, en se préparant minutieusement à vivre la mort, on s'exerce naturellement à la pratique des enseignements, l'existence étant en fin de compte un flux perpétuel dont la caractéristique essentielle est le changement. Quand le corps vivant s'est transformé en cadavre, seule perdure la conscience la plus subtile qui assure le lien d'une vie à l'autre si, entre-temps, celle-ci n'a pas reconnu la "luminosité fondamentale", soit la nature pure de l'esprit. Les Tibétains affirment que le *bardo* de la mort à la renaissance dure au plus sept fois sept jours : une fois passé ce délai, soit le défunt s'est pleinement libéré, soit une vie nouvelle commence sous d'autres cieux, sous d'autres latitudes, dans d'autres royaumes peut-être, sinon sous un même Soleil…

MALEK CHEBEL

C'est le grand mystère de la création : ne pas savoir ce qui advient de nos corps et de nos âmes dans le temps à venir, encore moins après la mort.

Quoi qu'il en soit, toute réflexion sur l'au-delà implique une lecture particulière des enseignements religieux, les seuls à identifier théoriquement et à délimiter le périple du gisant, son interrogatoire, la pesée de ses actions et son châtiment. Sans être directement mentionné dans le Coran, le purgatoire intervient tout de suite après le premier interrogatoire de la tombe, ou "peine de la tombe" (*'adab al-qabr*). Des milliers d'années s'écouleront avant que le jour du Jugement Dernier ne soit décrété. Mais ce jour-là fait partie des mystères divins, aucun homme ne pouvant se prévaloir de connaître l'Inconnaissable.

Durant ce laps de temps a lieu la lecture du livre où sont consignés les actes des humains, la balance céleste. Dans la phase terminale, le mort est un ressuscité auquel on demande d'emprunter le "Pont étroit" (*Sirat*, appelé *Cinvat* chez les mazdéens), avant que le verdict final ne tombe selon une équité que l'on peut qualifier d'absolue : "La parole, chez moi, ne change pas. Je ne suis pas injuste envers mes serviteurs" (Coran, L, 29).

Après quoi, les uns sont dirigés vers l'enfer, les autres sont orientés vers le paradis. Même aux réprouvés Dieu peut éviter l'enfer, le Prophète ayant vocation d'intercéder pour eux.

Un lieu intermédiaire sépare les deux destinations. C'est un lieu de repos et d'attente qui permet à ceux dont le sort n'est pas encore fixé de se purifier : "Un voile épais est placé entre le Paradis et la Géhenne : des hommes, se connaissant les uns et les autres d'après leurs traits distinctifs, seront sur les *A'raf* ("Le Talus", "Les Hauteurs"). Ils crieront aux hôtes du paradis : 'Salut sur vous !' mais ils n'y entreront pas, bien qu'ils le veuillent" (Coran, VII, 46).

Le paradis musulman jouit d'une description fabuleuse. Il est le lieu du repos par excellence, une terre ombragée, irriguée, parfumée et habitée par des êtres ineffables d'une suprême beauté. L'enfer se présente comme un lieu déplorable où les âmes pécheresses ne cessent de se lamenter, tandis que les corps qui leur correspondent brûlent dans des brasiers géants.

Il ressort de tout cela que l'au-delà est un immense Univers dans lequel le croyant tente de projeter ses attentes et d'anticiper les grandes récompenses promises. Ce monde insondable a également une vertu immédiate, terrestre si l'on peut dire, qui consiste à discipliner les émotions de ceux qui faiblissent dans leur engagement.

Enfin, on ne peut concevoir l'idéologie qui préside à ce décorum initiatique si l'on oublie que la conscience du fidèle est entièrement sollicitée et qu'elle est le lieu où se préparent les joies du paradis et la terre de perdition.

La volonté de l'islam est de libérer les croyants de leurs vanités immédiates en leur donnant plus de responsabilité. De ce point de vue, l'au-delà peut s'avérer l'une des pédagogies les plus affirmées.

Deuxième partie

SYMBOLES

Symboles du judaïsme

PAR MARC-ALAIN OUAKNIN

LE CALENDRIER

LE TEMPS HÉBRAÏQUE SE DÉFINIT PAR RAPPORT AUX MOUVEMENTS DE LA LUNE ET DU SOLEIL. "VIVRE, C'EST NAÎTRE À CHAQUE INSTANT"

Le mois est défini par la lune et son renouvellement, mais les années ont un rythme solaire. La particularité de l'année juive est qu'elle possède parfois un treizième mois, on dit alors que l'année est "enceinte"... Le compte des années du calendrier juif commence, selon la tradition, avec la création du monde. D'après ce calcul, la création du monde se situe 3761 ans avant l'ère chrétienne. La différence entre le calendrier juif et le calendrier civil utilisé en Occident est constante, elle est de 3760. Ainsi pour passer du calendrier juif au calendrier chrétien, il suffit de soustraire 3760. Par exemple : 5755 – 3 760 = 1995 ; 5708 – 3760 = 1948.

Inversement, si l'on veut passer de l'année civile à l'année juive, il suffit d'ajouter 3760. 1789 correspond à 1789 + 3760 = 5549 (l'an 2000 sera ainsi l'an 5760 de l'année juive).

L'année juive est lunaire. Elle comporte trois cent cinquante-quatre jours et douze mois de vingt-neuf ou trente jours. Les mois de l'année juive ont emprunté leurs noms aux Babyloniens : *Tichri, 'Hechvan, Kislev, Tévet, Chevat, Adar, Nissan, Iyar, Sivane, Tamouz, Av, Eloul. Tichri* se situe en septembre-octobre et *Eloul* en août-septembre.

Pour éviter que le calendrier ne soit décalé par rapport à l'année solaire et au rythme des saisons, il est nécessaire de combler la différence de onze jours entre l'année solaire et l'année lunaire. Pour ce faire, certaines années on ajoute un treizième mois : un deuxième mois de Adar appelé *Adar II* ou *Adar Chéni*. Ces années-là sont des années embolismiques ou, en hébreu, des années *Meou-bérèt* : enceintes. De telle sorte que la fête de *Pessa'h* (correspondant à Pâques) tombe toujours au début du printemps, celle de *Chavouot* (correspondant à la Pentecôte) au début de l'été, *Roch Hachana* (le Nouvel An) à la fin de l'été, etc.

Sur une période de dix-neuf ans, la différence entre le calendrier solaire et lunaire est de sept mois. De ce fait, dans un cycle de dix-neuf ans, sept années seront "enceintes" ; ce sont les troisième, sixième, huitième, onzième, quatorzième, dix-septième et dix-neuvième années. Par exemple, l'année 5755 (1994-1995) est la dix-septième année du trois cent troisième cycle de dix-neuf ans ; c'est donc une année embolismique.

Chaque mois ou presque comporte son ou ses événements religieux tels que la fête, le jeûne ou autre commémoration :
– *Tichri* (septembre-octobre) comporte *Roch Hachana* (le Nouvel An), *Yom Kippour* et *Soukkot* (la fête des Cabanes) ;
– *'Hechvan* (octobre-novembre) est le seul mois de l'année qui ne compte aucun événement religieux. On l'appelle à cause de cela *Mar'hechvan*, qui signifie Amère *'hechvan* ;
– *Kislev* (novembre-décembre) comporte *'Hanouka*, la fête des Lumières ;
– *Tévet* (décembre-janvier) comporte un jeûne qui rappelle le début du siège de Jérusalem ;
– *Chevat* (janvier-février) comporte *Tou biChevat*, fête du Nouvel An des arbres ;
– *Adar* (février-mars) et *Adar II* comportent *Pourim*, fête qui rappelle l'histoire des juifs de Suze sauvés par Esther ;
– *Nissan* (mars-avril) comporte la fête de *Pessa'h* (qui correspond à Pâques) ;
– *Iyar* (avril-mai) comporte la fête de l'Indépendance nationale d'Israël et *Lag baOmère*[1] ;
– *Sivane* (mai-juin) comporte la fête de *Chavouot* (qui correspond à la Pentecôte) ;
– *Tamouz* (juin-juillet) comporte un jeûne qui rappelle le début de la destruction du temple de Jérusalem ;
– *Av* (juillet-août) comporte le jeûne qui rappelle la destruction de Jérusalem et des deux temples ;
– *Eloul* (août-septembre) prépare à la solennité des fêtes du mois de *Tichri*.

Chaque début de mois (*Roch Hodèche*) a son propre caractère de fête. Autrefois c'était le *Sanhédrin*[2] qui déterminait le début de chaque mois, sur la foi de deux témoins qui venaient annoncer qu'ils avaient vu la naissance de la lune ou *Molad* (moment très précis où la lune devenue invisible redevient visible, mince croissant à peine perceptible). On allumait alors un feu sur une colline de Jérusalem, et ce signe était propagé de colline en colline jusqu'au bout du pays et même jusqu'en Babylonie.

Quand les Samaritains, secte marginale, voulant induire les juifs en erreur, se mirent à allumer des feux à de fausses dates, le *Sanhédrin* envoya des messagers d'une ville à l'autre. Pour éviter le doute aux communautés éloignées, il institua pour elles un second jour de fête. En 358, Rabbi Hillel, fils de Rabbi Yehouda Hanassi, instaura un calendrier perpétuel qui rendait dorénavant inutile le témoignage oculaire et l'envoi de messagers. C'est ce calendrier qu'on utilise depuis.

La journée du calendrier juif commence le soir à la tombée de la nuit et s'achève le lendemain au même moment, lorsque trois étoiles proches sont visibles dans le ciel. Ainsi, le *Chabbat* commence le vendredi au coucher du soleil et finit le samedi soir à la nuit. De même pour tous les autres jours de fête.

Comme les sept jours de la Création, la semaine comporte sept jours, dont le premier est le dimanche et le septième le *Chabbat*.

1. Trente-troisième jour entre *Pessa'h* et *Chavouot*.
2. Assemblée de soixante-dix maîtres.

LE TALIT

LE *TALIT* EST UN CHÂLE DE PRIÈRE QUE LES JUIFS PORTENT PENDANT LA PRIÈRE ET LORS DE DIFFÉRENTES CÉRÉMONIES RELIGIEUSES

Nous avons choisi de commencer ce voyage dans les symboles du judaïsme par le *Talit*, le châle de prière, car selon le Talmud c'est à partir de ce rite exemplaire que l'on peut comprendre le fonctionnement des rites en général : l'inscription du langage vivant dans la matière, et en particulier l'inscription du nom, des noms de Dieu dans la réalité des objets du monde, afin que le monde soit traversé par les vibrations de ces noms[1].

Les mots ne sont pas que des outils de désignation qui ne donneraient accès qu'aux choses. Ils sont aussi la vie des choses et notre vie dans les choses, si nous savons entendre la vibration de la vie qui traverse la matière.

Cette vibration de la vie est pour le judaïsme et en particulier pour les maîtres de la Cabale, le nom de Dieu lui-même, le tétragramme, formé de quatre consonnes sans voyelle, qui s'inscrit dans la matière du monde et dont le rite du *Talit* porte la trace exemplaire.

Le *Talit* est un châle rectangulaire qui peut être fait de n'importe quel tissu, bien qu'on ait pris l'habitude de le faire en laine, en lin ou en soie. De couleur blanche, il est traversé par des rayures noires, bleues ou multicolores.

Le *Talit* doit posséder quatre coins auxquels sont attachées des franges ou *Tsitsit*.

Le principe général veut que les *Tsitsit* soient de la même matière que le *Talit* lui-même. Un *Talit* de soie devrait avoir des *Tsitsit* de soie, un *Talit* de lin des *Tsitsit* en lin, etc. Mais l'usage le plus courant est de mettre des *Tsitsit* en laine pour n'importe quel *Talit*, quelle qu'en soit la matière.

Avant de s'envelopper dans le *Talit*, on prononce la bénédiction : "Tu es source de bénédiction, Seigneur notre Dieu, Roi du monde, qui nous a sanctifiés par tes commandements et nous a ordonné de nous envelopper dans les *Tsitsit*".

Sur certains *Talit*, la bénédiction est brodée en hébreu sur le haut du châle, ce qui permet de la lire, le tissu prenant alors tout son sens de texture, de texte. Certains commentateurs[2] considèrent d'ailleurs que les rayures noires ou bleues sont comme des lignes d'écriture tracées sur une feuille blanche.

1. Rabbi Nathan de Némirov, *Liqouté Halakot*, chapitre sur le *Talit*.
2. *Menah'ot* 43b, *Nedarim* 25a, *Chavouot* 29a.

LES TSITSIT

LES *TSITSIT* SONT LES FRANGES RITUELLES QUI SONT ACCROCHÉES AUX QUATRE EXTRÉMITÉS DU *TALIT*

Observer le rite, c'est d'abord savoir lire le Nom divin dans la matière des réalités qui nous entourent. C'est ce que réalise de façon privilégiée le rite du *Talit* et des *Tsitsit*, qui consiste à porter un vêtement à quatre coins sur lesquels sont accrochés des fils noués de telle façon que le nombre de nœuds et de tours corresponde numériquement au nom de Dieu. Il existe deux traditions différentes concernant la façon de nouer les *Tsitsit*. La première inscrit le tétragramme YHVH dans sa forme simple. Précisons qu'il existe en hébreu une correspondance entre les lettres et les chiffres. Les lettres du tétragramme offrent la correspondance suivante : Y = 10 ; H = 5 ; V = 6 ; H = 5.

La fabrication du *Tsitsit* se déroule ainsi : on prend quatre fils dont l'un est beaucoup plus long que les autres. On les fait passer dans un trou préparé à cet effet dans un des quatre coins du *Talit*. On les plie en deux, ce qui donne huit fils, dont l'un est plus long.

À l'origine, le long fil était d'une couleur bleu azur élaborée à partir d'un poisson devenu rare ; la tradition du fil bleu s'est perdue. Mais certaines personnes la pratiquent de nouveau aujourd'hui.

On fait ensuite deux nœuds ; puis avec le long fil on entoure les autres fils de dix tours. Puis deux nœuds, cinq tours, deux nœuds, six tours, deux nœuds, cinq tours, puis enfin deux nœuds. Ainsi se trouve écrit le nom YHVH, le tétragramme, dont la valeur numérique est 26 :
Deux nœuds ; dix tours (lettre *Yod*)
Deux nœuds ; cinq tours (lettre *Hé*)
Deux nœuds ; six tours (lettre *Vav*)
Deux nœuds ; cinq tours (lettre *Hé*)
Deux nœuds.

Ce qui fait au total vingt-six tours et dix nœuds.

La seconde tradition n'inscrit pas seulement le tétragramme YHVH, mais une variante qui signifie "Dieu (YHVH) est Un (EHAD)" et dont la valeur numérique est 39 et non plus 26, puisque YHVH = 26 et EHAD = 13. Les huit fils sont tressés ainsi :
Deux nœuds ; sept tours
Deux nœuds ; huit tours
Deux nœuds ; onze tours
Deux nœuds ; treize tours
Deux nœuds.

Ce qui fait un total de trente-neuf tours et dix nœuds.

Dans la Cabale, le chiffre 39 est d'une extrême importance. Il correspond à ce que l'on nomme le "Nom en mouvement".

Le tétragramme YHVH représentant Dieu ne peut être enfermé dans les limites d'un langage fini. Alors les lettres au sein même de l'alphabet peuvent se mettre en mouvement, chaque lettre devenant la lettre suivante. Illustrons cette idée par un exemple en français.

Imaginons le mot "temps". Il désigne une réalité. Pour le faire sortir de son enfermement linguistique, mettons chaque lettre en mouvement en lui substituant celle qui suit dans la série alphabétique :

T E M P S
↓ ↓ ↓ ↓ ↓
U F N Q T

Le mot "UFNQT" est le résultat de la mise en mouvement de "temps". Si nous appliquons ce procédé de mise en mouvement alphabétique, dans l'alphabet hébraïque, au tétragramme YHVH :

Y H V H
↓ ↓ ↓ ↓
K V Z V

nous obtenons alors le nom KVZV (prononcer *Kouzou*) qui a une valeur numérique de 39 : K = 20 ; V = 6 ; Z = 7 ; V = 6.

Le chiffre 39 s'écrit en hébreu 9 + 30 par les deux lettres *Tèt* (T) et *Lamèd* (L). Nous obtenons le mot *Tal* qui signifie "la rosée". Cette rosée-*Tal* donne son nom au *Talit* qui signifie alors "ce qui porte la rosée", c'est-à-dire "porteur du nom de Dieu en mouvement".

Ainsi le sens du rite se comprend avec plus de force : au début de la prière, l'homme s'enveloppe du *Talit*, il entre dans le domaine du langage en mouvement, pour que les mots qu'il prononce le portent dans un futur créateur et vivant. Pour l'être en mouvement, il faut un langage en mouvement symbolisé par le *Kouzou-39-Tal-rosée* inscrit dans les tours et nœuds des *Tsitsit* du *Talit*.

Pendant la prière du matin et du soir, on lit un passage liturgique appelé le *Ćhema Israël*, qui se compose de trois paragraphes extraits de la Bible hébraïque. Avant la lecture de ce passage, on se voile le visage et les yeux avec le *Talit* afin de souligner la notion d'"écoute" qu'enseigne le premier mot de ce texte, "*Chema*", qui signifie "Écoute".

C'est dans le troisième paragraphe qu'est énoncé le rite du *Talit* et des *Tsitsit* : "Parle aux enfants d'Israël et vous ferez pour vous un *Tsitsit* (*franges*) sur les ailes de vos vêtements pour les générations. Et vous mettrez sur le *Tsitsit* de l'aile un fil de couleur azur. Et ce sera pour vous comme *Tsitsit* et vous le verrez et vous vous souviendrez de toutes les *Mitsvot* (*pratiques rituelles ou sociales*) de Dieu YHVH et vous les ferez et vous ne vous détournerez pas après vos cœurs et après vos yeux par lesquels vous vous détournez. Afin que vous vous souveniez et que vous fassiez toutes les *Mitsvot*, que vous soyez saints pour votre Dieu-Élohim. Je suis le Nom-YHVH votre Élohim qui vous a fait sortir du pays d'Égypte pour être pour vous pour Dieu, je suis le Nom-YHVH votre Dieu-Élohim."

Pendant la lecture de ce passage, on tient les quatre *Tsitsit* rassemblés dans la main droite, et chaque fois qu'est prononcé le mot *Tsitsit,* on les embrasse. Dès la petite enfance, les hommes ont pour habitude de porter un petit *Talit* ou *Talit Qatan* sous les vêtements toute la journée. Chez certains, on peut alors apercevoir les *Tsitsit* qui sortent de chaque côté de la chemise. Le *Talit* accompagne l'homme tout au long de sa vie et même au-delà : il existe une coutume consistant à enterrer les morts dans un *Talit* dont on a enlevé les *Tsitsit.*

LES TÉFILIN

LES *TÉFILIN*, OU PHYLACTÈRES, SONT DES PETITES BOÎTES EN CUIR QUE L'ON MAINTIENT SUR LE BRAS GAUCHE ET SUR LE FRONT À L'AIDE DE FINES LANIÈRES EN CUIR

Dans ces boîtes se trouvent des parchemins sur lesquels sont inscrits différents textes de la Tora. Les *Téfilin* sont portés par les hommes pendant la prière du matin, sauf pendant le *Chabbat* et les jours de fêtes. Les *Téfilin* se composent de deux boîtes en cuir que l'on pose l'une sur le bras gauche et l'autre sur le front entre les yeux, attachées par des lanières en cuir, et que l'on enroule autour du bras gauche en sept ou huit tours. Une lanière fait le tour de la tête et se croise en un nœud en arrière, composant un chiasme, d'où les lanières retombent de part et d'autre des épaules.

À l'intérieur de ces boîtes se trouvent des parchemins : un parchemin unique pour le bras et quatre parchemins séparés pour la tête. Quatre textes sont écrits sur le même parchemin pour le bras, et un texte par parchemin pour la tête. Ces textes sont Exode XIII, 1-10; XIII, 11-16; Deutéronome VI, 4-9; XI, 13-21 [1].

Un thème revient comme un leitmotiv dans ces textes, celui de la "mémoire" : "Tu porteras les *Téfilin* comme signe sur le bras et comme mémorial entre tes yeux". L'expression "mémorial entre tes yeux" se dit *Zikarone beyn énékha.* Le mot souvenir, *Zikarone,* provient d'une racine ZKR qui signifie aussi le masculin. *Zikarone,* souvenir et mémorial, est porté par le rite des *Téfilin.* Les quatre textes que contiennent les *Téfilin* énoncent chacun cette idée de "mémorial" entre les yeux. Mais le second texte utilise le mot énigmatique de *Totafot* au lieu de *Zikarone.* Énigmatique, car ce n'est pas un mot hébreu. Rachi commente le mot *Totafot* en affirmant qu'il s'agit d'un mot... africain. *Tot* signifie "deux" et *Fot* signifie aussi "deux". Pourquoi dire le mot mémoire en langue africaine, en langue étrangère ? N'est-ce pas pour enseigner de manière fondamentale que la mémoire de soi-même passe par la mémoire de l'autre, par l'ouverture à l'autre homme ? Ouverture à la langue de l'Africain. Africain mon frère ! Se souvenir, c'est s'ouvrir à...

Ce n'est pas un renforcement de son identité en cherchant des racines qui nous enferment, mais une mise en jeu de notre identité. Se souvenir, c'est toujours se souvenir de cette mise en jeu, de cette ouverture.

Rabbi Nahman de Bratslav dit : "*Eyn zikaron ela lealma deaté*" ("Il n'y a de mémoire que dans le monde qui vient".) Ce que l'on peut transcrire en une formule plus incisive : "Souviens-toi de ton futur". L'avenir de chacun passe par le souvenir de l'existence d'un autre homme qui nous ouvre au temps du dialogue et de la créativité. Enveloppé dans son *Talit,* ce langage en mouvement, et porteur des *Téfilin,* cette mémoire du futur, l'homme inaugure sa journée par une prière lui insufflant une énergie créatrice qui le soutient dans sa vie matérielle, spirituelle et intellectuelle. Nous retrouvons dans ce rite l'idée que nous avons déjà rencontrée avec le *Talit,* l'inscription du langage et plus particulièrement du nom de Dieu dans la texture de la réalité ; l'écriture dans et par les objets du rite.

Sur les *Téfilin* portés sur la tête sont inscrites deux lettres *Chine,* l'une ayant trois branches, l'autre quatre :

Le nœud, résultat du croisement des lanières sur la tête, forme la lettre *Dalèt*, tandis que le nœud de la lanière du bras forme la lettre *Yod* au niveau du boîtier.

ד	י
lettre *Dalèt*	lettre *Yod*

Ces trois lettres écrivent le mot *Chaddaï* qui est l'un des noms de Dieu. Le Talmud donne plusieurs explications de ce nom. La première découpe le nom *Chaddaï* en *Ché-daï*, abréviation d'une expression plus complète : *Michéamar leolamo daï*, "Celui qui a dit à son monde ça suffit". Dieu régulant l'entropie du monde, introduisant des limites dans la réalité des choses. L'homme par le rite des *Téfilin* transposerait sur son propre corps le sentiment de sa finitude. Leçon de modestie et d'humilité qui vient équilibrer l'ouverture dont nous avons parlé au début de ce chapitre.

La seconde explication analyse l'étymologie du nom *Chaddaï* : *Chad* signifie le sein de la femme. Sein nourricier et sein érotique. *Chaddaï* signifie littéralement "mes seins". Parole d'une femme qui parle de son propre corps.

Selon le Talmud (Yoma 54a), ces seins ne sont pas exposés dans une nudité pure, directe, mais recouverts par un voile, non pour les cacher mais pour les faire apparaître visibles et invisibles à la fois. Cette vision des seins, vision étrangement érotique, serait celle qu'aurait le grand prêtre le jour de *Kippour* dans le lieu le plus sacré du temple.

Transcendance et érotisme? L'érotisme est défini ici comme ce qui se manifeste et se cache à la fois, jeu du "visible-invisible" qui fait obstacle à une manifestation totale. Ainsi peut-on dire que Dieu apparaît selon une modalité érotique, visible et invisible. Dieu entièrement dévoilé serait une idole; entièrement voilé, il serait absent!

Ici, le "visible et invisible" se double d'un "lisible et illisible". Le texte ne peut pas être pris, compris totalement et se faire idole; son sens reste énigme et porteur de temps et de transcendance. L'érotisme de *Chaddaï* inverse la "limitation" à laquelle renvoie *Chaddaï*, qui signifie selon la première explication, la "limite", le "ça suffit".

Les *Téfilin* permettent à l'homme en prière de prendre conscience de sa capacité à s'ouvrir à l'infini, malgré la finitude de sa corporéité et de son humanité.

1. L'ordre de ces textes peut varier suivant la tradition. Nous suivons la tradition de Rachi.

LA MEZOUZA

LA *MEZOUZA* EST UN PETIT PARCHEMIN ÉCRIT À LA MAIN QUI CONTIENT PLUSIEURS PASSAGES DE LA TORA ET QUE L'ON FIXE À TOUTES LES PORTES PRINCIPALES DE LA MAISON

Elle possède un rôle symbolique de protection et de rappel à la vigilance d'une "éthique du chemin". La *Mezouza* est un morceau de parchemin sur lequel sont écrits les deux premiers paragraphes du *Chema* (Deutéronome, VI, 4-9 et XI, 13-21). Ce parchemin est roulé et placé dans un étui de bois, de métal ou de toute autre matière. La *Mezouza* doit être fixée sur le montant de la porte, à droite en entrant, à un tiers de la hauteur de la porte à partir du linteau. Si la porte est trop haute, la *Mezouza* doit être placée à portée de la main.

Avant de fixer la *Mezouza*, on prononce la bénédiction suivante : "Tu es béni, Éternel notre Dieu roi de l'Univers, qui nous a sanctifiés par ses commandements et nous a ordonné de fixer une *Mezouza*".

Dans le *Chema*, le mot "*Mezouza*" désigne également le montant de la porte. Fixer une *Mezouza* sur toutes les portes de notre demeure, à l'exception des toilettes et de la salle de bains, est un commandement positif (*Mitsvat Assé*), car il est écrit dans le Deutéronome : "Tu les inscriras sur les montants des portes de ta maison et de tes villes" (Deutéronome, 6-9). On ne fixe la *Mezouza* que dans un lieu d'habitation permanente. La *Soukka*, qui est une demeure provisoire (*Dirat Araye*), est dispensée de *Mezouza*.

La *Mezouza* doit être fixée par le propriétaire ou par le locataire de la maison trente jours après l'occupation effective des locaux. En Israël, on doit le faire dès le premier jour. Les femmes sont également soumises à cette *Mitsva*.

Si l'on fixe plusieurs *Mezouzot*, une seule bénédiction suffit, à condition d'en exprimer l'intention avant de fixer la première. La *Mezouza* est écrite par un *Sofer*, scribe qui écrit des *Sefer Tora*, des *Téfilin* et des *Mezouzot*. Une *Mezouza* imprimée mécaniquement, même sur du parchemin, n'est pas apte à l'accomplissement du rite. De même, si une lettre est effacée, la *Mezouza* n'est pas valable. Selon le Zohar, le mot *Mezouzot* (pluriel de *Mezouza)* peut se décomposer en deux mots : "*zaz mavet*", impératif qui signifie "que la mort bouge, s'en aille", "que la mort s'éloigne".

Le Talmud raconte l'histoire suivante : "Un homme nommé Artaban envoya à Rabbi Yehouda le Prince une pierre précieuse d'une très grande valeur. Pour le remercier, Rabbi Yehouda le Prince lui envoya une *Mezouza*. Artaban s'étonna du présent : 'Je t'envoie une pierre précieuse et tu me remercies par un vulgaire morceau de parchemin !' Rabbi Yehouda lui répondit que ce parchemin avait plus de valeur que toutes les pierres précieuses. Artaban ne répondit rien tout en pensant au fond de lui-même que Rabbi Yehouda s'en sortait avec de belles paroles faciles. Quelques années plus tard, la fille d'Artaban tomba malade. Tous les médecins se succédèrent à son chevet, en vain. Artaban se souvint alors des paroles de Rabbi Yehouda le Prince. Il fit poser la *Mezouza* à la porte de la chambre de sa fille… et elle guérit !"

La structure de la *Mezouza* peut nous aider à mieux comprendre la signification de ce rite. Tout comme les *Téfilin*, c'est un texte écrit pour ne pas être lu. En effet, le parchemin est roulé et enfermé dans un étui. Il est donc "visible-invisible", "lisible-illisible", modalité érotique comme nous l'avons expliqué dans les pages précédentes. La preuve en est : le nom *Chaddaï* est le mot écrit sur le verso lisible et visible du parchemin. Il y a quelque chose d'autre écrit sur ce verso, mais à l'envers…

C'est-à-dire qu'il faudrait mettre la tête en bas pour pouvoir lire correctement. Nous avons montré dans les pages sur le *Talit* que le nom de Dieu pouvait se mettre en mouvement par déplacement interne dans la série alphabétique. Le tétragramme YHVH signifie grammaticalement le passé (HYH), le présent (HVH) et le futur (YHH). Les quatre lettres du tétragramme donnent donc la possibilité d'écrire les trois modalités du temps vivant, celui de la vie, tendu entre la mémoire et l'espoir. Placé à la porte de la maison, la *Mezouza* rappelle à l'homme qui vient d'un long chemin, que le voyage ne doit pas s'arrêter, et que l'homme doit continuer à s'inventer. Mais la *Mezouza* qui fait signe vers la mise en mouvement indique aussi la manière de réaliser cette mise en mouvement : c'est le langage en mouvement dont l'exemple clef est celui du *Kouzou.*

L'homme, être de langage, accède au temps vivant par un langage vivant : celui de l'étude et de l'interprétation. Refusant les sens morts et les sens uniques, il rouvre les mots à leurs sens multiples et éclatés, sortant ainsi de tout enfermement, de toute lassitude, pour s'inventer, vivre et renaître à chaque instant. Le rite de la *Mezouza* est une invitation perpétuelle au chemin. Il est intéressant de noter que bon nombre de textes du Talmud et du Midrach sont introduits par l'idée du cheminement : "*Rabbi et Rabbi Hiya étaient en chemin...*" En fait, tout texte talmudique s'ouvre par l'énoncé inaugural de l'"être en chemin", même lorsque l'expression n'est pas formulée explicitement.

Le Talmud, le Midrach, la Cabale et le Hassidisme possèdent une pensée voyageuse, celle d'hommes qui pensent en marchant et selon la vérité de la marche. C'est là, sans aucun doute, un des sens du verset : "*Tu en parleras... quand tu es en route sur le chemin*" (Deutéronome, VI, 7).

Tout tient au chemin : nous sommes plus près du lieu recherché quand nous sommes en chemin que lorsque nous nous persuadons être arrivés à destination et n'avoir plus qu'à nous établir. Comme dit Edmond Jabès : "N'oublie jamais que tu es un voyageur en transit". Le mot "chemin" n'a pas nécessairement une signification spatiale ; il n'évoque pas quelque promenade champêtre ou forestière de la pensée vagabonde. Il ne nous fait pas passer d'un lieu à un autre. Il est le passage de la pensée elle-même. Le chemin met en mouvement, met en cause, en balance. Il invite et inquiète, incite et sollicite.

L'homme du chemin n'est pas seulement l'homme juif, c'est l'homme de manière générale.

Dans l'un des plus beaux textes écrits sur l'être juif, Maurice Blanchot, inspiré ici par l'œuvre d'André Neher, approfondit et développe cette idée centrale du judaïsme. Nous en reprenons ici les idées essentielles :

Que signifie être juif ?

Pourquoi cela existe-t-il ? Cela existe pour qu'existe l'idée du "chemin" comme mouvement juste ; cela existe pour que, dans et par le "chemin", l'expérience de l'étrangeté s'affirme auprès de nous dans un rapport irréductible ; cela existe pour que, par l'autorité de cette expérience, nous apprenions à parler.

Être "homme du chemin", c'est en tout temps être prêt à se mettre en route : exigence d'arrachement, affirmation de la vérité nomade.

Ainsi l'être juif s'oppose à l'être païen ; être païen, c'est se fixer, se ficher en terre en quelque sorte, s'établir par un pacte avec la permanence qui autorise le séjour et que certifie la certitude du sol. Le cheminement, le nomadisme répondent à un rapport que la possession ne contente pas.

Se mettre en chemin, être en chemin, c'est déjà le sens des paroles entendues par Abraham : "Va-t'en de ton lieu natal, de ta parenté, de ta maison".

Mais insistons avec force sur un point. Ces paroles portent un sens qui n'est pas négatif. "S'il faut se mettre en route et errer, est-ce parce qu'exclus de la vérité, nous sommes condamnés à l'exclusion qui interdit toute demeure ? N'est-ce pas plutôt que cette errance signifie un rapport nouveau avec le 'vrai' ?

N'est-ce pas aussi que ce mouvement nomade s'affirme non pas comme l'éternelle privation d'un séjour, mais comme une manière authentique de résider, d'une résidence qui ne nous lie pas à la détermination d'un lieu, ni à la fixation auprès d'une réalité d'ores et déjà fondée, sûre, permanente ?

Comme si l'état sédentaire était nécessairement la visée de toute conduite ! Comme si la vérité elle-même était nécessairement sédentaire !

Il faut sortir de la demeure, aller et venir de manière à affirmer le monde comme parcours."

Voilà la leçon de la *Mezouza*[1] !

1. On comprend pourquoi la *Mezouza* est placée penchée vers la gauche, mimant ainsi le mouvement du buste d'un homme marchant.

LA SYNAGOGUE

LA SYNAGOGUE EST D'ABORD UN LIEU DE RENCONTRE

La structure architecturale de la synagogue est simple et sobre. En fait le lieu n'est pas important en soi. Si dix hommes se réunissent ensemble, c'est cette réunion qui constitue la synagogue.

Il y a trois prières journalières, le matin ou *Chaharit*, l'après-midi ou *Minha*, et le soir ou *Maariv*. La synagogue constitue, avec le *Bèt haMidrach*[1], le lieu central de la vie communautaire juive. C'est dans la synagogue que se réunissent trois fois par jour au moins dix hommes afin de prier ensemble.

L'origine de la synagogue n'est pas très précise historiquement, mais l'idée d'une rencontre régulière entre plusieurs membres de la communauté existe depuis toujours. Elle s'est concrétisée plus particulièrement à l'époque de l'exil de Babylone et du prophète Ézéchiel, après la destruction du premier temple de Jérusalem en 586 avant l'ère courante. Mais c'est après la destruction du second temple que le rôle de la synagogue devient central. Les sacrifices élevés au temple sont remplacés officiellement par les prières qui sont institutionnalisées et dont le texte est rédigé sous sa forme définitive. La synagogue est un endroit qu'il est obligatoire de respecter en y ayant un comportement décent : on ne boit ni ne mange dans la synagogue, pas plus qu'on y dort. On dit même que chaque synagogue hérite un peu de la sainteté du temple. Cependant, quand la maison d'étude sert aussi de synagogue, on a l'habitude d'y manger et d'y dormir. Au départ, les synagogues étaient de construction très sobre. Dans les pays où sévissait l'antisémitisme, les juifs s'efforçaient de construire des synagogues très discrètes dans les quartiers juifs, et d'y adjoindre à proximité le *Miqvé* (le bain rituel), la salle des fêtes et toutes les institutions communautaires. Malgré toutes les restrictions imposées pour la construction des synagogues, certaines étaient de véritables joyaux, en Italie (à Venise et à Rome notamment), en Espagne, en Pologne, en Égypte (à Alep), en Tunisie… De nos jours, où dans la plupart des pays toute liberté est accordée quant aux dimensions des synagogues, l'architecture est très diversifiée, et l'on consacre une très large part à l'esthétique.

I. L'ARCHITECTURE INTÉRIEURE

L'objet essentiel de la synagogue est le *Sefer Tora*, le livre de la Tora. Il repose dans l'*Arone Haqodèche*, l'arche sainte, qui se trouve au fond, occupant tout ou une partie du mur oriental. L'*Arone* est tourné vers la ville de Jérusalem, sur un sol généralement surélevé par rapport au reste de la synagogue, comme une scène (voir à ce sujet les pages suivantes sur le *Sefer Tora*). Juste devant l'*Arone*, on trouve la *Bima*, l'estrade du lecteur de la Tora et de la prière. La *Bima* est placée plus au centre que l'*Arone*. Les fidèles sont placés de part et d'autre de la *Bima* et devant l'*Arone*, sur des bancs ou des chaises.

La place des femmes à la synagogue, influencée par le contexte sociologique, diffère selon les communautés et leur degré d'orthodoxie. Traditionnellement, les femmes sont placées derrière les hommes, séparées d'eux par une *Me'hitsa* : objet faisant séparation, comme un rideau, des petits barreaux, des grilles, un paravent amovible, une porte coulissante. Elles sont aussi souvent à l'étage au-dessus des hommes, les surplombant de façon circulaire et ayant une vue sur l'*Arone* et la *Bima* essentiellement.

De nos jours, compte tenu des revendications grandissantes (et à notre avis justifiées) des femmes concernant leur participation aux rites de la synagogue, certaines communautés ont établi la *Me'hitsa* au milieu en bas, c'est-à-dire que si les hommes sont à gauche, les femmes occuperont l'aile droite de la synagogue. D'autres communautés, réformées et conservatrices, permettent aux femmes de s'asseoir à n'importe quelle place dans la synagogue et leur donnent les mêmes droits liturgiques que les hommes.

II. Le Minyane

Il faut au minimum dix hommes âgés de plus de 13 ans pour constituer un *Minyane.* Cette assemblée est nécessaire pour toute prière communautaire : *Quaddich,* lecture dans la Tora, *Queddoucha* (lors de la bénédiction silencieuse qui se prononce debout), etc.

III. La structure de la prière

La prière a été institutionnalisée après la destruction du second temple de Jérusalem par les rabbins. Il y a dans la Bible hébraïque plusieurs exemples de prières individuelles, comme celle dite par Moïse pour sa sœur, ou celle de Hanna, la mère de Samuel, pour avoir un enfant. La prière en commun a remplacé les sacrifices apportés au temple. On dit trois prières par jour pendant la semaine : la prière du matin ou *Cha'harit,* la prière de l'après-midi ou *Min'ha,* et la prière du soir ou *Maariv.* Les jours de *Chabbat* ou de fête, on ajoute une prière après celle de *Cha'harit,* qui est la prière de *Moussaf.* Toutes les prières se trouvent dans le livre de prières, qui se nomme *Siddour.* Les prières spéciales de certains jours comme *Yom Kippour* se trouvent dans un *Siddour* spécial nommé *Ma'hzor* qui contient toutes les prières relatives à ce jour ainsi que tous les passages de la Bible que l'on lit ce jour-là. Ainsi, les prières de *Yom Kippour* se trouvent dans le *Ma'hzor* de *Yom Kippour.* La structure de la prière est essentiellement la même pour toutes les communautés, mais parfois l'ordre ou l'importance des passages à dire diffère suivant la coutume. Tous les juifs prient en se tournant vers l'est, en direction de Jérusalem et des vestiges de son temple.

1. Maison d'étude.

LE SEFER TORA

LA TORA, OU LES CINQ LIVRES DE MOÏSE, SONT ÉCRITS À LA MAIN SUR DES ROULEAUX DE PARCHEMIN OU *SEFER TORA*, QUI SONT UTILISÉS POUR LA LECTURE PUBLIQUE À LA SYNAGOGUE

La confection de ces rouleaux, la particularité de l'écriture et de la mise en pages, leurs divers ornements, constituent un monde passionnant d'un point de vue intellectuel et esthétique. Un des moments importants de la liturgie synagogale est la lecture de la Tora. On appelle précisément Tora les cinq livres de Moïse :

– la Genèse : *Beréchit* ;
– l'Exode : *Chémot* ;
– le Lévitique : *Vayiqra* ;
– les Nombres : *Bamidbar* ;
– le Deutéronome : *Devarim.*

Depuis l'époque d'Ezra (VIe siècle avant l'ère courante), la Tora est lue en public trois fois par semaine (le lundi, le jeudi et le samedi), les jours de fêtes et les *Roch Hodèche* (premier jour du mois), ainsi que les jours de jeûne. Il faut au moins dix personnes (un *Minyane*) pour pouvoir faire cette lecture publique.

Entre trois et sept personnes sont appelées à lire un passage ou à dire une bénédiction avant la lecture qui est faite en général par un spécialiste de la cantilation biblique. La Tora est lue entièrement en un an ; elle est divisée en cinquante-quatre parties appelées chacune *Sidra,* qui signifie "ordre", ou *Paracha,* qui signifie "morceau" ou "passage".

Chaque *Chabbat,* on lit une partie différente. Le cycle commence le *Chabbat* qui suit la fête de *Simhat Tora* (fête de la Tora), laquelle clôture les fêtes d'automne, et se termine à *Simhat Tora* de l'année suivante. Ainsi de semaine en semaine, chaque samedi, l'histoire biblique accompagne le peuple juif depuis la création du monde jusqu'à la mort de Moïse et l'entrée en Terre promise. Dans le monde entier, tous les juifs lisent le même texte le même jour.

Chacune des cinquante-quatre parties porte un nom particulier qui est celui du premier mot ou de l'un des premiers mots du premier verset de la *Paracha*. Ainsi la première *Paracha* se nomme *Beréchit*, qui est le premier mot du premier verset de la Tora : *Beréchit bara Élohim èt hachamayim...* Le *Chabbat* prend lui-même le nom de la *Paracha*. On parle ainsi du *Chabbat Beréchit*, c'est-à-dire du samedi au cours duquel sera lue la *Parachate Beréchit*.

Lors de l'office public, après la lecture des bénédictions, des Psaumes, du *Chema Israël* et de la *Amida* (prière silencieuse qui se fait debout, les pieds joints), on sort les rouleaux de la Loi ou *Sifré Tora* (pluriel de *Sefer* ou *Sepher Tora*) de l'arche sainte (*Arone Haqodèche*). Celle-ci se trouve au fond de la synagogue, à l'opposé de l'entrée et orientée vers Jérusalem.

L'Arche sainte ou *Arone Haqodèche*. L'Arche sainte est une armoire qui contient en général plusieurs rouleaux habillés de "manteaux" richement décorés, brodés avec des fils d'or ou d'argent sur lesquels on peut lire les noms des donateurs et des occasions pour lesquelles ces rouleaux ont été offerts.

Les ornements. Sur ces manteaux sont accrochées des plaques en argent (ou en autre métal) sur lesquelles on peut lire, sur des plaquettes gravées interchangeables, le nom de la *Paracha* de la semaine. Sur les supports en bois des rouleaux se trouvent soit une couronne, soit deux petites couronnes appelées *Rimonim* (grenades).

La main de lecture ou le *Yad*. Une main ou un doigt en argent ou en bois (ou en toute autre matière) sert à la lecture, car il est interdit de toucher le rouleau à mains nues.

La *Haguebaha* ou exposition de la Tora. Un fidèle est appelé pour ouvrir l'Arche sainte et porter les rouleaux depuis l'arche jusque sur la table de lecture placée au centre de la synagogue. Cette table se nomme la *Téva* ou la *Bima*. Le rouleau est ensuite posé sur la table, puis "déshabillé" de ses ornements. Ouvert au passage qui doit être lu, il va être montré à l'assemblée. Un fidèle est alors appelé pour soulever le rouleau ouvert et le présenter à toutes les autres personnes présentes dans la synagogue. Pour ce faire, il tourne sur lui-même les bras étendus vers le haut. Cette présentation publique est appelée *Haguebaha,* c'est-à-dire "élévation". C'est un grand honneur d'être appelé à faire la *Haguebaha,* à lire ou à dire une bénédiction devant les rouleaux ouverts. Lors des grandes occasions, on procède à une vente aux enchères pour la participation à ces différentes cérémonies. C'est une manière indirecte de faire participer le public aux frais de fonctionnement de la synagogue. On a aussi l'habitude de faire des dons lorsque l'on monte à la Tora.

Les outils du scribe. Les livres de la Tora ou *Sifré Tora* sont des rouleaux faits de cuir tanné ou parcheminé. Sur ces rouleaux, constitués de lais de peau cousus les uns aux autres et réglés au poinçon sec, horizontalement et verticalement, les textes sacrés sont copiés à l'aide d'un calame de roseau en Orient et d'une plume d'oie en Occident. Le scribe ou *Sofer* écrit à la main en suivant un modèle pour ne pas se tromper. Il utilise une encre spéciale qui ne s'efface que difficilement et résiste à l'usure du temps.

La structure du texte de la Tora. Ce texte n'utilise aucune voyelle. Seules les consonnes forment les mots, ce qui rend la lecture difficile et nécessite une bonne préparation pour savoir lire et cantiler correctement. Il n'existe pas non plus de ponctuation. Rien ne signale le rythme ni le passage d'une phrase à l'autre ; points et virgules sont totalement absents. Rien ne vient interrompre le flot des vocables, si ce n'est, de temps à autre, des espaces blancs, des vides d'écritures, qui apparaissent à l'œil inhabitué comme des trous au sein même de l'écriture. Le texte entre deux espaces blancs se nomme *Paracha,* c'est-à-dire "passage". La séparation entre les livres de la Tora est marquée par un espace de quatre lignes.

Certaines lettres sont surmontées de petites fioritures appelées couronnes. Plus précisément, sept des vingt-deux lettres de l'alphabet hébraïque sont ornées sur leur partie gauche de trois petits traits appelés *Taguim (Tag* au singulier) ou *Ketarim (Keter* au singulier), c'est-à-dire "couronnes". Ces sept lettres sont : *Chin, Ayin, Tèt, Noun, Zayin, Guimel, Tsadé.* On les retient par la formule mnémotechnique : *Chaatnez-Gats.* Pour comprendre le sens de ces couronnes, il faut faire une autre remarque concernant les lettres de l'alphabet.

Comme le souligne Rabbi Tsadoq Hakohen de Lublin, il existe une différence essentielle entre la manière d'écrire les caractères hébraïques et les caractères latins. Il s'agit de la position de la lettre par rapport à la ligne tutrice. Dans l'écriture latine, la lettre repose sur une ligne inférieure ; en revanche, dans l'écriture hébraïque, la lettre est accrochée, suspendue à la ligne supérieure, par exemple :

le *Chin* le *Lamed*

La ligne tutrice supérieure est la limite de l'écriture : elle a un sens symbolique, car elle trace la limite entre l'écriture et l'au-delà de l'écriture. On remarquera que le corps d'aucune des vingt-deux lettres de l'alphabet hébraïque ne dépasse cette limite. Aucune, presque aucune plutôt, car il existe une exception.

Le nom de cette lettre renferme le sens même de sa forme : *Lamed* est la racine sémantique de tout ce qui entretient un rapport quelconque avec l'étude et l'enseignement ; enseignement à la lettre de cette lettre *Lamed* qui dit "l'apprendre". Apprendre, c'est entrer dans ce mouvement de dépassement de la ligne d'écriture, aller "au-delà du verset". *Lamed* signifie "étudier". De cette lettre vient le mot Talmud, livre clef de la pensée juive. Non pas le lieu recueilli d'un savoir, mais l'exigence poursuivie de la recherche, du questionnement et de l'interprétation. Écrire un livre fait partie des six cent treize commandements. De ce fait, il existe une habitude d'écrire ou de faire écrire un livre ou une partie d'un livre à son nom.

Certaines communautés se cotisent pour acheter un livre de Tora, chaque membre achetant une lettre, un chapitre ou un passage entier.

Les vieux *Sefer Tora* comme les vieux livres de prière, *Mezouzot* et *Téfilin* endommagés, ne sont pas détruits : ils sont soit enterrés dans une partie du cimetière juif, soit rassemblés dans un lieu nommé *Guéniza*, généralement dans une salle ou à proximité de la synagogue.

La *Guéniza* du Caire, découverte à la fin du XIXe siècle, s'est révélée d'une importance inestimable pour les recherches historiques : elle contenait des manuscrits très anciens de nombreux textes sacrés et des indications très précieuses sur la vie, le commerce, les coutumes et les voyages de nombreux juifs pendant une assez longue période.

LE CHABBAT

LE *CHABBAT* EST L'UN DES FONDEMENTS ESSENTIELS DU JUDAÏSME. C'EST UN JOUR SANCTIFIÉ ET CHÔMÉ

Le *Chabbat* est le septième jour de la Création relatée dans la Bible hébraïque. C'est le jour où le repos est créé. Le mot *Chabbat* signifie en hébreu "cesser toute activité créatrice".

C'est un jour de repos pour toute la maison juive, pour le maître comme pour l'esclave, l'animal et l'étranger.

Le commandement d'observance du *Chabbat* constitue le cinquième commandement du Décalogue, où il est rappelé que c'est en souvenir de la sortie d'Égypte que les juifs se doivent d'observer ce jour sacré.

Ce cinquième commandement rappelle aussi que Dieu a créé le monde en six jours et s'est reposé le septième jour, et que c'est pour cela qu'il a béni le jour du *Chabbat* et l'a sanctifié. Précisons cependant que s'il est interdit de travailler le septième jour, en revanche on a le devoir de faire certaines choses.

Avant de voir en quoi consiste cette longue liste d'interdictions et d'obligations, énumérons d'abord une série de mots qui pourront sembler étranges, mais dont nous allons vous donner la clef : les Trente-Neuf Travaux, le *Erouv*, les bougies du vendredi soir, le *Quiddouch*, les *'Halot*, la lecture de la Tora, les trois *Séoudot*, la Havdala.

I. Les trente-neuf travaux

Ce sont ceux qui sont interdits pendant le *Chabbat*. Le Talmud trouve l'origine de ces travaux en interprétant le verset suivant : "Vous construirez mon sanctuaire, cependant vous respecterez mes *Chabbat*". Ce qui est compris ainsi : tous les travaux qui servaient à la construction de l'espace du temple sont interdits le jour du *Chabbat*. Comme l'a très bien montré le philosophe A.Y. Heschel dans son livre au titre hautement significatif, *Les Bâtisseurs du temps*, il s'agit pour l'homme de sortir de la dimension de l'espace et de la technique pour rentrer dans la dimension plus intérieure du temps. Ces trente-neuf travaux représentent, avec leurs dérivés, un très large éventail de toute activité ou transformation créatrice. Les activités de base sont : 1. Semer ; 2. Labourer ; 3. Faucher et moissonner ; 4. Lier des gerbes ; 5. Battre le blé ; 6. Vanner ; 7. Trier ; 8. Moudre ; 9. Passer au tamis ; 10. Pétrir de la pâte ; 11. Cuire du pain ; 12. Tondre les moutons ; 13. Laver la laine ; 14. Battre la laine ; 15. Teindre la laine ; 16. Filer ; 17. Tisser ; 18. Faire deux boucles ; 19. Tisser deux fils ; 20. Séparer deux fils tissés ; 21. Faire un nœud durable ; 22. Défaire un nœud durable ; 23. Coudre deux points ; 24. Déchirer pour recoudre deux points ; 25. Chasser un daim ; 26. Tuer un animal ; 27. Écorcher un animal ; 28. Trier ; 29. Tanner la peau ; 30. Gratter la peau ; 31. Couper ; 32. Écrire deux lettres ; 33. Effacer deux lettres pour les réécrire ; 34. Construire ; 35. Détruire une construction ; 36. Éteindre un feu ; 37. Allumer un feu ; 38. Donner le dernier coup de marteau à une œuvre ; 39. Porter un objet d'un domaine à un autre domaine[1].

À cette liste déjà assez impressionnante, les sages ont ajouté les dérivés de chacun des travaux de base. Il est ainsi interdit de faire cuire tout aliment, car cela dérive de l'interdiction de cuire du pain pendant le *Chabbat*. De plus, toutes sortes d'objets doivent sortir de l'esprit avant le *Chabbat*, comme les crayons qui servent à écrire ou les allumettes qui allument le feu, car leur manipulation peut amener à leur utilisation par inadvertance. Ces interdits supplémentaires sont considérés comme des barrières servant à renforcer l'observance du *Chabbat*. Soulignons tout de même que tous les interdits du

Chabbat sont annulés s'il s'agit de sauver une vie, ou une personne confrontée à un danger grave.

En fait, ces nombreuses interdictions qui peuvent sembler limiter la liberté, permettent de se consacrer à des activités d'une autre catégorie : durant la semaine l'homme investit l'espace, alors que durant le *Chabbat* il investit le temps. Durant la semaine l'homme investit sa relation aux objets, alors que durant le *Chabbat* il investit la relation à l'autre. Le *Chabbat* est consacré au repos mais aussi à l'étude, au dialogue, à la promenade, à la visite d'amis... En termes plus philosophiques mais simples, l'éloignement, la mise à distance des objets permet la mise en valeur du sujet, c'est-à-dire de l'homme qui se retrouve face à lui-même et à ses proches. L'ensemble des rites du *Chabbat* met en valeur cette dimension sociale de la rencontre et de la convivialité.

II. Les *Nérot* : les bougies du vendredi soir

L'entrée du *Chabbat* est marquée par le rite de l'allumage de deux bougies... Le programme de la journée du *Chabbat* commence en réalité bien avant le début du *Chabbat*. En effet, lorsque le *Chabbat* commence, il faut que tout soit prêt : que la maison soit propre, les repas déjà cuisinés, la table dressée, le bain pris et toute la famille en habits de fête. Le *Chabbat* commence une heure avant la tombée de la nuit le vendredi et se termine à la tombée de la nuit le samedi ; il dure ainsi vingt-cinq heures. Deux bougies ou plus sont posées sur des bougeoirs. On en trouve de très beaux exemplaires en argent filigrané finement travaillés, bougeoirs qui occupent une place privilégiée dans la production de l'art juif traditionnel. Dans chaque foyer juif ces bougeoirs sont un symbole fondamental de l'attachement aux valeurs traditionnelles. Très souvent aujourd'hui, malgré une grande assimilation, ils trouvent encore leur place dans les familles, même si le *Chabbat* n'est plus qu'un souvenir qu'on associe aux parents ou aux grands-parents. L'allumage des bougies marque le début du *Chabbat*. C'est en général la maîtresse de maison qui récite la bénédiction accompagnant ce geste. Ces bougies s'appellent *Nérot chel Chabbat*. Au singulier, la bougie se dit *Ner*. Les cabalistes disent que ces lumières viennent réparer la faute du premier homme. La lumière des bougies du *Chabbat* efface l'obscurité apportée par la faute primordiale. Après l'allumage des bougies, on se rend à la synagogue pour y faire l'office du vendredi soir, différent de celui des soirs de la semaine. De retour à la maison, on chante encore quelques cantiques, puis le père et la mère ont coutume de bénir leurs enfants en posant les deux mains sur leur tête et en récitant quelques versets de la Tora.

III. Le *Quiddouch* ou *Guéfène* : la coupe de vin

Le *Chabbat* et les jours de fête sont des temps de rendez-vous entre l'homme et Dieu, et entre les hommes entre eux ; ces rendez-vous, ou *Moèd*, sont considérés comme un temps saint. La sanctification du temps dans la tradition juive est toujours marquée par une bénédiction sur le vin.

Le *Quiddouch*, ou littéralement "sanctification", est une cérémonie qui consiste à dire une bénédiction spécifique sur une coupe de vin. Elle permet, en utilisant ce support matériel, de sanctifier le temps. Elle inaugure de nombreux repas de fête, et ici le premier repas du *Chabbat*. Certains appellent cette cérémonie le *Guéfène*, c'est-à-dire le "vin".

Dans cette bénédiction, on rappelle que le *Chabbat* est un souvenir de la création du monde : Dieu a créé le monde en six jours, et le septième il a cessé toute œuvre de création. C'est pourquoi l'homme doit aussi cesser de travailler ce jour-là. D'autre part – autre thème lui aussi déjà cité –, on mentionne que le *Chabbat* est également un souvenir de la sortie d'Égypte et de l'errance dans le désert. Les cabalistes soulignent que le mot hébraïque *Kosse*, qui signifie le gobelet, ou le verre (de vin), possède une valeur numérique de 86, identique à celle du nom de Dieu *Élohim* ; de même, les textes de la Cabale précisent que le vin a une valeur numérique de 70 équivalant au mot *Sod*, qui signifie le "secret". De nombreuses spéculations se fondent sur ces jeux de chiffres et de lettres, et permettent de structurer le rite, en inscrivant le langage dans la matière des choses. Selon la même tradition cabaliste, il faut lever le verre du *Quiddouch* avec les deux mains…

IV. Les *'Halot* : les pains du *Chabbat*

Après le *Quiddouch*, on se lave les mains (*Netilat yadayim*) dans un récipient particulier, le *Kéli*, puis on dit la bénédiction sur les *'Halot*, recouvertes d'une *Mappa*, napperon pouvant être richement décoré. Le repas chabbatique commence par la bénédiction sur les pains du *Chabbat*, deux pains tressés qui rappellent les deux couches de *Manne*[2] qui tombaient le vendredi à la surface du désert. Ce pain est fabriqué spécialement pour le *Chabbat*, chaque femme possédant sa propre recette.

Il est intéressant de noter que la *Manne* possède une signification originale qui est une des lignes de force du judaïsme. En effet, à la suite de la plainte concernant leur faim et leur soif que les enfants d'Israël firent entendre aux oreilles de Moïse, Dieu fit tomber à la surface du désert une petite graine blanche qui avait l'aspect du bdéllium, et qu'aucun homme n'avait jamais encore vue ; en sortant de leur tente au premier matin de la descente de la manne, chacun demanda à son voisin : "Qu'est-ce que c'est ?", et Moïse leur répondit : "C'est le pain du ciel que Dieu vous envoie !" Et Dieu leur dit ensuite : "Puisque vous avez dit : 'Qu'est-ce que c'est ?'[3], le nom de ce pain sera 'Qu'est-ce que c'est ?'". Pendant quarante ans, les enfants d'Israël ont mangé du "Qu'est-ce que c'est ?" Expérience fondamentale du questionnement qui ouvre l'homme simultanément à la recherche et à l'aventure. En commençant le *Chabbat* par la bénédiction sur les *'Halot*, on entre dans le temps chabbatique par la question, la remise en question de soi, rendant ainsi possible le nécessaire renouvellement de l'être.

Nous l'avons plusieurs fois souligné, le *Chabbat* est un jour de repos. Il signifie précisément que nous marquons un arrêt dans l'activité créatrice ; nous entrons dans le vide, non pour le combler, mais pour éviter le trop-plein d'être qui risque de nous étouffer. La question portée par la *Manne* nous offre la possibilité même de construire le temps ; on peut, en effet, faire remarquer que l'expression "voici la *Manne*", qui se dit en hébreu *Zé-Manne*, signifie très précisément "le temps". Pendant le repas, on chante des chants de *Chabbat*, les *Zemirot*, et on termine en récitant la bénédiction de la fin du repas, ou *Birkat-hamazone*.

V. La lecture de la Tora lors de l'office du *Chabbat* matin

Un des moments importants du *Chabbat* est la lecture liturgique de la Tora lors de l'office du *Chabbat* matin. Dans la matinée du samedi, l'office à la synagogue commence par la prière du matin, suivie de la lecture d'un passage de la Tora. Chaque section chabbatique, ou *Paracha*, est subdivisée en sept parties, et pour chacune on appelle une personne pour qu'elle vienne assister de près à la lecture. On lit ensuite un passage des Prophètes, choisi en rapport avec la section de la semaine : c'est la *Haftara*. La lecture est suivie de la prière supplémentaire du *Chabbat*, le *Moussaf*, c'est-à-dire l'office supplémentaire qui clôt l'office du matin.

VI. Les trois *Séoudot*

Le *Chabbat*, temps de rencontre et de convivialité, se traduit aussi essentiellement par des repas en famille et entre amis, à l'occasion desquels on chante et on commente les passages de la Tora lus au cours du *Chabbat*. On a l'habitude, le jour du *Chabbat*, de faire trois *Séoudot* (trois repas chabbatiques). Une *Séouda* est un repas au début duquel on fait la bénédiction sur deux pains, et à la fin duquel on récite le *Birkat Hamazone*, la bénédiction sur la nourriture. La première *Séouda* est celle du vendredi soir. Après l'office du *Chabbat* matin, on s'installe pour la deuxième *Séouda*. On commence comme le vendredi soir par le *Quiddouch*, suivi de la bénédiction sur les deux pains. La troisième *Séouda* ou *Séouda Chlichit* est prise après l'office de l'après-midi, un peu avant la fin de *Chabbat*. C'est un repas durant lequel on entonne des chants mélancoliques, car on est triste de bientôt quitter la sainteté et l'ambiance si particulière du *Chabbat*.

VII. La *Havdala* : la cérémonie de la fin du *Chabbat*

La fin du *Chabbat* se termine par un rite de séparation qui a beaucoup inspiré les créateurs d'objets d'art juif, car cette cérémonie de clôture est d'une grande poésie et les éléments qui y interviennent d'une large portée symbolique. Dans un jeu d'ombres et de lumières produit par la clarté dansante d'une bougie tressée, on prononce une bénédiction sur le vin, sur le parfum, sur la lumière et sur la séparation entre le temps saint du *Chabbat* et le temps profane des six autres jours de la semaine.

Le mot *Havdala* signifie séparation, celle du *Chabbat*, et de l'après-*Chabbat*. Le samedi, à la nuit tombée, on pratique une dernière cérémonie avec d'abord une bénédiction sur le vin, puis sur une plante odoriférante qui rappelle la bonne odeur du *Chabbat*, et enfin une bénédiction sur une flamme à la lueur de laquelle on observe ses ongles, pour se rappeler la transparence du premier homme en opposition à notre opacité. À la fin de la cérémonie, on éteint la bougie dans un peu de vin que l'on a renversé. Contrairement au *Quiddouch*, le vin de la *Havdala* n'est pas distribué à tous les assistants, mais il est bu seulement par celui qui a prononcé la *Havdala*. On a l'habitude à ce moment de prononcer des vœux pour toute la semaine à venir.

La *Havdala* indique la fin de toutes les interdictions relatives au *Chabbat*. Les objets qui servent à cette cérémonie ont donné lieu à la production artistique d'une grande variété de belles pièces très recherchées : les boîtes de *Bessamim* (boîtes à épices) et les supports de bougie tressée d'*Havdala*. L'objet le plus original de cette cérémonie est la boîte à épices, que l'on rencontre en Allemagne et dans les pays d'Europe de l'Est sous le nom de *Gewürzbüchse* ou de *Bessomimbüchse*. Les boîtes en forme de tourelle sont les plus répandues, mais on en trouve aussi avec des formes de fruit, de pomme ou de poire. On rencontre également des boîtes en forme de fleur, d'œuf, de gland, de poisson, et parfois même de locomotive à vapeur. De la cigogne au coq, en passant par le moulin à vent et le carrosse, les boîtes à épices ont des formes extrêmement variées. Elles sont, pour la plupart, en argent massif ou en argent filigrané. Pour la cérémonie de la *Havdala*, ces boîtes à épices contiennent traditionnellement des clous de girofle ou des feuilles de myrte.

Quel est le sens de ce rite du parfum ? Pourquoi faut-il respirer des plantes odoriférantes à la sortie du *Chabbat* ? Selon les commentaires cabalistes, l'homme reçoit une âme supplémentaire la veille du *Chabbat*, âme qui se dit en hébreu *Nechama yetéra* ; cette âme qui donne toutes ses saveurs particulières au jour du *Chabbat*, retourne dans le monde des âmes à la sortie du *Chabbat* et l'homme, ressentant cette perte, sombre alors dans une profonde nostalgie et utilise le parfum afin de “se remonter”.

1. Il s’agit de l’interdiction de transporter quoi que ce soit d’un domaine privé à un domaine public, ou de porter quelque chose dans un domaine public sur une distance de plus de quatre coudées (environ deux pas). Cependant, si on entoure un espace, même une ville entière, avec un fil qui relie des poteaux hauts d’au moins quarante centimètres, l’espace sera alors considéré comme un seul domaine, et il sera permis de porter des objets le *Chabbat*. Ce fil s’appelle le *Erouv*.

2. Pendant la longue période du désert, les Hébreux se sont nourris de manne et de cailles qui descendaient miraculeusement du ciel. Cependant, le texte biblique précise que le vendredi il fallait ramasser deux parts de manne car celle-ci ne tombait pas le *Chabbat*.

3. En hébreu : *Mannehou.*

LE CHOFAR

LE *CHOFAR* EST LA CORNE DE BÉLIER UTILISÉE COMME INSTRUMENT DE MUSIQUE LE JOUR DU *ROCH HACHANA*, NOUVEL AN JUIF, ET LE JOUR DE *YOM KIPPOUR*, JOUR DU “GRAND PARDON”

Lorsque Abraham voulut sacrifier son fils conformément à l’ordre divin, un ange intervint au dernier moment pour arrêter la main meurtrière et désigna un bélier qui serait sacrifié à la place d’Isaac. Ce que l’on appelle le sacrifice d’Isaac devient le “non-sacrifice d’Isaac”, révolution dans la mentalité des hommes : à partir de ce jour, il ne serait plus jamais fait de sacrifice humain. En souvenir de cet animal qui a sauvé la vie à Isaac, on sonne dans une corne de bélier, ce qui signifie symboliquement que si un être humain doit mourir, il faut que se produise pour lui le même miracle que pour Isaac. On comprend que le *Chofar* trouve sa place privilégiée les jours de *Roch Hachana* et *Kippour*, jours de jugement et de pardon.

Il existe trois catégories de sonneries. La première, longue et sans coupure, se nomme *Téquia*, terme qui signifie “être fixé, fiché en terre". La deuxième catégorie se compose de trois sons d'une durée égale pour chacun au tiers de la *Téquia*. Cette catégorie se nomme *Chevarim*, c'est-à-dire "brisures". Tandis que la troisième se compose de neuf sons courts d'un temps égal, pour chacun, à un neuvième de la *Téquia* ou encore un tiers de chacun des *Chevarim*. Cette catégorie se nomme *Téroua* et signifie "ébranlement, mise en mouvement". Lorsque l'ensemble de ces sonneries a été "joué", on clôture par une nouvelle *Téquia* (son long).

Téquia ————————————————
Chévarim ————— ————— —————
Téroua — — — — — — — — —
Téquia ————————————————

Le rite du *Chofar* est symbolique d'une certaine définition de l'homme éthique. La brisure des *Chevarim* est là pour rappeler que l'homme échappe à tout emprisonnement dans une définition. En cela consiste sa liberté, par laquelle il se distingue des objets fabriqués et des animaux. Les objets sont des choses définies alors que l'être humain n'est en rien déterminé. Il n'est pas identifiable, représentable. Il est porteur de la brisure, refusant de s'attribuer une essence, de s'enfermer dans une quelconque définition historique ou naturelle. En hébreu, le terme qui dit "je" signifie aussi le "néant" : *Ani* et *Ayin*, afin, d'après le *Zohar*, d'enseigner à l'homme la capacité et le devoir de s'arracher à toute assignation d'une essence. Le *Zohar* va plus loin en soulignant la coïncidence numérique entre le mot *Adam* (l'homme) et *Ma* (quoi ? qu'est-ce que ?).

L'homme est fondamentalement un *Ma*, une question sur soi-même, exorcisant ainsi le risque d'une identité définitive, qu'elle soit naturelle ou sociale. L'"homme-quoi ?" se désigne comme le lieu de la question, démarche qui se dit en hébreu *Zémanne*, "voici la question", et qui signifie le temps. Temps humain, temps *infinitif* qui s'oppose au temps *définitif*. Dans la sonnerie du *Chofar* résonne l'interdit de la représentation. Cet interdit ne concerne pas l'idole, mais l'homme lui-même. Il n'y a pas d'idoles, il n'y a que des idolâtres ! L'interdit de la représentation met en garde contre le risque incessant pour l'homme de se confondre avec des déterminations particulières.

Il arrive souvent qu'en acceptant, pour un temps ou définitivement, une représentation imaginaire de soi, l'"homme-quoi" devienne un "voilà-l'homme-que-je-suis" s'identifiant à un personnage, à un rôle. Ce faisant, il cesse d'être "néant", il devient quelque chose. Dans cette réification, il perd une grande partie de sa liberté. Devenu image à laquelle il s'est résolu d'adhérer, il abolit la distance, le néant, sa différence interne, moteur de son devenir, et perd ainsi son pouvoir-être-autrement qui le constitue comme un être éthique.

Pour en revenir aux sonneries du *Chofar*, on peut se demander pourquoi les *Chevarim* sont suivis d'une *Téroua*. Pourquoi le son déjà éclaté doit-il être brisé une seconde fois ? C'est qu'il existe une autre dérive de l'identité, de l'identification définitive : celle d'une brisure qui peut aussi devenir système. On rencontrera ainsi des êtres satisfaits de leur image brisée. Or, la cassure dont nous avons parlé doit être dynamique, dynamisante. La *Téroua* vient indiquer la nécessité d'une brisure de la brisure et les retrouvailles momentanées avec un état de recollection du moi.

Il est intéressant de noter que le mot *Chofar* signifie aussi l'aspect esthétique des choses, dans un processus d'amélioration, d'embellissement. Les maîtres du Talmud ont toujours analysé l'embellissement éthique dans le sens où nous le définissons : transformation, mutation continue de l'humain. Le mot *Chofar* peut aussi vouloir dire commentaire, interprétation : *Pérouch* (la langue hébraïque, par un jeu de combinaison des lettres, permet une lecture multiple d'un mot).

La dynamique de brisure, de brisure de la brisure et de recollection entretient des rapports étroits avec l'interprétation des textes et du monde. La relation de l'éthique et de l'interprétation n'est pas seulement une expérience de la compréhension des mots et des textes, mais une attitude fondamentalement existentielle, rendant possible l'inventivité de soi.

Interpréter, étudier, c'est s'interpréter…

ROCH HACHANA

LE NOUVEL AN JUIF

Roch Hachana, le Nouvel An juif, dure deux jours en Israël comme en Diaspora, et tombe les 1er et 2 du mois de *Tichri*. Cette fête, qui annonce une période de dix jours conduisant à *Yom Kippour*, est appelée "les dix jours de pénitence".

C'est une fête spirituellement et psychologiquement importante, car elle permet à l'homme de faire un bilan annuel de ses actes et pensées, de remettre en question son existence, ses choix et options de vie. Toute la liturgie, les prières et les textes bibliques lus formulent cette force intérieure que possède chaque homme de bouleverser son existence et de trouver un ou des chemins nouveaux et originaux. Sortez de la routine, sortez des habitudes, sortez de la lourdeur de l'être : telles sont les invitations de la fête de *Roch Hachana*. Nous trouvons le même contenu dans la fête de *Kippour* qui a lieu dix jours plus tard et qui est comme une sorte de confirmation des décisions prises à *Roch Hachana*.

L'officiant est habillé de blanc pour marquer cette gravité. Mais ce n'est pas une fête triste. Pour inciter à ce retour sur soi, on sonne du *Chofar* de nombreuses fois à chaque prière du matin à la synagogue, car cette sonnerie remue l'être et le remet en question. Chacun, homme, femme, enfant, est tenu d'écouter les sonneries du *Chofar*. Pour les personnes malades ou qui ne peuvent pas se déplacer (comme les femmes qui ont des grossesses difficiles), la communauté se charge d'envoyer quelqu'un qui sonnera le *Chofar* à domicile. Les deux soirs de fête donnent lieu à des manifestations inhabituelles à la table du repas, plus marquées dans les communautés séfarades. On apporte des mets particulièrement préparés pour ces soirs, et qui servent de support pour prononcer des vœux de bonne année. Dans les communautés originaires d'Europe de l'Est, les communautés ashkénazes, on a l'habitude les deux soirs de *Roch Hachana* de tremper des morceaux de pomme nouvelle dans du miel et de dire : "Que cette année soit pour nous aussi douce que la pomme trempée dans le miel". Après avoir béni le pain, on le trempe aussi dans le miel et non dans le sel comme d'habitude.

Dans les communautés séfarades, originaires d'Espagne et des pays arabes essentiellement, on organise un véritable *Séder*, un vrai rituel : la table de fête est somptueusement décorée et chargée de mets exclusivement doux. Suivant le pays d'origine, on peut trouver certaines variantes, mais fondamentalement l'idée est la même. Il s'agit de consommer, ces deux soirs, des aliments dont le nom en hébreu ou en araméen évoque une citation de la Bible, soit pour bénir le peuple juif, soit pour maudire ses ennemis, jeu de va-et-vient entre la parole et la nourriture. Le soir de *Roch Hachana*, nous "mangeons le livre" ! C'est un soir de "mets et de mots".

Ainsi, sur une table marocaine, par exemple, on trouvera :
– un compotier rempli de pommes nouvelles, rouges de préférence ;
– un petit pot de miel, dans lequel on trempera des morceaux de pommes en demandant une année douce comme la pomme trempée dans le miel ;
– un petit bol de sésame mélangé avec du sucre en poudre, avec lequel on demandera d'être aussi nombreux que les grains de sésame ;
– une assiette de dattes fraîches, avec lesquelles on formule l'espoir que disparaissent tous nos ennemis ;
– un bol de grains de grenades arrosés d'eau de fleur d'oranger, avec lequel on souhaite que nos mérites soient aussi nombreux que les grains d'une grenade ;
– une assiette contenant des blettes, pour que nos ennemis s'éloignent de nous ;
– une assiette contenant une tête d'agneau, pour être toujours à la tête et non à la traîne ;
– une assiette avec un poisson, car les poissons ont toujours les yeux ouverts, sont toujours vigilants, et sont très nombreux ;
– un grand plat contenant sept légumes : des carottes, qui permettent de demander que toutes les décisions mauvaises à notre égard soient annulées, deux sortes de courges, pour demander, comme avec les carottes, que soient annulés les mauvais jugements, des pois chiches, des navets, des oignons et des raisins secs ;

– un bol d'olives vertes, car c'est un des fruits favoris d'Israël ;
– le verre du *Quiddouch* ;
– les pains de la fête que l'on trempe souvent aussi dans le miel.

On peut aussi trouver des poireaux, des haricots verts, des coings, des jujubes, car ce sont des fruits nouveaux comme l'année nouvelle, ou des raisins, suivant la coutume.

Bon appétit, bonne année, *Chana Tova* !

YOM KIPPOUR

LE GRAND PARDON

Yom Kippour ou plus simplement *Kippour* est le jour du Pardon. C'est la fête la plus connue et la plus respectée par les juifs du monde entier, un événement spirituel et psychologique extraordinaire. L'être humain n'est pas prisonnier de son passé. Quelles que soient les fautes, les erreurs, les violences qu'il aurait pu commettre, il peut en être pardonné. L'homme ayant décidé de changer, de se remettre en question et d'être en accord avec soi-même, devient libre ; il est pardonné, et s'ouvre sur l'infinité du temps. Pour accéder à ce Pardon, il y a trois chemins essentiels :
– la prière, dans laquelle on énumère ses fautes et on demande pardon ;
– le jeûne, pour se consacrer entièrement à cette révolution spirituelle ;
– l'aumône ou *Tsedaka*, l'importance que l'on accorde à l'autre homme.

Yom Kippour est l'apogée des dix jours de pénitence qui ont commencé à *Roch Hachana*. C'est un jour de jeûne strict, qui dure depuis le coucher du soleil jusqu'à la nuit tombée le lendemain soir. Sa date hébraïque est le 10 *Tichri*, en septembre. À la veille du jeûne, on a l'habitude de donner de l'argent ou de la nourriture aux pauvres. À cet effet, on trouve mondialement dans les magasins juifs et jusque dans la rue en Israël, creusées dans la pierre des maisons ou accrochées aux troncs d'arbres, des boîtes appelées troncs de *Tsédaka*.

À la veille de *Kippour*, on accomplit une cérémonie appelée *Kapara*, durant laquelle on fait tourner sur la tête de chacun un poulet ou une poule. Ensuite, on tue l'animal rituellement et on le donne aux pauvres, ou bien on offre sa valeur en argent. On se débarrasse ainsi symboliquement du poids de ses fautes. On peut accomplir la même cérémonie avec seulement de l'argent, sans les animaux.

Vers le milieu de l'après-midi de la veille de *Kippour*, on fait un dernier repas de fête avant le jeûne. Puis la maîtresse de maison allume deux bougies comme pour le *Chabbat*.

Cinq interdictions sont liées au jeûne de *Kippour* : manger et boire, se laver et s'oindre d'huiles parfumées, avoir des relations sexuelles et chausser des chaussures à semelle de cuir, car en ce jour il ne faut pas rechercher le confort ; on se chausse donc en général de chaussures à semelles de plastique. Sont astreints au jeûne tous ceux qui ont atteint la majorité religieuse.

Cinq prières scandent les vingt-cinq heures du jeûne. Il se termine par la sonnerie du *Chofar*, entendue comme un écho d'espoir et de libération.

LA SOUKKA

LA FÊTE DES CABANES

Lors de la fête de *Soukkot* ou fête des Cabanes, qui est la troisième fête de pèlerinage de l'année juive, on construit de petites huttes ou cabanes appelées *Soukka,* dans lesquelles il faut habiter pendant sept jours en souvenir des quarante années passées dans le désert après la sortie d'Égypte.

Après la fête de *Roch Hachana* (le Nouvel An juif) et la fête de *Kippour* (le jour du Grand Pardon), au cours desquelles on accomplit le rite du *Chofar* que nous avons présenté plus haut, vient la fête de *Soukkot* (au singulier : *Soukka*) ou fête des Cabanes, d'une durée de sept jours en Israël et huit en Diaspora. Cette fête porte en fait trois noms différents : fête des Cabanes, fête de la Récolte, temps de notre joie.

Pour le temps de cette fête, on construit une cabane appelée *Soukka,* mot qui provient de la racine *Skah* signifiant "le toit", ce qui recouvre. La *Soukka* rappelle le séjour que les Hébreux ont fait pendant quarante ans dans le désert : habitation et vie précaire.

La *Soukka* est une habitation fabriquée expressément pour faire l'expérience d'un vécu de l'espace en train de se construire, opposé à l'espace déjà construit. Elle doit être bâtie pour la fête et n'est pas rituellement valable d'une année sur l'autre : il faut donc la fabriquer à nouveau chaque année (en hébreu : *Taassé, velo mine héassouye*). Les murs de la *Soukka* peuvent être fixes et en matériau solide. Le toit doit être constitué de végétaux coupés (bois, lattes, joncs, roseaux, sapin...). L'ombre projetée à travers le toit dans la *Soukka* doit être plus importante que le soleil. Le toit est l'élément principal de la *Soukka,* c'est le *Skah,* qui donne son nom à l'espace d'habitation dans son entier : la *Soukka.* Le toit de la *Soukka* n'est pas une limitation, mais une invitation, un appel au dépassement.

Il faut aller au-delà de soi-même. Ce n'est pas un hasard si tout le mois de *Tichri* – durant lequel a lieu la fête de *Soukkot* –, est sous le signe de la lettre *Lamed,* qui symbolise le dépassement.

L'être humain pense comme il habite, c'est-à-dire que la manière d'habiter la terre, comme celle d'habiter l'espace ou le corps, est au moins aussi révélatrice de l'esprit de l'homme que ses idées ou ses comportements.

LE LOULAV

LE LANGAGE DES FLEURS

L'autre rite de la fête de *Soukkot* est le *Loulav.* Chaque jour de la fête, pendant la prière du matin, on prend un bouquet végétal composé des quatre éléments suivants :
– l'*Etrog* : un cédrat, fruit qui ressemble à un citron ;
– le *Loulav* : une branche de palmier ;
– le *Hadass* : trois branches de myrte ;
– la *Arava* : deux branches de saule.
L'ensemble du bouquet porte le même nom qu'un de ses éléments : le *Loulav.*

Lors de la prière du matin, afin de prononcer la bénédiction concernant ce rite, on prend le *Loulav* dans la main droite avec les trois branches de myrte à droite de la branche de palmier et les deux branches de saule à gauche. Ces trois éléments sont liés. Le cédrat est dans la main gauche. Après la bénédiction rituelle, on joint les deux mains et on agite les quatre composants en direction des quatre points cardinaux, vers le haut et le bas. Le jour du *Chabbat,* on ne fait pas le rite du *Loulav.* Ce rite trouve son origine dans le fait que *Soukkot* fut à l'origine une fête agricole, la fête de la Récolte (*Hag Haassif*). Il s'agissait là de remercier Dieu pour toutes les espèces végétales qui existaient. Ainsi le *Loulav,* le palmier, est un arbre qui donne des fruits mais n'a pas de parfum. Le *Hadass,* le myrte, ne donne pas de fruit mais possède un bon parfum. Le saule, *Arava,* ne produit ni fruit ni parfum, alors que le cédrat (l'*Etrog*) possède fruits et parfum.

Les commentateurs ont proposé une analyse symbolique de cette classification. L'homme juif peut être défini par sa connaissance de la Tora (parfum) et par sa pratique (fruit), par l'esprit (parfum) et par l'action (fruit). Le bouquet du *Loulav* représente tout le peuple juif dans sa diversité :
– les personnes qui pratiquent et étudient sont représentées par l'*Etrog* : fruits et parfum ;
– celles qui pratiquent en toute simplicité sans recherche sont le *Loulav*, la branche de palmier ;
– celles qui étudient et possèdent l'esprit de la Tora sont représentées par le myrte ;
– enfin celles qui ne pratiquent pas et n'étudient pas ont pour symbole le saule.

Le bouquet agité rituellement avec ses quatre composants souligne que chacun a autant de valeur s'il participe à la construction de la communauté. Le rabbin n'a pas plus d'importance qu'un simple fidèle, et un érudit n'a pas à se glorifier de son savoir. Seule compte la joie d'être ensemble autour d'un projet commun.

Le *Loulav* est ainsi le symbole de l'unité du peuple juif et de sa solidarité.

LA HANOUKIA

UN ARBRE DE LUMIÈRE

Au IIe siècle avant l'ère chrétienne, les juifs remportèrent une grande victoire militaire et spirituelle sur les occupants de culture grecque. La victoire fut totale lorsqu'ils récupérèrent le temple de Jérusalem, le purifièrent des profanations perpétrées par les occupants, et purent à nouveau allumer le candélabre, symbole de la lumière retrouvée. Lors de la construction du temple portatif dans le désert, Dieu ordonna la fabrication de différents objets de culte dont la *Menora*, un candélabre à sept branches. La description qu'en donne la Bible (Exode, XXV, 31-40) nous fait découvrir une sorte d'arbre de lumière. Ce candélabre était allumé en permanence, lumière éternelle.

Au cours de l'histoire juive, ce candélabre a pris une signification particulièrement importante à la suite d'un événement extraordinaire pour la conscience juive.

Parlons un peu d'histoire. La Judée, qui vécut d'abord sous la domination perse, passa en 333 avant l'ère courante sous la domination des Grecs, conduits par Alexandre le Grand.

À la mort d'Alexandre le Grand, son empire fut partagé entre ses généraux, dont l'un régnait en Égypte et l'autre en Syrie. La Judée, après une guerre de partage, finit par appartenir au royaume de Syrie où gouvernait la dynastie des Séleucides. Antiochus IV Épiphane, surnommé Épimane (le Fou) par les juifs, monta sur le trône de Syrie en 175 avant l'ère courante (3585 du calendrier hébraïque). C'était un tyran, emporté, et méprisant la religion juive... Il voulut imposer l'unification de son royaume au moyen d'une religion et d'une culture unique : l'hellénisme. Le culte juif fut interdit, les rouleaux de la Tora confisqués et brûlés. Le respect du *Chabbat*, la circoncision, la *Cacheroute* furent interdits sous peine de mort.

Les juifs étaient divisés. D'un côté, les pieux, appelés *Hassidim*, refusèrent de se soumettre aux règles dictées par Antiochus et continuèrent à étudier la Tora et à observer les *Mitsvot* malgré le danger d'être exécutés.

D'un autre côté, il y avait les juifs hellénistes, favorables à une assimilation à la culture et à la religion grecques. Ils avaient abandonné la Tora et les pratiques religieuses et s'adonnaient à l'art et aux Jeux olympiques, qui avaient à l'époque un caractère religieux. Et enfin, on rencontrait des juifs indécis, ne sachant s'il fallait suivre les Hassidim ou les Hellénistes. Dans le petit village de Modiine, non loin de Jérusalem, vivait le vieux prêtre Matithyahou, père de cinq fils.

Un jour, les soldats d'Antiochus arrivèrent à Modiine et érigèrent un autel sur la place du marché. Ils invitèrent tous les juifs à venir offrir des sacrifices aux dieux grecs. Le grand prêtre Mattathias (Matithyahou) prit la parole et dit : “Mes fils, mes frères et moi-même resterons fidèles à l'alliance de nos ancêtres”. Sur ces entrefaites, un juif helléniste s'avança vers l'autel pour offrir le sacrifice. Matithyahou se saisit de son épée et le tua sur place. C'était le signe de la révolte. Les fils et les amis de Matithyahou se ruèrent sur les officiers et les soldats grecs, dont beaucoup furent tués ; le reste prit la fuite. Les juifs démolirent l'autel du sacrifice et se réfugièrent dans les montagnes. Bientôt les juifs fidèles et les juifs indécis rejoignirent Matithyahou et ses fils dans la montagne, et la révolte devint celle de tout le peuple juif de Judée.

Avant de mourir, le grand prêtre réunit ses cinq fils : Yohanane, Chimon, Yehoudah, Yonathan et Éléazar, et les exhorta à continuer le combat. Il nomma Juda à la tête des armées. Celui-ci fut surnommé Juda Maccabé, à cause de sa bravoure (Makabi = marteau, c'est-à-dire Judah Martel) ou peut-être à cause du slogan imprimé sur son étendard : Makabi sont les initiales de "*Mi-Kamokha Baelim Hachem*" ("Qui est comme Toi parmi les Puissants, Ô Éternel"). Les soldats d'Antiochus, menés par Apolonius, Nicanor et Gorgias, tous des généraux de valeur à la tête d'une forte armée, furent battus tour à tour.

Finalement, Juda et ses hommes se rendirent à Jérusalem, qu'ils libérèrent en l'année 165 avant l'ère courante (3595 du calendrier hébraïque). Le temple de Jérusalem était souillé par la présence d'idoles. Les compagnons de Yehoudah Makabi nettoyèrent le temple, le débarrassèrent de toutes les impuretés, de toutes les idoles, bâtirent un nouvel autel et le consacrèrent le 25 du mois de *Kislev* de l'année 3595.

Ce fut l'inauguration du temple ou *Hanoukat Habayit*, d'où le nom de la fête de *Hanouka*, fête de l'Inauguration. *Hanouka* signifie aussi : "ils se reposèrent (de leurs ennemis) le 25".

Les Makabin ayant purifié le *Beth Hamikdach*, le temple, ils voulurent allumer la lampe perpétuelle à sept branches. Mais celle-ci avait été volée par les Grecs syriens.

Ils fabriquèrent alors un autre chandelier provisoire. Lorsqu'ils voulurent l'allumer, ils ne trouvèrent qu'une fiole d'huile pure, portant le cachet du grand prêtre, qui alimenta le chandelier durant huit jours, au lieu d'un seul habituellement. Ce miracle de la fiole d'huile est à l'origine de l'allumage des lumières durant la fête de *Hanouka* ; mais le véritable miracle demeure la victoire d'une poignée de juifs contre des armées fortes et bien organisées, qui avaient envahi tout l'Orient. Le symbole de cette victoire spirituelle et politique, le candélabre, a marqué profondément la conscience collective du peuple juif : il est devenu, avec l'étoile de David, le symbole par excellence du judaïsme et du peuple d'Israël.

Ce candélabre si fortement chargé d'histoire, emblème officiel de l'État d'Israël, est en fait le symbole de la résistance et de la renaissance. En souvenir du miracle de *Hanouka,* les juifs allument un candélabre pendant huit jours.

Le rite cependant a introduit des innovations par rapport à l'événement premier. En effet, il aurait été logique d'allumer un candélabre à sept branches pendant huit jours. Cependant, l'interdit de la représentation inclut de façon essentielle l'interdiction de reproduire les objets qui se trouvaient dans le temple. Les huit jours du miracle ont donné naissance à un nouveau candélabre à huit branches au lieu de sept. Une seconde modification a été introduite par le rite : les lumières (lampes à huile ou bougies) sont allumées progressivement et non toutes les huit en même temps.

Ainsi, le premier jour on allume une bougie, le deuxième jour, deux… le huitième jour, huit. Cette progression introduit l'idée de la nécessité d'une amélioration, d'un renouvellement ininterrompu. Selon le principe qu'énonce l'école de Hillel : *Maalime baqodech veèn moridime*, “On monte en sainteté, et on ne descend pas”. La lampe ou la bougie qui sert à allumer les lumières de la *Hanoukia* s'appelle le *Chamach,* “le serviteur” ; elle est posée sur le côté ou au centre, un peu plus haut ou de façon décalée, pour ne pas la confondre avec le nombre de bougies du jour.

D'après la Cabale, le nombre de lumières allumées correspond au déploiement du nom de Dieu EHYE qui s'écrit Aleph-Hé-Yod-Hé et qui signifie “Je serai”. Mise en mouvement de ce nom qui dit le futur. Nous retrouvons le même rapport au langage qui était à l'origine du “langage en mouvement” que nous avons exposé dans le rite du *Talit* et de la *Mezouza.*

Les rites sont ainsi la mémoire des événements historiques du peuple juif et aussi l'inscription du Nom vivant dans la matérialité du monde. Le nom *Ehye* s'écrit *Aleph-Hé-Yod-Hé*, ce qui correspond aux chiffres 1-5-10-5.

Si on additionne ces chiffres selon le principe de l'allumage des bougies de *Hanouka* on obtient :

$$\begin{array}{c} 1 \\ 1 + 5 \\ 1 + 5 + 10 \\ 1 + 5 + 10 + 5 \\ \hline = 44 \end{array}$$

De même pour les bougies. Pendant toutes les fêtes de *Hanouka*, on allume ainsi 44 bougies (36 bougies + 8 *Chamach)* correspondant au déploiement numérique du nom "Je serai".

Le rite rappelle en lumière que "la perfection de l'homme réside dans sa perfectibilité".

Il est intéressant de noter que toutes les sources de l'histoire de *Hanouka* sont en grec. Ainsi la mémoire juive est-elle transmise par une autre langue que l'hébreu, à travers un autre espace culturel. C'est peut-être là aussi un des enseignements de *Hanouka*. La lumière n'est possible qu'à travers le dialogue entre les cultures et non pas dans le rejet, comme pourrait le laisser penser l'histoire lue avec candeur et naïveté. Les lumières de *Hanouka* sont comme des mains de lumières tendues pour le dialogue et la paix.

TOU BICHEVAT

LE NOUVEL AN DES ARBRES

Tou biChevat est le Nouvel An des arbres. Il est fêté par un festin de fruits et par la plantation de nouveaux arbres. *Tou* signifie en hébreu le chiffre 15. *Tou biChevat* indique la date du 15 du mois de *Chevat*, qui tombe en général aux environs du mois de février. C'est la fête du Nouvel An des arbres, l'un des quatre "Nouvel An" de l'année juive. C'est une petite fête très sympathique qui marque la fin de l'hiver. On a coutume lors de cette fête de rassembler sur la table au moins quinze sortes de fruits, en commençant en priorité par les sept espèces d'Israël (*Chiva ha-Minim*) : le blé, l'orge, le raisin, la grenade, la figue, la datte et l'olive. Outre ces sept espèces, on donne une place d'honneur au fruit du caroubier qui était très abondant en Israël lors de l'instauration de la fête, et à l'amandier qui est le premier arbre à marquer la fin de l'hiver, puisqu'il est en pleine floraison au milieu du mois de *Chevat*.

Certaines communautés récitent des hymnes écrits spécialement selon une tradition mystique pour chacune des sept espèces. De plus, selon la même tradition, on boit quatre coupes de vin préparées suivant un ordre particulier : la première contient du vin rouge, la deuxième un mélange de deux tiers de vin rouge et un tiers de vin blanc, la troisième un tiers de vin rouge et deux tiers de vin blanc, et la dernière seulement du vin blanc.

La couleur rouge représente le *Din*, c'est-à-dire la rigueur, et le blanc symbolise le *Héssèd*, autrement dit la générosité. Les quatre coupes de vin déclinent ainsi une palette de comportements possibles qui vont de la rigueur la plus implacable à la générosité la plus grande.

Cependant, le comportement idéal est le juste équilibre entre le *Din* et le *Héssèd*, entre la rigueur et la générosité ; équilibre qu'on ne peut peut-être trouver qu'en ayant fait l'expérience de toutes les possibilités. Pour embellir la fête, on cherche à réunir les fruits les plus rares et les plus exotiques : il est préférable d'en compter le plus possible.

À *Tou biChevat* en Israël, on plante des milliers de jeunes arbres dans les forêts, tous les écoliers du pays s'attachent à cette activité qui a fait refleurir le désert… C'est en quelque sorte une fête écologique qui rapproche l'homme de la nature, qui lui apprend à l'aimer et à la respecter. Pour la pensée juive, l'être humain est comparé à un arbre qui grandit et donne des fruits. Ainsi, par exemple en période de guerre, il peut être interdit de couper les arbres pour en faire une palissade ou les transformer en armes.

Faites des arbres, pas des armes !

LA MÉGUILA

LE ROULEAU D'ESTHER. *POURIM* : DÉGUISEMENT ET CARNAVAL

La fête de *Pourim* est le carnaval juif ; il commémore la victoire des juifs de Suse contre Haman, l'antisémite. *Pourim* est fêté par la lecture du livre d'Esther ou *Méguila* et par un festin où l'on vient déguisé. La fête de *Pourim* se situe le 14 *Adar* du calendrier juif (aux alentours de mars). Le soir et le matin de ce jour, on lit l'histoire d'Esther dans la *Méguila* d'Esther, que l'on trouve dans la troisième partie de la Bible. La *Méguila* est un texte entièrement écrit à la main avec un roseau ou une plume d'oie, sur un rouleau de parchemin conservé dans un boîtier. *Méguila* et boîtier ont suscité de nombreuses inspirations artistiques.

La *Méguila* d'Esther est lue deux fois pendant la fête de *Pourim* ; une fois le soir la veille du 14 *Adar*, et une seconde fois le lendemain matin, toujours en présence des adultes et des enfants qui viennent tous déguisés. Cette fête est à l'origine du carnaval, et en particulier du Mardi gras. *Pourim* est une fête de la libération et de la joie. Les juifs en exil depuis la destruction du temple en 586 avant l'ère courante s'étaient établis jusqu'en Perse où ils vivaient en bonne entente avec la population autochtone. Un jour surgit Haman, un nouveau vizir qui haïssait les juifs et jura de les exterminer jusqu'au dernier.

Il avait décidé de la date du massacre des juifs en consultant le sort, en hébreu *Pour*, d'où le nom de *Pourim*, c'est-à-dire "les sorts". Le sort désigna le 14 du mois d'*Adar*. Haman obtint l'accord du roi Assuérus, identifié généralement avec Xerxès. Mais l'épouse du roi, Esther, était juive elle-même, et son oncle Mardoché était membre du grand *Sanhédrin* et prince de l'exil à la cour du roi. Esther, Mardoché et tout le peuple juif jeûnèrent trois jours consécutifs. Grâce à leurs interventions conjuguées auprès du roi, les juifs furent sauvés et Haman et ses fils pendus. C'est pour commémorer ce jeûne que le jour du 13 *Adar* est le jour du jeûne d'Esther, et c'est pour rappeler la libération miraculeuse du peuple juif que *Pourim* est une fête de la joie que l'on célèbre par des festins, des déguisements, des cadeaux les uns aux autres, des dons distribués aux pauvres.

On confectionne des pâtisseries spéciales de forme triangulaire dans les communautés occidentales, appelées *Houmen Taschen* ou *oreilles d'Haman*, délices de pâte farcie aux noix, raisins secs et grains de pavot, ou d'autres ingrédients suivant la tradition familiale. Le déguisement de *Pourim* ressemble un peu au carnaval : chacun s'efforce d'être complètement méconnaissable. Parce qu'à *Pourim*, les juifs sont passés miraculeusement du statut de persécutés à celui de protégés, du statut de méprisés à celui d'honorés, on cherche à être totalement différent de son personnage habituel.

Au cours du festin de *Pourim*, il est recommandé de boire et de se réjouir jusqu'à ce qu'on ne sache plus qui est qui : honni ou considéré, juif ou Haman ? Brouillage des identités qui permet à tout un chacun de se réinventer et de sortir de la prison dans laquelle il s'est peut-être enfermé.

Les maîtres du Talmud expliquent que le miracle de *Pourim* fut un miracle où Dieu est resté discret et caché. En effet, dans le récit de la *Méguila*, le nom de Dieu n'apparaît pas une seule fois. Toute l'histoire se présente comme une histoire des hommes qui prennent leur destin en main... Esther signifie justement : "Ce qui est caché". C'est cette dimension du caché qui est vécue dans la pratique du déguisement.

PESSA'H

LA PÂQUE JUIVE.
"SOUVIENS-TOI DE LA SORTIE D'ÉGYPTE"

Elle dure sept ou huit jours pendant lesquels il est interdit de consommer tout aliment qui contiendrait du levain. On mange donc des pains azymes ou *Matsot*. La fête commence par un repas très particulier appelé le *Séder*, selon un ordre précis. *Pessa'h* est l'une des trois fêtes de pèlerinage avec *Chavouot* et *Soukkot*. Elle tombe le 15 *Nissan*, généralement au mois d'avril, et dure huit jours (sept en Israël). Les deux premiers et les deux derniers jours sont des jours de fête et les quatre jours intermédiaires sont des jours de mi-fête appelés *Hol-hamoèd*.

Pessa'h est une fête à la fois religieuse et agricole. Elle célèbre le printemps et la première récolte de l'orge. Elle commémore la sortie des Hébreux d'Égypte et la fin de l'esclavage. Ce rappel est essentiel car la sortie d'Égypte constitue l'événement fondateur du peuple juif. Les Hébreux étaient asservis en Égypte depuis quatre cents ans lorsque Moïse éveilla leur désir de liberté.

Dix plaies furent nécessaires pour convaincre le pharaon de laisser sortir le peuple : le sang, les grenouilles, la vermine, les bêtes sauvages, la peste, les ulcères, la grêle, les sauterelles, l'obscurité, la mort des premiers-nés.

Le mot *Pessa'h* signifie "passer au-dessus", car Dieu est passé au-dessus des maisons des Hébreux lors de la dixième plaie d'Égypte et a épargné leurs premiers-nés. Par une "lecture aux éclats", *Pessa'h* peut se lire *Péh-Sa'h*, c'est-à-dire "la bouche qui parle". C'est en effet une obligation à *Pessa'h* de raconter la sortie d'Égypte et tout ce qui s'y rapporte.

Plusieurs obligations (*Mitsvot*) sont liées à la fête de *Pessa'h*. La première est l'interdiction de consommer, de posséder ou même de voir du *'Hamets*, c'est-à-dire tout aliment contenant du levain et par extension tout aliment contenant de la farine de l'une des cinq céréales : blé, orge, avoine, épeautre et seigle, car ce sont des céréales qui fermentent.

La deuxième obligation est la consommation de la *Matsa,* pain sans levain ou pain azyme, symbole de la liberté mais aussi pain de misère. Pain de liberté, car c'est le pain que les Hébreux ont préparé la veille de la sortie d'Égypte et qui n'a pas pu lever. Pain de misère, car c'est celui que consommaient les Hébreux esclaves en Égypte.

La troisième obligation est la célébration du *Séder* de *Pessa'h.* Durant le *Séder,* on raconte en lisant sur la *Haggada* l'histoire de la sortie d'Égypte, et on montre sur le plat du *Séder* tous les symboles supports de cette narration.

Il s'agit de raconter la liberté pour avoir la liberté de raconter, de se raconter et de s'inventer autrement...

Avant d'arriver au *Séder,* de nombreuses étapes de préparation sont indispensables. Bien avant la fête, il faut commencer à évacuer de la maison, de la voiture, du lieu de travail, tout ce qui contient du *'Hamets.* Ces grands nettoyages se sont perpétués aujourd'hui, même chez les non-juifs, sous la forme des grands nettoyages de printemps.

Au soir du 13 *Nissan,* dès la tombée de la nuit, on fait la *Bedikat 'Hamets* : à la lumière d'une bougie, on cherche minutieusement le *'Hamets* dans tous les coins. Le *'Hamets* trouvé sera brûlé le lendemain matin, lors de la cérémonie du *Biour 'Hamets.* Pour éviter de posséder du *'Hamets* par inadvertance, on procède à la vente du *'Hamets* avant le *Biour 'Hamets.*

Le 14 *Nissan,* les premiers-nés garçons doivent jeûner en souvenir de la mort des premiers-nés d'Égypte. Tant que le garçon n'est pas majeur, c'est son père qui jeûne à sa place. Le soir du 14 *Nissan,* on se réunit autour de la table sur laquelle trône le plat du *Séder.*

LE *SÉDER* : LA SOIRÉE PASCALE

LE PLAT DU *SÉDER*

Sur un grand plat sont disposés différents éléments symboliques qui seront montrés, goûtés et commentés tout au long de la soirée pascale. La soirée pascale, fête familiale par excellence, s'appelle *Séder,* ce qui signifie "l'ordre", car tout, dans cette soirée, suit un ordre extrêmement précis, énoncé dans un texte qui sera lu comme véritable programme.

Ce texte, distribué à chaque participant, est la *Haggada* de *Pessa'h*, un des best-sellers des livres juifs qui a particulièrement inspiré de nombreux artistes. Au milieu de la table est posé un grand plat, le plat du *Séder*, sur lequel se trouvent tous les éléments qui serviront au déroulement de la soirée. Le rôle de cette soirée est de mettre en scène théâtralement des souvenirs clefs de la sortie d'Égypte, pour les vivre au plus profond de soi et faire en sorte d'avoir le sentiment réel de vivre un moment de libération.

Le *Séder* est une cérémonie où une place centrale est donnée au questionnement, surtout à celui de l'enfant.

Les questions concernent tous ces objets inattendus et ces comportements insolites : pourquoi mange-t-on de la *Matsa* (pain azyme)? Pourquoi des herbes amères? Pourquoi doit-on manger et boire penché sur le côté gauche?

Pour bien marquer cette importance de la question, de nombreuses phrases de la *Haggada* commencent par le mot hébreu *Ma* qui signifie : "Quoi?". C'est le cas du célèbre texte des quatre questions que les enfants attendent avec impatience le soir du *Séder* pour pouvoir le chanter à haute voix : *Ma nichtana halaïla hazé mikol haleïlot*, qui se traduit par : "En quoi cette nuit est-elle différente des autres nuits?", une des questions auxquelles la *Haggada* s'efforce de répondre tout au long de la soirée.

Le plat du *Séder* contient tous les symboles de la fête : on y trouve un os grillé, un œuf dur, une coupe d'eau salée, une sorte de compote appelée *Harossèt*, des herbes amères ou *Maror* (on utilise en général du raifort, mais on peut aussi se servir de romaine, de radis ou d'endives), des herbes à feuilles ou *Karpass* (du persil, du céleri) et, au centre du plat, trois pains azymes. La place de ces différents éléments varie selon les traditions.

VOICI LE SENS DE CES SYMBOLES :

1. L'os grillé rappelle le sacrifice de l'agneau pascal le soir de la sortie d'Égypte, animal dont le sang servit à marquer les portes des maisons juives pour qu'elles soient épargnées de la mort des premiers-nés (voir le récit de cet événement dans le texte biblique du livre de

l'Exode, XII et suiv.). Le sacrifice de cet agneau fut le premier signe de liberté des Hébreux, car l'agneau était un dieu pour les Égyptiens. Oser sacrifier un dieu représentait, pour un peuple d'esclaves, un geste de courage énorme et de confiance absolue.

2. L'œuf dur rappelle le sacrifice que l'on apportait à chaque fête de pèlerinage et qui se nommait *Qorban haguigua*. C'est aussi un symbole de deuil qui évoque la destruction du temple de Jérusalem.

3. Le *'Harosset* est une pâte ressemblant au mortier, faite de pommes écrasées mélangées à des noix, de la cannelle, du vin rouge et du gingembre, ou bien préparée à partir de dattes, de noix et de pommes. Il est prescrit pour rappeler les briques que les Hébreux devaient fabriquer eux-mêmes pour construire les villes et les monuments du Pharaon.

4. Le *Maror*, herbes amères pouvant être de la salade romaine, des endives, des radis, du radis noir ou encore du raifort, suivant la tradition. Il rappelle l'amertume de l'esclavage, car les Égyptiens ne se contentaient pas simplement de faire travailler les Hébreux très durement, mais les persécutaient, s'acharnant sur eux physiquement en dégradant leur intégrité corporelle, et psychologiquement en les mettant dans des situations où ils devaient eux-mêmes livrer leurs propres enfants à une mort certaine.

5. Le *Karpass*, herbe à feuilles pouvant être du persil ou du céleri, rappelle les feuilles qui servirent à asperger les portes des Hébreux avec le sang de l'agneau pascal.

6. L'eau salée dans une coupelle rappelle les larmes et la sueur des Hébreux asservis en Égypte.

7. Les *Matsot*, qui sont au nombre de trois, symbolisent en fait les trois patriarches – Abraham, Isaac et Jacob – ou les trois catégories du peuple juif : Cohen, Lévi et Israël.

Durant le *Séder*, on boit quatre coupes de vin qui évoquent les quatre langages de liberté employés dans le texte biblique pour relater la sortie d'Égypte. Afin d'insister encore sur cette notion très forte de libération et de liberté, on se doit de vider les quatre coupes accoudé sur le côté gauche, parce qu'à l'époque où le *Séder* fut institué (l'époque romaine) seuls les hommes libres pouvaient manger allongés sur des sofas.

La fin du *Séder* est marquée par la consommation de l'*Afikomane* : c'est un petit morceau de la *Matsa* qui a été caché et retrouvé. Le mot *Afikomane* vient du grec et signifierait "dessert", mais les maîtres hassidiques proposent une autre étymologie dérivée de l'araméen : "Faites sortir le questionnement !" (*Afiqou-name*).

Le *Séder* se termine par de nombreux chants dont le plus célèbre est l'histoire d'"un agneau que mon père a acheté pour deux sous..."

À partir du deuxième soir de *Pessa'h*, on compte, soir après soir, la période de quarante-neuf jours qui mène à *Chavouot* (la Pentecôte). Cette période est appelée l'*Omère.*

LAG BAOMÈRE

LE PÈLERINAGE SUR LA TOMBE DES SAINTS ; LES SYMBOLES DU DEUIL ET DE LA CONSOLATION

La période entre Pâque et *Chavouot* (Pentecôte juive) se nomme la période de l'*Omère*; elle dure quarante-neuf jours. Le trente-troisième jour de cette période se nomme *Lag baOmère* et se passe en une série de pèlerinages et de festivités champêtres. Le mot *Omère* désigne une mesure de céréale d'environ quatre litres utilisée à l'époque biblique, mais ce mot a plusieurs autres significations : c'est le compte de la période de quarante-neuf jours – sept semaines – entre *Pessa'h* (Pâque juive) et *Chavouot* (Pentecôte); on l'appelle *Omère,* parce que, dès le deuxième jour de la fête de *Pessa'h,* on apportait un *Omère* d'orge comme prémices au temple.

Lag baOmère est le trente-troisième jour de la période de l'*Omère. Lag* s'écrit en hébreu *lamed-guimel. Lamed* a une valeur numérique de 30, et *Guimel* une valeur numérique de 3, donc *Lag* = 30 + 3 = 33, et *Lag baOmère* signifie : trente-troisième jour de l'*Omère.* La période de l'*Omère* était à l'origine très joyeuse car elle rappelait en premier lieu l'attente de la fête de la Révélation : entre la sortie d'Égypte et la révélation de la Tora, quarante-neuf jours s'écoulèrent durant lesquels les Hébreux se préparèrent à recevoir la Loi. Et tout le temps où le temple fut en construction constitua une période de joie et de fête liée à la récolte. Après la destruction du temple, l'*Omère* se transforma en une période de deuil durant laquelle on ne se marie pas. Comment cela arriva-t-il ? On avance plusieurs raisons différentes suivant les écoles. Citons-en quelques-unes.

En l'an 132 de l'ère courante, les Romains occupaient le pays d'Israël. Mais certains juifs s'organisèrent contre l'occupant et une révolte, dernière tentative d'indépendance, éclata sous la conduite de Bar Kokhba. Rabbi Aquiva, l'un des plus grands maîtres du Talmud, vit en lui le Messie et soutint totalement sa révolte. Les Romains écrasèrent complètement l'insurrection et Bar Kokhba succomba à Betar en 135 après une défense héroïque. À la suite de cela, les Romains massacrèrent dix grands maîtres du Talmud, parmi lesquels Rabbi Aquiva. Le deuil de l'*Omère* rappelle cette révolte, son échec et la perte de ces dix grandes figures.

On porte le deuil aussi pour une autre raison, en rapport également avec Rabbi Aquiva. Il avait des milliers de disciples qui faisaient la gloire d'Israël. Une épidémie de peste les ravagea pendant la période de l'*Omère* et s'arrêta miraculeusement le trente-troisième jour. C'est pourquoi *Lag baOmère* est un jour de mi-fête.

Ce même jour est considéré comme la date anniversaire de la mort de Rabbi Chimone Bar Yohaï, un des grands fondateurs de la Cabale. De ce fait, on a pris l'habitude de faire un pèlerinage sur sa tombe qui se trouve à Mérone, petite localité située à côté de Safed en Galilée. Ce pèlerinage s'appelle la *Hiloula* de Rabbi Chimone Bar Yohaï, fêtée aujourd'hui dans le monde entier par des excursions champêtres et des pèlerinages sur les tombes des saints.

Il est de coutume de déposer une petite pierre lors de ses visites sur les tombes de saints ou de n'importe quelle personne. Cette pratique possède plusieurs origines. Un jeu de mots permet d'en donner une explication originale. Le mot "pierre" se dit en hébreu *Evèn* et s'écrit *Aleph-bèt-noun*. Ces trois lettres signifient aussi le père *Av* et le fils *Ben* ; écrits ensemble *Av* et *Ben* se lisent *Even* : la pierre... Poser une pierre, c'est-à-dire se situer comme fils, dans la filiation et la mémoire du défunt.

LE QUADDICH

LA PRIÈRE DES MORTS ET LA SANCTIFICATION DU NOM DE DIEU. LES SYMBOLES DU DEUIL ET DE LA CONSOLATION

Le *Quaddich* est une des prières juives les plus connues. Elle est récitée par les personnes en deuil. Sa véritable signification est la sanctification du nom de Dieu que l'on continue à honorer malgré les souffrances et le deuil. Lors de la perte d'un proche, il existe différentes coutumes : recouvrir les miroirs, se déchausser ou encore s'asseoir à même le sol. Le *Quaddich* est une prière très ancienne écrite en araméen qui déploie un hymne magnifique à la grandeur de Dieu. À l'origine, le *Quaddich* clôturait les moments d'étude, puis il est entré dans la liturgie synagogale, ayant pour fonction de séparer et d'articuler les différentes parties de la prière.

Par la suite, il fut aussi récité par les personnes en deuil sur la tombe de leurs parents ou de leurs proches. Les endeuillés doivent le réciter pendant les onze mois qui suivent la mort d'un proche, à chacun des trois offices de la journée, matin, après-midi et soir, en présence de dix personnes ou *Minyane.* Le *Quaddich* en soi ne comporte aucune allusion à la mort, mais lors de l'enterrement on ajoute un passage évoquant la résurrection des morts. Le *Quaddich* est avant tout un hymne de louange à Dieu, il signifie la "sainteté", du mot *Quaddoch,* "saint". Les personnes en deuil disent la grandeur de Dieu, comme pour inviter Dieu lui-même à prendre soin du défunt, et l'accueillir dans l'autre monde sans tourments. Le *Quaddich* est devenu une prière populaire, synonyme de consolation. C'est l'habitude des garçons, notamment du fils aîné, de réciter cette prière. En yiddish, le fils aîné se nomme un

Quaddich, puisqu'il est appelé de façon privilégiée à réciter cette louange. Quand quelqu'un meurt sans laisser d'enfant, on dit qu'il n'a pas laissé de *Quaddich*. De nos jours, les hommes aussi bien que les femmes ont pris l'habitude de réciter le *Quaddich*.

À l'annonce du décès d'une personne proche ou non, on prononce la bénédiction "*Baroukh dayan haémèt*" : "Béni soit Dieu, Juge de vérité". À la mort d'une personne, les proches doivent obligatoirement déchirer l'un de leurs vêtements. Après l'enterrement, les personnes en deuil se rendent chez le défunt ou dans toute autre maison, où il sera possible de respecter la période des sept jours de deuil, pour prendre un repas composé de pain et d'œufs durs. C'est à d'autres membres de la communauté de fournir ce repas en signe de compassion et de sollicitude.

CHAVOUOT

LE DON DE LA LOI. LA *YÉCHIVA* : LA MAISON D'ÉTUDE

La fête de *Chavouot* est la fête de la Révélation, en laquelle fut donnée la Tora, les Dix Paroles ou Dix Commandements. *Chavouot* est l'une des trois fêtes de pèlerinage. Le mot signifie "les semaines", car la fête tombe à la fin de la période de l'*Omère* durant laquelle on compte jour après jour sept semaines à partir de la fête de *Pessa'h*.

La fête dure un jour en Israël, deux jours en Diaspora. Sa date hébraïque est le 6 *Sivane*, généralement au mois de juin. *Chavouot* est la fête de la Révélation et la fête des Prémices et de la Moisson. C'est un jour où toutes les synagogues et les maisons sont décorées de feuillages verdoyants, de fleurs, de fruits et de plantes.

La Révélation eut lieu dans le désert sur le mont Sinaï. Les Hébreux rassemblés en bas de la montagne reçurent les Dix Paroles appelées communément les Dix Commandements, qui constituent les principes de base du judaïsme. Les Dix Paroles étaient gravées sur les

Tables de la Loi que portait Moïse. La tradition rapporte que ce jour-là les Hébreux reçurent toute la Tora, avec tous les commandements : six cent treize en tout, trois cent soixante-cinq négatifs et deux cent quarante-huit positifs, destinés à réglementer la vie de l'homme juif dans sa famille, sa société et son environnement.

À la synagogue on lit les Dix Paroles durant l'office du matin de la fête, et on ajoute la lecture du livre de Ruth, une évocation champêtre de la période des moissons.

On a coutume, à cette fête, de consommer essentiellement des aliments lactés. Diverses raisons sont avancées pour expliquer cette particularité, l'une est liée à la couleur blanche du lait, symbole de pureté, une autre à la date de la fête au début de l'été, où il est plus sain de consommer des aliments légers. On avance encore une explication : le 6 *Sivane*, les Hébreux venaient de recevoir la Tora ainsi que toutes les recommandations d'abattage rituel et de séparation entre les aliments carnés et les aliments lactés ; ils n'avaient pas de viande apte à la consommation ni d'ustensiles, et à cause de cela ils mangèrent des aliments lactés qui ne nécessitaient pas de longue préparation. On dit aussi que le 6 *Sivane* est la date du jour où Moïse bébé fut sauvé du Nil par la fille de Pharaon et qu'il n'accepta de boire que le lait d'une femme juive.

La tradition est de passer toute la nuit de *Chavouot* jusqu'au petit matin à étudier les textes de la Tora et du Talmud ou encore de la Cabale.

L'étude est l'un des fondements, voire le fondement du judaïsme. Consacrer un temps à l'étude de la Tora est un des commandements les plus importants de la vie juive.

Esquissons maintenant une petite visite dans la maison d'étude. Elle se nomme en hébreu *Bèt-haMidrach* ou *Yéchiva*. Lorsque l'on est habitué au silence religieux des bibliothèques de lecture, on est immédiatement surpris en entrant dans le *Bèt-haMidrach*, car on est accueilli par une ambiance étonnante de bruits et mouvements : désordre, brouhaha, allées et venues incessantes... La maison d'étude, qui sert aussi de synagogue et très souvent de salle de fêtes ou tout simplement de salle à manger, est le noyau de la vie intellectuelle et spirituelle. Certaines maisons d'étude accueillent plusieurs centaines d'étudiants dans la même salle, et tous étudient à haute voix, en même temps !

Les étudiants du Talmud n'ont pas la quiétude du moine. Le silence n'est pas la règle ; sur les tables rarement alignées foisonnent pêle-mêle toutes sortes de livres de toutes tailles, livres ouverts, fermés, empilés les uns sur les autres.

Les étudiants – assis, debout, un genou sur le banc ou sur la chaise – sont penchés sur les textes du Talmud ; l'un à côté de l'autre mais le plus souvent face à face, ils lisent à haute voix, se balançant d'avant en arrière, de gauche à droite, ponctuant les articulations difficiles du raisonnement avec de larges gestes du pouce, frappant impétueusement les livres ou la table, voire l'épaule du compagnon d'étude que l'on appelle un *Havère,* feuilletant avec fébrilité les pages d'un livre de commentaire pris et remis rapidement dans les rayons de l'immense bibliothèque qui fait le tour de la salle. Les protagonistes de cette "guerre du sens" essaient de comprendre, d'interpréter et d'expliquer. Rarement d'accord, heureusement, sur le sens du passage étudié, ils vont consulter le maître qui écoute, explique, prend position sur les thèses proposées et calme, pour quelque temps, le combat passionné des consultants.

Sur une table un peu plus loin, un étudiant s'est endormi, les bras croisés sur son texte du Talmud ; à côté de lui, un autre sirote un café et fume une cigarette en prenant un air méditatif, concentration nécessaire à la suite de l'étude. Tout bouge, le *Bèt-ha Midrach* connaît une effervescence ininterrompue où, de jour comme de nuit, résonnent les voix et le bruissement infini de l'étude…

LES LOIS ALIMENTAIRES

LES LOIS QUI RÉGISSENT LA CUISINE CACHÈRE TROUVENT LEUR ORIGINE DANS LA TORA

Un des fondements du judaïsme se nomme la *Cacheroute* ; ce terme désigne de manière générique toutes les lois alimentaires, les animaux permis ou interdits à la consommation et les mélanges interdits (*Cachères*).

Un des éléments fondamentaux de toutes les cultures est la nourriture et l'art culinaire en général. Le cuit est au cru ce que la culture est à la nature. La nourriture est un des aspects essentiels de l'humain dans la mesure où c'est à partir d'elle que l'homme entre successivement dans la parole puis dans la pensée.

Les arts de la table construisent des rites alimentaires qui rappellent et transmettent l'histoire du groupe humain concerné en un aide-mémoire incontournable qui assure de façon essentielle la cohésion du groupe.

L'interdiction fondamentale du judaïsme, en dehors de celle des animaux proscrits, est le mélange du lait et de la viande, ou celui des nourritures à base de lait avec des aliments à base de viande ; ceci afin de respecter le commandement "tu ne cuiras pas le chevreau dans le lait de sa mère". De multiples interprétations ont été données à ce sujet, nous pensons qu'il s'agit ici d'un rite qui permet de séparer la mère de l'enfant, une façon symbolique d'échapper à l'inceste. Par ailleurs, tout animal destiné à être consommé doit être abattu par une personne connaissant les lois de l'abattage rituel (la *Che'hita*). Cette personne s'appelle le *Cho'het*. Il possède un couteau particulier avec lequel il égorge les animaux. Il fait ensuite couler le sang qui n'est jamais consommé. Chaque morceau de viande est trempé dans l'eau, puis salé afin d'en extraire tout le sang, et enfin rincé.

À ce moment, la viande est apte à être consommée. On ne consomme pas le sang car il est considéré symboliquement comme la vie et l'âme de l'être vivant.

Depuis la destruction du temple, la table représente l'autel, et le repas est une manière de rappeler les sacrifices et tous les rites que pratiquaient les prêtres. De ce fait, il faut manger non seulement en état de propreté mais aussi de pureté. Ainsi existe-t-il l'habitude de se laver les mains avec un ustensile particulier qu'on appelle *Kéli*, et qui sert à leur purification avant tous les repas où l'on consomme du pain, considéré comme un souvenir de la nourriture des prêtres dans le temple… Avec la *Cacheroute* nous entrons dans l'alliance par les mets et les mots.

LE MIQVÉ

LE BAIN RITUEL

C'est une sorte de petite piscine dont la construction obéit à des règles précises; elle contient de l'eau dont la quantité et la provenance sont également réglementées. Elle sert à purifier les personnes et les objets.

Le *Miqvé* doit contenir au moins sept cent cinquante litres d'eau. Le terme de *Miqvé* se trouve dans le premier chapitre de la Genèse au verset 10 : “Et au *Miqvé* (*rassemblement*) des eaux, Il leur donna le nom de mers”. L'eau du *Miqvé* possède une vertu purificatrice. Elle doit être naturelle et provenir soit d'une source, soit de l'eau de pluie, de la glace ou de la neige. La mer, une rivière, un lac ou un bassin rempli d'eau de pluie offrent eux aussi une eau purificatrice.

Le *Miqvé* est l'endroit où l'on lave les personnes et les objets d'une impureté dont les origines peuvent être très diverses. L'impureté des personnes est essentiellement liée à l'idée de la mort. Ainsi, toute personne se trouvant sous le même toit qu'un mort devient impure. Le sang des règles, résultant d'une non-fécondation et de la mort d'un ovule, rend la femme impure. Les rapports sexuels sont interdits durant toute la période d'impureté, c'est-à-dire les jours des menstruations plus sept jours sans écoulement, et ne sont à nouveau autorisés qu'après l'immersion de l'épouse au *Miqvé*. L'obligation pour la femme de s'abstenir de rapports sexuels pendant sa période d'impureté, et de s'immerger ensuite, constitue ce que l'on appelle les lois de pureté familiale (lois de *Nida*) ; l'immersion dans le *Miqvé* se nomme la *Tevila*.

Multiples à l'époque du temple, les occasions de purifier et de se purifier sont nettement moins abondantes, mais l'importance de l'acte n'a pas diminué pour autant.

Ainsi, de nos jours, la fréquentation du *Miqvé* est surtout assurée par : 1. Les femmes à la veille de leur mariage et les femmes mariées qui viennent s'immerger après chaque accouchement ou menstruation ; 2. Les personnes qui se convertissent au judaïsme ; 3. Certains hommes, le vendredi avant le *Chabbat* ; 4. Certains hommes à la veille de *Kippour* ; ces deux dernières catégories ne représentant pas une obligation. Chez les Hassidim, l'immersion dans le *Miqvé* est un acte mystique de renaissance, de rapprochement avec Dieu, exécuté avec une grande ferveur et indispensable chaque matin avant la prière, la pureté physique étant inextricablement liée pour eux à la pureté spirituelle.

LA HOUPA

LE DAIS NUPTIAL

Le mariage se célèbre en présence de deux témoins, les mariés étant réunis sous un dais nuptial que l'on appelle *Houpa*. La cellule familiale, et non l'individu, constitue le plus petit noyau de la société juive. C'est une obligation de la Tora de se marier et de mettre des enfants au monde. La famille commence le jour du mariage. Les symboles et les coutumes liés à ce jour et au dais nuptial sont nombreux et très différents suivant l'origine communautaire. Les anneaux de mariage peuvent être parfaitement circulaires ou bien un peu carrés à l'extérieur suivant une coutume cabalistique. Quoi qu'il en soit, toutes les coutumes ont pour but commun d'attirer la bienveillance sur le jeune couple et de lui souhaiter un mariage fécond.

Le jour du mariage, certaines personnes ont coutume de jeûner, car elles considèrent que ce jour ressemble à *Kippour* en ceci qu'il les purifie de toutes leurs fautes passées et ils se retrouvent sous le dais, purs comme des nouveau-nés. La jeune épousée s'est immergée au *Miqvé* quelques jours avant son mariage afin d'être physiquement pure en cette date importante. Elle est souvent vêtue de blanc, mais ce n'est pas une obligation. Cette tradition, adoptée maintenant dans presque tous les pays, trouve son origine dans une loi rabbinique interdisant que les mariées soient trop richement parées, pour ne pas faire honte à celles qui n'auraient pas les moyens de se confectionner ou d'acheter de beaux vêtements pour leur mariage. La robe de mariée blanche est comme une sorte d'"uniforme" et permet, en ce jour sacré, d'effacer les différences sociales. Toutes les mariées se sentent ainsi véritablement les reines de la fête...

Sous le dais nuptial, le mariage est généralement célébré par un rabbin qui récite les deux bénédictions de *Eroussin* ou *Quiddouchim* sur une coupe de vin. Les deux fiancés boivent la coupe, le *'Hatan* passe un anneau à l'index de la main droite de la *Cala* en récitant la phrase appropriée, puis on lit la *Ketouva* ou contrat de mariage. Dans de nombreux mariages, c'est aussi le moment du discours. On passe ensuite à la cérémonie des *Nissouïn* avec ses sept bénédictions sur une seconde coupe de vin. On conclut généralement par un geste qui commémore la destruction du temple de Jérusalem : le jeune *'Hatan* brise un verre sous son pied. On conduit ensuite les jeunes époux à une pièce privée où ils s'isolent quelques instants pour symboliser leur nouvelle intimité.

La semaine qui suit le mariage est une période de réjouissance durant laquelle on organise chaque jour pour les jeunes mariés un repas de fête terminé par les sept bénédictions du mariage.

LA KETOUVA

LE CONTRAT DE MARIAGE

Sous la *Houpa* – le dais nuptial –, le rabbin ou celui qui célèbre le mariage remet aux jeunes mariés (le *'Hatan* et la *Cala)* un "acte de mariage", *Ketouva* ou *Ketouba.* Littéralement, le mot *Ketouva* signifie "qui est écrit", c'est l'abréviation de l'expression "engagement mis par écrit".

La *Ketouva,* que l'on traduit à tort par "contrat de mariage", est une assurance divorce, par laquelle, en cas de séparation officielle, le mari s'engage à donner à la femme une somme d'argent qui lui permettra de vivre pendant plusieurs années, le temps de se retrouver dans une situation plus stable.

C'est un acte juridique standard, signé avant le mariage par le futur marié devant deux témoins, et donné pendant le mariage à la jeune mariée. Rédigé en araméen, ce document énumère les obligations, surtout financières, du mari envers sa femme, au quotidien et en cas de divorce.

La *Ketouva* la plus ancienne connue à ce jour remonte au Ve siècle avant l'ère courante, où elle fut découverte dans le sud de l'Égypte. Pour deux raisons essentielles, elle a donné lieu à tout un art de la calligraphie, de l'illustration et de l'enluminure : la *Ketouva* n'est soumise à aucune restriction concernant la matière du support, la taille ou la forme du document et des lettres. Elle est liée au mariage, événement joyeux par définition, qui autorise tous les motifs, toutes les couleurs, toutes les techniques et innovations.

Le problème de la *Ketouva* occupe une place privilégiée dans le droit talmudique qui lui consacre un traité entier, intitulé *Ketoubot,* retraçant en détail toutes les modalités juridiques de l'écriture de cette *Ketouva.* De très nombreux points de droit sont abordés dans ce cadre-là au point que le traité *Ketoubot* prend aussi le nom de *Chass Quatane,* c'est-à-dire "Talmud *miniature*".

LA BERIT MILA

LA CIRCONCISION

Le mot *Mila* vient du verbe *Moul* qui veut dire "couper", mais aussi "être face à face"; il est proche d'une autre racine hébraïque, *Mallal,* qui signifie "parler". La circoncision est une façon d'introduire le langage dans le corps, et le corps de l'enfant dans la sphère du langage. La circoncision est un signe d'alliance entre Dieu et le peuple hébreu. C'est l'une des obligations que les juifs ont observées durant toute leur histoire tourmentée, malgré les persécutions. Elle consiste en l'ablation du prépuce de tout nouveau-né de sexe masculin dès l'âge de huit jours. Elle est pratiquée par un *Mohel,* personne spécialisée dans l'accomplissement de cet acte. C'est à ce moment de sa vie que chaque petit garçon reçoit son ou ses prénoms.

Abraham est la première personne à être circoncise dans le texte biblique. Il était alors âgé de 99 ans. Son fils Ismaël, l'ancêtre de l'Islam, fut circoncis à l'âge de 13 ans. C'est pourquoi les musulmans pratiquent la circoncision à 13 ans. Isaac fut circoncis à 8 jours, et ainsi toutes les générations suivantes.

La cérémonie peut avoir lieu n'importe quel jour de la semaine, y compris le *Chabbat* ou même *Kippour.* Mais si l'enfant est trop petit ou présente une jaunisse, on considère que la *Mila* représente un danger pour lui et on la retarde le temps nécessaire jusqu'à ce qu'il soit hors de danger. Au moment de la circoncision, le bébé est placé sur une chaise haute particulière appelée "*chaise du prophète Élie*", car la tradition rapporte que le prophète Élie est invité à chaque circoncision.

Le *Mohel* possède des instruments d'usage très ancien : le couteau, aiguisé des deux côtés, le stylet qui sert à détacher le prépuce du gland, le *Maguène* (bouclier) qui sert à protéger le gland lors de l'incision. On termine la cérémonie en prononçant la bénédiction spécifique à la circoncision, puis on fait une *Séouda,* le repas de la fête. On circoncit également tout homme non juif en vue d'une conversion. S'il est déjà circoncis, il suffit de faire couler une goutte de sang.

Pour notre part, nous pensons que la circoncision permet à l'être humain d'entrer dans la dimension du langage à partir de son incomplétude. La circoncision enlève une partie de l'homme pour qu'il fasse l'expérience du manque, qui doit le conduire à toujours se construire et s'inventer autrement. Bien évidemment une question se pose toujours : "Qu'en est-il de la circoncision chez la fille ?" Dans la relation dialectique de l'homme et de la femme, la femme est déjà porteuse de ce manque, elle est déjà inscrite dans la dynamique du désir et n'a donc pas besoin de la circoncision.

LA BAR-MITSVA

ET LA *BAT-MITSVA* : LA MAJORITÉ RELIGIEUSE

La majorité religieuse, à 13 ans pour les garçons et à 12 pour les filles, est l'occasion de festivités joyeuses qui marquent cette évolution très importante dans la vie de l'adolescent.

À l'âge de 13 ans, le garçon juif accède au statut d'adulte responsable du point de vue religieux. Littéralement, *Bar-Mitsva* signifie "fils du commandement" : l'enfant de 13 ans est dorénavant astreint à toutes les obligations concernant les hommes, il est devenu responsable de ses actes et de ses transgressions.

Le lundi ou le jeudi le plus proche du jour de son anniversaire en date hébraïque est l'occasion d'une fête religieuse où le jeune garçon accomplit avec faste certains gestes pour la première fois.

Tout d'abord, il met les *Téfilin* à la synagogue et prie avec pour la première fois. Il peut dorénavant faire partie du *Myniane*, minimum de dix hommes requis pour dire une prière en commun.

Au *Chabbat* de la *Bar-Mitsva*, l'enfant peut dire pour toute la communauté l'office du soir ou celui du matin. Le matin, il est appelé à la Tora et a coutume de lire tout ou partie de la *Paracha* de la semaine (voir les pages consacrées aux rouleaux de la Tora). On a l'habitude de faire le *Chabbat*, ou en semaine, une *Séouda* au cours de laquelle le jeune *Bar-Mitsva* prononce un discours visant à montrer sa faculté à comprendre la subtilité des commentaires des textes traditionnels.

Parallèlement, pour les filles, on donne une cérémonie appelée *Bat-Mitsva* qui a lieu à leur anniversaire de 12 ans, et non 13 comme les garçons, car on considère que les filles sont mûres plus tôt que les garçons. Ce n'est que très récemment que la *Bat-Mitsva* est l'occasion d'une fête ; néanmoins cet usage, s'il tend à se développer, n'est pas encore généralisé.

LES COUTUMES VESTIMENTAIRES

CHAPEAUX, BARBES ET PAPILLOTES, PERRUQUES ET FOULARDS

En dehors du *Talit* et des *Téfilin* qui sont obligatoires et sensiblement les mêmes pour l'ensemble des juifs, les coutumes vestimentaires peuvent varier en fonction du pays d'accueil.

Certains juifs originaires d'Europe de l'Est, les Hassidim, ont gardé les habitudes vestimentaires du XVIIIe siècle, avec les manteaux noirs, les chaussettes montantes, les chapeaux à large bord de fourrure nommés *Shtraïmel.*

D'autres, venant des mêmes régions mais disciples d'autres maîtres, s'habillent de vestes et pantalons noirs tous les jours de l'année, de chemises blanches et de chapeaux type borsalino hérités de la mode du début du siècle. Certains vêtements ne sont portés qu'occasionnellement.

Ainsi, par exemple, les habits blancs de *Yom Kippour*, la longue robe qui couvre le ministre officiant et qui rappelle les habits du grand prêtre à l'époque du temple.

L'origine du port de la barbe, des papillotes – *Péot* (en hébreu) ou *Peys* (en yiddish) – vient d'une interdiction biblique d'utiliser des objets coupants et tranchants pour les porter sur le visage.

Symboliquement, cela signifie ne pas porter atteinte au visage de l'homme, ne pas faire violence à l'humanité de l'homme.

Pour les femmes, on insiste essentiellement sur l'attitude pudique (*Tseniout*), avec les habits bien sûr, mais surtout avec le couvre-chef.

Ce dernier peut être simplement un foulard comme chez les femmes originaires d'Afrique du Nord, une perruque (*Shaïtel*) chez les femmes originaires d'Europe de l'Est, ou bien encore un béret ou un petit chapeau chez les jeunes femmes plus modernes.

LA KIPA

C'EST UNE PETITE CALOTTE BRODÉE OU EN TISSU QUE LES HOMMES PORTENT SUR LA TÊTE EN PERMANENCE

Les formes sont différentes selon les communautés et peuvent avoir des dimensions très variables. Ainsi dans les communautés Braslav (mystiques juifs originaires de Russie), la *Kipa* est très large et couvre l'ensemble de la tête; elle est brodée, de couleur blanche ou crème et présente un petit pompon à son sommet. Dans les communautés orthodoxes séfarades (d'origine espagnole, d'Afrique du Nord ou de pays de langue arabe), la *Kipa* se porte sous le chapeau noir; nettement plus petite que celle des Braslav, elle est brodée et noire. Dans les communautés orthodoxes ashkénazes (d'origine allemande ou d'Europe de l'Est), la *Kipa* se porte aussi sous le chapeau noir, mais elle est noire et en tissu. Dans les communautés qui ne se définissent pas par leur orthodoxie, qui acceptent la modernité et sont généralement sionistes (c'est-à-dire qui reconnaissent la légitimité et la centralité de l'État d'Israël), la *Kipa* est brodée et peut être de toutes les couleurs. En réalité, le port de la *Kipa* n'est pas une obligation émanant de la Tora, c'est plutôt une coutume qui, au fil des siècles, s'est transformée en une obligation.

Depuis le XVIIIe siècle, la *Kipa*, remplaçant petit à petit le turban chez les Séfarades et les grands chapeaux chez les Ashkénazes, est devenue un signe de piété et d'identification juive. Le sens exact de la *Kipa* n'est pas bien connu ; c'est surtout un signe d'humilité de l'homme dans sa relation à Dieu.

L'homme place une limite symbolique au-dessus de sa tête pour montrer sa finitude. Symbole qui peut être compris dans un autre sens, nécessité de mettre une limite au-dessus de soi-même pour pouvoir la franchir et se dépasser…

LE TEMPLE

ET SA MÉMOIRE : LE MUR OCCIDENTAL OU MUR DIT DES LAMENTATIONS LE *KOTEL*

De tout temps les hommes ont eu besoin de lieux spécifiques pour le culte et la prière. Les premiers Hébreux construisirent un temple portatif ou *Michkane* (résidence pour Dieu), qui les accompagna pendant quarante ans dans le désert. Plus tard, ce temple voyageur fut remplacé par un temple en dur qui fut construit par le roi Salomon.

Bâti sur le mont Moria, le temple, c'est la maison de Dieu à Jérusalem, lieu central du culte pour le peuple juif.

Le roi Salomon construisit le premier temple au Xe siècle avant l'ère courante, sur l'une des collines de Jérusalem, le mont Moria, que son père David avait acquis dans ce but. Les travaux durèrent sept ans et aboutirent à une construction somptueuse contenant le saint des saints et l'arche sainte, l'autel des parfums et le chandelier d'or, ainsi que de nombreux autres objets de culte que Salomon y ajouta.

Avec son haut portique, ses murs revêtus de lambris de cèdre sculpté et ses fenêtres aux grilles solides, le temple mesurait soixante coudées (27 m) de longueur, vingt coudées (9 m) de largeur et trente coudées (13,5 m) de hauteur. On accédait à l'arche d'alliance par une porte de bois d'olivier et de cyprès recouverte d'or. Dans le saint des saints, endroit le plus sacré de la maison de Dieu, les chérubins aux ailes déployées, les coloquintes et les fleurs épanouies, taillées dans les bois de cèdre et d'olivier, étaient recouverts d'une couche d'or pur. Le sol, le toit et les murs étaient également recouverts d'or. Sur les deux colonnes de bronze bâties à l'entrée du temple, Salomon avait fait graver les noms *Yakhin* sur la colonne de droite et *Boaz* sur celle de gauche.

Durant le règne du roi Salomon, le temple était le centre du culte de tout le peuple. On y élevait les sacrifices de chaque jour de la semaine et ceux du *Chabbat* et des fêtes. Trois fois l'an, à l'occasion des fêtes de pèlerinage, tout le peuple s'y rendait pour offrir le sacrifice spécifique de la fête. Après le roi Salomon, il y eut un schisme dans le royaume et le rôle central du temple diminua considérablement. Le premier temple fut détruit en 587 avant l'ère courante par Nabuchodonosor II. Il fut reconstruit par Ezra et Néhémie et inauguré en 516 avant l'ère courante. Le second temple, restauré et agrandi par Hérode, fut détruit en 70 par Titus et son armée romaine. La tradition rapporte que le premier temple fut détruit à cause de l'idolâtrie, des incestes et des crimes de sang, et le second à cause de la haine gratuite répandue entre les juifs. Le jour anniversaire de la destruction des deux temples, le 9 du mois de *Av*, est un jour de grand deuil et de jeûne pour le peuple juif.

Les maîtres de la tradition ont eu le génie de construire un autre temple, immédiatement après la destruction du second : un temple invisible, celui de l'esprit et de l'étude. C'est l'œuvre de Rabbi Yohanan Ben Zaccaï qui ne demanda qu'une chose à Vespasien devenu empereur de Rome : "Laisse-moi construire une école dans la ville de Yavné". Construction de l'"édifice invisible" qui ne pourrait plus jamais être détruit : la culture vivante et renouvelée, la lecture des textes et l'infini mouvement de leurs commentaires.

LE MAGUÈNE DAVID

L'ÉTOILE DE DAVID

Le *Maguène David* ou étoile de David est aujourd'hui le symbole le plus connu du judaïsme et du peuple juif. Littéralement, *Maguène David* signifie "bouclier de David". C'est une figure géométrique formée de deux triangles équilatéraux entrecroisés. Ce signe, qui peut être inscrit dans un cercle, était commun à de nombreuses peuplades plusieurs siècles avant l'ère courante.

Ce n'est qu'au XIVe siècle, dans un ouvrage cabalistique, que ce motif géométrique fut définitivement associé à l'expression "*Maguène David*". Il était généralement utilisé dans le but de servir de protection contre les démons et les forces maléfiques. Devenu très récemment le symbole du peuple juif, il apparaît sur toutes sortes d'objets de culte, de l'Europe aux confins de la Russie.

Dans *L'Étoile de la rédemption*, Franz Rosenzweig attribue à chaque sommet de l'étoile une idée essentielle : la création, la rédemption et la révélation ; l'humanité, le monde et Dieu.

Le *Maguène David* a été choisi comme emblème en 1897 par le premier congrès sioniste et plus tard comme motif central du drapeau d'Israël ; la *Ménora*, figure beaucoup plus authentique et ancienne, symbolise l'État.

Mais, selon Gershom Scholem (dans son livre *Le Messianisme juif*), ce qui conféra au *Maguène David* la sainteté d'un symbole authentique, ce sont la ségrégation et la dégradation, l'annihilation, l'humiliation et l'horreur qui ont conduit des millions d'hommes désignés par l'étoile jaune vers les chambres à gaz, la souffrance et l'épouvante ultime. Sous ce signe, les juifs ont été assassinés et sous ce même signe devenu digne d'éclairer le chemin vers la vie et la reconstruction, ils se sont rassemblés en Israël. Car c'est précisément là où le symbole s'est chargé de son humiliation ultime qu'il a acquis ses titres de noblesse.

Symboles du catholicisme

PAR DOM ROBERT LE GALL

LA TRINITÉ

LE MYSTÈRE D'UN SEUL DIEU EN TROIS PERSONNES EST LA SOURCE DE TOUTE UNITÉ ET DE TOUTE COMMUNION

Le tout premier symbole du christianisme est celui de la Très Sainte Trinité, qui a toute l'abstraction d'un signe mathématique : la Trinité désigne l'unité des trois Personnes divines du Père, du Fils et du Saint-Esprit, leur unité *trine*. De ce mot résulte l'insondable équation : 3 = 1, et 1 = 3. Bien qu'unique, la divinité est indivisiblement possédée par trois Personnes. Après avoir posé cet axiome indémontrable, origine et fin de toutes choses, rien n'est expliqué, et cette notion de trine unité ne nous touche guère.

Un symbole géométrique de la Trinité relève de cette abstraction : le triangle équilatéral, que souvent l'on trouve au sommet des retables baroques. Les trois angles et les trois côtés sont égaux, mais ils ne constituent qu'une seule surface. Pour affirmer que Dieu voit tout, un œil est alors figuré au centre du triangle – mais cet œil unique évoque moins, dans sa force cyclopéenne, un regard d'amour que la terrible conscience qui poursuit Caïn chez Victor Hugo.

Le mot de "Trinité" permet d'énoncer le mystère d'un Dieu unique en trois Personnes. Selon les trois monothéismes du judaïsme, du christianisme et de l'islam, Dieu ne saurait être qu'unique, car la multiplicité est un signe d'insuffisance et d'infirmité ; plusieurs dieux ne peuvent donc être qu'antagonistes, comme le montre par exemple la mythologie grecque ainsi que romaine.

Héritier du monothéisme d'Israël, le christianisme considère qu'un Dieu unique n'est pourtant pas solitaire : il vit d'abord en lui-même l'Amour qu'il répand sur ses créatures. Le mystère de Dieu est un mystère d'amour mutuel, d'engendrement. Notre expérience quotidienne nous fait aisément percevoir ce qu'est un père, un fils et un soupir d'amour. À l'origine de tout, Dieu n'est pas un être fermé sur lui-même, mais c'est à la fois un Père plein de tendresse, un Fils qui fait toute sa joie et un Esprit d'amour qui est leur lien vivant.

L'Ancien Testament, que juifs et chrétiens vénèrent ensemble comme la Parole de Dieu, révèle déjà la paternité divine. Le prophète Osée l'exprime en des termes bouleversants : "J'avais appris à marcher à Éphraïm, je les prenais par les bras [...] Je les menais avec des attaches humaines, avec des liens d'amour ; j'étais pour eux comme ceux qui soulèvent un nourrisson tout contre leur joue, je m'inclinais vers lui et le faisais manger" (Os XI, 3-4). Isaïe témoigne encore que cet amour paternel se nuance d'une tendresse maternelle : "Une femme oublie-t-elle son petit enfant, est-elle sans pitié pour le fils de ses entrailles ? Même si les femmes oubliaient, moi, je ne t'oublierai pas" (Is IL, 15).

Son Fils unique est venu révéler ce Père plein de tendresse, dont l'amour éternel emplit le Nouveau Testament[1]. C'est d'abord à Marie, future mère du Messie, que l'archange Gabriel dévoile ce mystère d'un seul Dieu en trois Personnes. La conception virginale d'un Fils du Très-Haut sera l'œuvre de la troisième Personne de la Trinité, l'Esprit d'amour : la Trinité tout entière est ainsi présentée dès l'Annonciation[2].

L'Évangile selon saint Jean définit les rapports du Christ et de son Père, qui sont un. Selon le dessein de Dieu, nous devons participer dans l'Esprit à cette unité du Père et du Fils[3]. C'est pourquoi les épîtres de saint Paul sont parsemées de formules trinitaires comme cette salutation : "La grâce du Seigneur Jésus-Christ, l'amour de Dieu et la communion du Saint-Esprit soient avec vous tous !" (II Co, XIII, 13).

Nous entrons par le baptême dans l'amour qui unit les trois Personnes divines : ce sacrement dispensé au nom du Père, du Fils et du Saint-Esprit est également reconnu par les trois confessions chrétiennes (catholiques, orthodoxes et protestants). L'amour ou l'amitié sont des sentiments dont nous avons l'expérience quotidienne : ils nous inspirent une communion durable avec d'autres personnes, sans pour autant provoquer une totale fusion des individus. Pour nous guider vers l'amour divin, la Trinité présente l'exemple parfait d'une pleine communion, parce que les trois Personnes sont de la même substance, mais nettement distinctes.

Dans l'art chrétien, les représentations de la Trinité sont nombreuses. À la différence des juifs et des musulmans, qui par un infini respect se refusent à représenter Dieu – c'est le sens des commandements que Yahvé sur le mont Sinaï donne à Moïse[4] –, les catholiques et les orthodoxes légitiment par le mystère de l'Incarnation les images de Dieu : depuis que l'une des Personnes divines s'est faite homme, il est possible de la représenter humainement en peinture ou en sculpture, comme en témoigne déjà, avec discrétion, l'Antiquité chrétienne. De même, l'Esprit-Saint qui s'est manifesté sous la forme d'une colombe peut être ainsi figuré. Nul n'a jamais vu le Père, "source" de la divinité.

La plus ancienne représentation trinitaire illustre le baptême du Christ : "Remontant de l'eau, [Jésus] vit les cieux se déchirer et l'Esprit comme une colombe descendre vers lui, et une voix vint des cieux : 'Tu es mon Fils bien-aimé, tu as toute ma faveur'" (Mc, I, 10-11). La tradition iconographique représente alors la main du Père sortant des nuages pour désigner son Fils, que déjà la colombe de l'Esprit survole.

Plus tardivement, on voit le Père assis, sous l'apparence d'un vieillard aux cheveux abondants et à la barbe fournie, parfois coiffé d'une tiare, soutenant la Croix sur laquelle est mort son Fils ; entre leurs deux têtes vole la colombe.

Un épisode de l'histoire d'Abraham devait, dès l'Antiquité chrétienne, jouir d'une faveur singulière pour évoquer le mystère trinitaire : la visite que lui rendent les trois anges, désignés tour à tour dans le texte biblique au pluriel et au singulier (Gn, XVIII, 1-15), et en qui la tradition chrétienne reconnaît une préfiguration de la Trinité. Dès le Ve siècle, on trouve cette scène parmi les mosaïques de Sainte-Marie-Majeure à Rome, commandées par le pape Sixte III. Elle est également présente à Ravenne. La célèbre icône de la Trinité du moine russe Andreï Roubliov (XVe siècle) nous est devenue familière, qui représente en fait la visite des trois anges à Abraham : leurs regards sont inscrits dans un cercle, qui exprime leur amour mutuel, et ce cercle est centré sur l'agneau, au milieu de la table-autel à laquelle ils sont assis. Car nous entrerons dans cette circulation d'amour par le sacrifice eucharistique, qui met à notre portée la preuve suprême de l'amour du Christ au Calvaire.

La Prière eucharistique se conclut d'ailleurs par une formule trinitaire, qui donne le sens de tout le mystère chrétien : "Par lui (le Christ), avec lui et en lui, à toi, Dieu le Père tout-puissant, dans l'unité du Saint-Esprit, tout honneur et toute gloire pour les siècles des siècles." À quoi l'assemblée répond par un vibrant Amen (en hébreu "vraiment, assurément").

1. "Nul n'a jamais vu Dieu ; le Fils unique, qui est dans le sein du Père, nous l'a fait connaître" (Jn, I, 18).

2. "L'Esprit-Saint viendra sur toi et la puissance du Très-Haut te prendra sous son ombre ; c'est pourquoi l'être saint qui naîtra sera appelé Fils de Dieu" (Lc, I, 35).

3. Jn, XVII, 20-21 (*loc. cit.*).

4. "Tu ne te feras d'images taillées, ni aucune image de ce qui est en haut dans le ciel…" (Ex, XX, 4).

JÉSUS-CHRIST

LE FILS DE DIEU S'EST FAIT HOMME POUR PARTAGER NOTRE CONDITION ET NOUS FAIRE PARTICIPER À SA DIVINITÉ

Pour l'historien, l'existence objective de Jésus ne fait aucun doute. Il est attesté qu'il a vécu voici deux mille ans, au début de l'ère qui fonde notre système de datation ; il a été crucifié sur l'ordre de Ponce Pilate, et la foi qu'il a suscitée parmi ses disciples s'avère au cours des siècles suivants déterminante pour l'Empire romain, mais aussi pour tout l'Occident. Elle perdure à l'orée du troisième millénaire.

La foi chrétienne professe que Jésus est Fils de Dieu, qu'il est Dieu lui-même, et non seulement une haute figure de l'humanité. Comme nous l'avons déjà exposé, la volonté divine est d'accomplir le salut des hommes en leur offrant d'entrer dans la communion des trois Personnes divines, le Père, le Fils et le Saint-Esprit. Pour nous faire participer à ce mystère, il était nécessaire d'établir un lien vivant avec nous, et ce fut l'Incarnation : l'Un d'Eux s'est fait l'un de nous, il est venu partager notre condition, pour que nous puissions demeurer dans leur amour. Le mystère de la Trinité s'articule ainsi à celui de l'Incarnation : le Fils de Dieu devient "le Fils de l'homme".

Ce mystère inspire les textes fondamentaux du Nouveau Testament, en particulier la haute poésie du prologue de l'Évangile selon saint Jean : "Au commencement était le Verbe, et le Verbe était avec Dieu, et le Verbe était Dieu. Et le Verbe s'est fait chair, et il a habité parmi nous, et nous avons contemplé sa gloire. Nul n'a jamais vu Dieu ; le Fils unique, qui est dans le sein du Père, lui, l'a fait connaître" (Jn, I, 1.14-18). Le "Verbe", au sens premier de ce terme, désigne ici la Parole conçue dans la pensée du Père. Ce Dieu né de Dieu (*Credo*) naît à Bethléem de la Vierge Marie, ce que célèbre la fête de Noël.

Le Fils de Dieu est annoncé sous le nom de Jésus – en hébreu *Yehoshua'* ou *Yeshua'* –, qui signifie littéralement "Yahvé sauve", ou plus simplement "salut". L'Ange du Seigneur, lorsqu'en songe il apparaît à saint Joseph aux premières pages du Nouveau Testament, lui présente l'essentiel de cette mission salvatrice[1].

On accorde à Jésus le qualificatif de "Christ", qui signifie "oint" en grec (*christos*), tout comme en hébreu "Messie" (*mashiâh*). La tradition chrétienne lui reconnaît en effet la triple onction royale, prophétique et sacerdotale, qui fait à la fois de lui l'héritier du roi David et le grand prophète qu'attendait Israël (et que les juifs attendent toujours). L'onction qu'il reçoit est celle de l'Esprit-Saint, l'Amour qui unit les Personnes de la Trinité, et se trouve fortement exprimée par le Père lors du baptême dans le Jourdain[2]. Au baptême, puis à la confirmation, les chrétiens reçoivent à leur tour cette onction de l'Esprit, pour devenir d'autres christs, Jésus devant être "l'aîné d'une multitude de frères" (Rm, VIII, 29).

On voit encore désigner Jésus sous le nom d'Emmanuel, ce que traduit l'Ange du Seigneur, déjà cité, par "Dieu avec nous[3]". L'Emmanuel possède dans l'unité de sa personne les deux natures divine et humaine, “sans confusion, sans changement, sans division, sans séparation”, selon les vénérables expressions du concile de Chalcédoine. À la fois Dieu et homme, il se pose en médiateur de la nouvelle Alliance, il est le “pont” qui relie la terre et le ciel. Tel est justement le sens du mot “pontife”, en latin *pontifex*, “celui qui fait le pont”. Au sommet du sacerdoce, le Souverain Pontife représente le Christ-Prêtre dans sa fonction de médiateur, comme tout évêque dans son diocèse.

Du mystère de l’Incarnation, conçu comme une réalité médiatrice, le symbole chrétien tire toute sa portée : un geste concret comme l’imposition des mains, des substances terrestres comme l’eau, le pain et le vin, réalisent dans les sacrements une action spirituelle. En se faisant homme, le Christ magnifie toutes nos images, puisque la représentation de Dieu est désormais possible. Les excès qu’entraîna la pratique des images furent même l’objet d’une vive querelle, celle de l’iconoclasme au VIIIe siècle. Le deuxième concile de Nicée trancha la question en 787, en reconnaissant définitivement l’orthodoxie des représentations sacrées : “Nous définissons que comme les représentations de la Croix précieuse et vivifiante, aussi les vénérables et saintes images, qu’elles soient peintes, en mosaïque ou de quelque autre matière appropriée, doivent être placées dans les saintes églises de Dieu, sur les saints ustensiles et les vêtements, sur les murs et sur les tableaux, dans les maisons et dans les chemins” (7e session, 13 octobre 787).

L’Orient et l’Occident ont observé fidèlement ces prescriptions ; ils ont multiplié dans leur patrimoine culturel les chefs-d’œuvre qui font apparaître le Fils de Dieu sous les traits d’un homme, depuis le Bon Pasteur des catacombes jusqu’au Christ de Rouault. Mosaïques, fresques, statues, peintures, icônes en Orient, réalisées par les iconographes dans la prière et le jeûne : églises et musées foisonnent de peintures d’une grande inspiration religieuse. Seule la réforme de Calvin, pour qui Dieu est esprit, s’interdit de meubler de telles images les temples austères et nus où s’accomplit le culte divin. Les luthériens ont adopté une position plus nuancée.

L'humanité divinisée de Jésus se manifeste parfaitement dans la Transfiguration, qui fait apparaître aux apôtres Pierre, Jacques et Jean son visage humain tout illuminé de la gloire divine. Destinée à fortifier leur foi au moment où le Christ s'apprête à passer de ce monde à son Père par sa Croix rédemptrice, la Transfiguration illumine à l'avance la face défigurée du Crucifié qui est allé jusqu'au bout du don de soi[4].

1. "Tu lui donneras le nom de Jésus, car c'est lui qui sauvera son peuple de ses péchés" (Mt, I, 21). L'identité de Jésus est condensée dans les lettres du mot grec *ichtus* (poisson) : "Jésus-Christ, Fils de Dieu, Sauveur". C'est pourquoi, dans les catacombes, le poisson est un des symboles du Christ.

2. "Celui-ci est mon Fils bien-aimé, qui a toute ma faveur" (Mt, III, 17).

3. Mt 1,23. *Cf.* aussi Is, VII, 14.

4. "Alors il se transfigura sous leurs yeux : son visage resplendit comme le soleil..." (Mt, XVII, 2).

LA CROIX

LA CROIX SUR LAQUELLE JÉSUS
EST MORT POUR NOTRE SALUT DEMEURE
LE SIGNE DU DON TOTAL DE SOI

Combinant l'horizontale et la verticale, et donc embrassant tout l'Univers que symbolisent ici les points cardinaux, la croix s'est imposée dans toutes les cultures et toutes les religions. L'intersection de ces deux lignes est un point de rencontre, de convergence et de synthèse. Mais à l'inverse, la croix peut évoquer l'écartèlement, la confrontation ou le rayonnement.

La croix du Christ revêt ce double symbolisme, puisqu'elle est à la fois l'autel du sacrifice qui doit réconcilier les hommes entre eux et les rapprocher de Dieu, et l'instrument du supplice où mourut Jésus. La croix est assurément le plus répandu des symboles chrétiens, et l'on doit bien saisir toute sa portée.

Venu sur terre chargé d'une mission rédemptrice et pour y "faire le bien" (Ac, X, 38), Jésus s'est attiré la jalousie des chefs religieux de sa nation, dont il contestait l'étroitesse d'esprit. La force de ses prédications, l'importance du mouvement qu'il a suscité leur inspire un complot contre lui, qui triomphe au moment de la Pâque : Ponce Pilate, procurateur romain de Judée, cède malgré lui à la pression des juifs et le condamne à mort sous l'accusation capitale qu'il se dit le Fils de Dieu. Mais pour les chrétiens, la mort de Jésus n'est pas le terme de sa destinée : le Christ est ressuscité, et se tient vivant à la droite du Père.

En butte aux refus du peuple comme avant lui Moïse et Jérémie, Jésus doit à présent "se charger des fautes de la multitude" (Is, LIII, 11) et réalise par sa mort et sa résurrection la prophétie d'Isaïe : "Maltraité, il s'humiliait, il n'ouvrait pas la bouche, comme l'agneau qui se laisse mener à l'abattoir" (Is, LIII, 7). Ce destin que l'on pressent dès le début des Évangiles, lorsque Jean le Baptiste présente Jésus comme l'Agneau de Dieu[1], le Christ ne l'ignore pas : il marche consciemment vers sa Passion, et l'annonce à trois reprises à ses Apôtres[2].

Ce passage – cette "pâque" – par le supplice et par la mort obéit en effet à une mystérieuse nécessité du plan divin du salut, comme Jésus ressuscité l'expose aux disciples d'Emmaüs : "Ne fallait-il pas que le Christ endurât ces souffrances pour entrer dans sa gloire ?" (Lc, XXIV, 26). Les outrages que subit le Christ et la crucifixion constituent bien, pour saint Jean l'Évangéliste, une investiture royale : Pilate lui demande s'il est roi, et par dérision les soldats romains l'appellent "roi des juifs[3]". Sur l'ordre de Pilate lui-même[4], et dans ses représentations ultérieures, la croix porte un écriteau chargé des quatre lettres I.N.R.I. (*Iesus Nazarenus Rex Iudeorum*), "Jésus de Nazareth, roi des juifs".

On ne peut comprendre cette volonté de sacrifice que manifeste Jésus si l'on n'y reconnaît pas l'acte lucide et suprême de son amour pour nous-mêmes et pour son Père[5]. Cet amour est tel que le Fils de Dieu se soumet sans réserve au dessein qu'a formé le Père pour notre salut. Ainsi l'exprime-t-il dans ses derniers entretiens avec ses Apôtres, anticipant sa Passion : “Il vient, le Prince de ce monde ; sur moi, il n’a aucun pouvoir, mais il faut que le monde sache que j’aime le Père et que je fais comme le Père m’a commandé” (Jn, XIV, 30-31).

La Croix glorieuse est donc l’instrument de l’ultime révélation d’un amour parfait. Son importance nous est présentée par Jésus lors de la dernière Cène, lorsqu’il institue le sacrement de l’Eucharistie[6]. Certaines représentations de la crucifixion la rattachent au symbolisme trinitaire, tel que nous l’avons évoqué pour le baptême du Christ : au-dessus du Crucifié plane une colombe, celle qui symbolise l’Esprit. En effet, le Fils de Dieu meurt humainement sur la Croix et “remet l’esprit” (Jn, XIX, 30), c’est-à-dire qu’il nous communique l’Esprit-Saint.

L’eau et le sang qui s’écoulent de son cœur transpercé font naître l’Église. On y verra quelque ressemblance avec la naissance d’Ève, que Dieu avait formée de la côte d’Adam[7]. Les Pères disent aussi que la Croix est le lit nuptial où l’Église-Épouse est fécondée par le Christ-Époux[8].

Aussi la Croix est-elle au centre de l’histoire du monde chrétien. La devise de l’ordre des chartreux est même : *Stat crux dum volvitur orbis*, “la Croix se tient ferme dans le tourbillon du monde”. C’est pourquoi les croix remplissent notre univers. La plupart des églises sont bâties sur un plan cruciforme : la nef et le chœur pour la verticale, le transept (constitué de deux bras) pour l’horizontale. On a vu la tête penchée du Crucifié, quand il remet l’esprit, dans le fréquent décalage qui affecte le chœur. Dans les églises encore, douze croix de consécration symbolisent “les Apôtres de l’Agneau” (Ap, XXI, 14). Souvent, les chrétiens portent au cou de petites croix, et la croix pectorale est l’insigne des prélats. Depuis l’Antiquité, les tombes chrétiennes portent une croix.

Le signe de croix, par lequel on donne aussi la bénédiction, unit le mystère de la sainte Trinité à celui de la Rédemption, puisque l’on prononce le nom des trois Personnes divines en dessinant une croix : “Au nom du Père (sur le front), du Fils (au niveau de la ceinture) et du Saint-Esprit (de l’épaule gauche à l’épaule droite, ou inversement pour les Orientaux). Amen." Dans ce parcours symbolique se trouve résumée toute la vie, inspirée par un amour qui va jusqu'au bout, et qui par-delà nos souffrances et notre mort nous mène avec le Christ à la vie éternelle.

1. "Le lendemain, Jean [...] dit : ' Voici l'Agneau de Dieu, qui va enlever le péché du monde'." (Jn, I, 29).

2. Mt, XVI, 21 ; XVII, 22-23 ; XX, 18-19.

3. Jn, XVIII, 33-37 ; XIX, 3-14.

4. Jn, XIX, 19.

5. Jn, XIII, 1.

6. Mt, XXVI, 26-28.

7. Jn, XIX, 34 et Gn, II, 21-24.

8. Ép, V, 25-27.

LA VIERGE MARIE

IMAGE CONSACRÉE DE LA TENDRESSE MATERNELLE, LA MÈRE DE DIEU NOUS CONDUIT AU CŒUR DE L'AMOUR DIVIN

L'archange Gabriel vint annoncer à la Vierge Marie qu'elle allait concevoir un fils, qui serait le descendant de David et dont le règne n'aurait pas de fin. C'était désigner le Messie attendu par Israël. La scène de l'Annonciation tient une place importante dans le patrimoine culturel de l'Europe, et ses représentations picturales sont innombrables. Elle fonde la dignité de Marie, appelée à devenir la Mère du Sauveur et la nôtre.

Nous avons déjà relevé que la Trinité tout entière se présente à Marie dans l'annonce de Gabriel, envoyé par le Père en messager de l'Incarnation du Fils, qui se fera par l'opération du Saint-Esprit. Or, ce dessein divin de salut est mystérieusement suspendu au consentement de l'humble vierge de Nazareth. Elle le donne en son *Fiat* : "Voici la servante du Seigneur ; qu'il m'advienne [*fiat* en latin] selon ta parole" (Lc, I, 38).

Marie met au monde l'enfant Jésus à Bethléem. Quarante jours après, il est présenté au Temple de Jérusalem. Des mages venus d'Orient viennent le vénérer. La jalousie du roi Hérode oblige la sainte Famille à s'exiler un moment en Égypte. Après la mort du roi, Joseph, Marie et Jésus reviennent à Nazareth, où pendant plus de vingt années se passe la jeunesse cachée de Jésus.

Marie garde une place discrète dans le Nouveau Testament : à part les récits de l'enfance de Jésus dans les Évangiles de Matthieu et de Luc, on relève l'épisode significatif des noces de Cana, où, sur la suggestion de sa mère, Jésus change l'eau en vin, ce qui est le début de sa vie publique[1]. C'est ensuite au pied de la Croix que l'on retrouve Marie : au moment de mourir, Jésus lui dit en montrant Jean, son disciple bien-aimé : "Femme, voici ton fils" – ce qu'au disciple il confirme par ces mots : "Voici ta mère"[2]. Cette scène atteste qu'en mourant le Christ nous donne sa mère. Sept semaines plus tard, dans l'attente de la Pentecôte, Marie est assidue à la prière au milieu des Apôtres, et se trouve parmi eux quand descend l'Esprit sous la forme de langues de feu[3].

Marie est donc présente aux moments clés de la naissance de Jésus, de sa mort, et de la fondation de l'Église, Peuple de Dieu chantant ses louanges et propageant la Bonne Nouvelle de la résurrection du Christ. Les premiers conciles de l'Église indivise confessent sa place discrète, mais essentielle, dans le dessein du salut ; elle est au cœur du *Credo*, la profession de foi : "Par l'Esprit-Saint, il a pris chair de la Vierge Marie et s'est fait homme". En 431, le concile d'Éphèse a défini sous le mot grec de *Theotokos* (littéralement : "action d'enfanter Dieu") la maternité divine de Marie.

Marie n'est pas une divinité féminine : elle est l'humble servante du Seigneur, devenue sa mère selon sa nature humaine. Elle est pour l'humanité du Christ ce qu'est le Père pour sa nature divine : on conçoit donc la profondeur de ses liens avec le Père et le Fils, comme avec l'Esprit qui l'a fécondée. Marie est en quelque sorte la révélation humaine de la tendresse maternelle du Père.

Dans le cours des âges, la dévotion à Marie n'a cessé de croître dans le culte catholique et chez les orthodoxes. En revanche, la Réforme a pensé que le recours des hommes à la Vierge – parfois indiscret voire exclusif – faisait offense à l'unique médiation, celle du Christ. L'Église catholique reconnaît à Marie une médiation maternelle auprès de son Fils, et la tradition l'appelle *Omnipotentia supplex* ("la toute-puissance suppliante"). "Le rôle maternel de Marie à l'égard des hommes, enseigne la Constitution dogmatique de Vatican II sur l'Église, n'offusque et ne diminue en rien l'unique médiation du Christ : il en manifeste au contraire la vertu" (n° 60).

Mère de Dieu et Mère de l'Église, Marie n'est ni au-dessus de Dieu ni au-dessus de l'Église. "Elle est saluée comme un membre suréminent et absolument unique de l'Église" (n° 53). Dans l'image du Corps mystique du Christ, elle n'est pas la Tête, mais le cou par lequel passe tout son influx. L'Église, Peuple-Épouse, est aussi vierge et mère.

Le calendrier liturgique montre bien toute la place de la Vierge Marie dans la vie chrétienne. Dans l'ordre chronologique de son existence, sa première fête est celle de l'Immaculée Conception, le 8 décembre. Ce dogme établi par le pape Pie IX en 1854 (le pape ne crée pas la foi, mais la reconnaît après une minutieuse enquête et de nombreuses consultations) professe que la Vierge fut préservée de la faute originelle, par un effet anticipé de la Rédemption. Le 8 septembre, neuf mois après, vient la Nativité de la Vierge ; sa présentation au Temple est célébrée le 21 novembre. Le 25 mars (neuf mois avant Noël) est l'Annonciation du Seigneur à Marie ; le 31 mai, la Visitation commémore l'accueil que lui réserva sa cousine Élisabeth. Chaque année, le 1er janvier est la fête de la Maternité divine de Marie. La Présentation du Seigneur au Temple, fête de la Chandeleur, a lieu le 2 février. Notre Dame des Douleurs est célébrée le 15 septembre et son Assomption le 15 août (dogme défini par le pape Pie XII en 1950). Le 7 octobre est la fête du Rosaire. Il n'est guère de mois qui n'ait une fête de la Vierge Marie, sans compter les célébrations locales des multiples pèlerinages à la Vierge.

Le Rosaire qui vient d'être évoqué est une récitation du "Je vous salue, Marie" en quinze dizaines, distribuées en cinq mystères joyeux, cinq mystères douloureux et cinq mystères glorieux. C'est le "psautier des pauvres", le nombre des prières ainsi prononcées – cent cinquante – correspondant à celui des Psaumes. Par l'effet d'une humble prière répétitive que l'on trouve dans toutes les religions (comme la "prière de Jésus" en Orient), le Rosaire nous fait entrer avec Marie dans tous les mystères de notre salut.

1. Jn, II, 1-12.
2. Jn, XIX, 26-27.
3. Ac, I, 14 ; II, 1-4.

L'ÉGLISE

L'ÉGLISE EST L'ASSEMBLÉE DU PEUPLE DE DIEU SERVIE PAR LES ÉVÊQUES, LES PRÊTRES ET LES DIACRES

On considère souvent l'Église comme une institution à la fois solide et fragile, ferme et pesante, et dont les exigences doctrinales et morales sont excessives ou dépassées. De tout temps, l'Église et les Églises ont connu des tensions, des divisions, des scandales.

Le mystère de l'Église est tout autre : comme l'indique en grec et en latin le mot *ecclesia*, il s'agit d'une "assemblée" réunie par convocation (du verbe grec *ekkaleô*). La première de ces "Assemblées", où le Peuple de Dieu prit naissance, se tint au mont Sinaï suite à la libération d'Égypte[1]. Il s'agit d'une liturgie d'alliance, du grec *leitourgia*, qui désigne à l'origine tout service rendu à la communauté par l'un ou plusieurs de ses membres : ici, c'est d'abord Dieu qui "sert" son Peuple, avant même que son Peuple ne le "serve". Œuvre de Dieu et œuvre de son peuple, telle est la "liturgie", dont le Nouveau Testament manifeste le renouvellement dans le mystère de la Pentecôte.

La première réalité symbolisée du christianisme est la Trinité : nous y reviendrons tout au long de notre texte. Or, la véritable identité de l'Église est l'union des fidèles liée au mystère trinitaire selon la définition de saint Irénée, évêque de Lyon et martyr du IIe siècle : "Le Peuple unifié à partir de l'unité du Père et du Fils et du

Saint-Esprit"[2]. Les églises sont les lieux où se rassemble l'Église ; dans la splendeur de l'architecture, les pierres taillées doivent accueillir les pierres vivantes.

Le Peuple de Dieu est premier dans l'Église : c'est le Peuple-Épouse, appelé à s'unir à son Dieu, comme le montre toute la Bible et le chante le Cantique des cantiques. Selon le Nouveau Testament, l'Époux de cette Épouse est le Fils incarné, pour qui le Père a préparé des noces[3]. Cette image est liée dans l'Apocalypse à celle de la Cité[4] : à l'inverse de la tour de Babel, dont les bâtisseurs voulaient s'unir contre Dieu et violer son domaine, l'Église est un don de Dieu qui descend du ciel, et donc "à la fois le signe et l'instrument de l'union intime avec Dieu et de l'unité de tout le genre humain" (*Lumen gentium*, n° 1).

À ce symbole nuptial, saint Paul ajoute l'image du Corps du Christ, son Corps mystique : il est la tête, et nous sommes ses membres[5]. Ainsi paraît la nécessité d'une organisation du Peuple de Dieu, où chacun doit jouer son rôle, comme chacun des membres du corps : et la hiérarchie des évêques réunis autour du pape est à son service. "Pour vous, je suis évêque ; avec vous je suis chrétien", disait saint Augustin à ses fidèles d'Hippone. Ces deux symboles complémentaires affirment la profondeur de l'unité qui existe entre le Christ et l'Église, mystère nuptial qui fait de l'ensemble des chrétiens "le Fils total", le temple de l'Esprit-Saint, engendré par le Père et l'invoquant comme *Abba* ("Papa" en arménien).

C'est à saint Pierre que le Christ avait confié son Église. Malgré les persécutions que subirent les premières communautés chrétiennes de l'Empire romain, saint Pierre s'acquitta de cette mission, se rendit à Rome et y séjourna jusqu'à son propre martyre, que la tradition date du règne de Néron : c'est pourquoi l'on considère saint Pierre comme le premier évêque de Rome, titre que portèrent après lui ses successeurs. Quand l'empereur Constantin se fut lui-même converti au christianisme (312-313) et que l'évêque de Rome exerça véritablement son ministère à Saint-Jean de Latran, on commença de vénérer le tombeau de saint Pierre à la nécropole du Vatican, où s'éleva bientôt une somptueuse basilique, enrichie au cours des siècles. Le concile de Chalcédoine (450-451) consacra la primauté de l'évêque de Rome et lui confirma la mission de veiller à l'unité de l'Église, faisant ainsi de la capitale de l'empire d'Occident, ébranlé par les invasions barbares, celle du monde chrétien.

Pourtant, les chrétiens n'ont su se garder de douloureuses divisions : depuis 1054, les Églises orthodoxes sont séparées de Rome, bien que leur foi et leur pratique sacramentelle soient quasi identiques. Les Églises issues de la réforme de Luther et de Calvin se sont davantage démarquées de l'Église catholique. À l'approche du IIIe millénaire, le pape Jean-Paul II a lancé un appel à l'unité dans son encyclique du 25 mai 1995 sur l'engagement œcuménique : il invite, en montrant l'exemple, à confesser les fautes contre l'unité, à intensifier le dialogue et la prière, à vivre déjà l'unité de tous ceux qui confessent Jésus-Christ. L'unité à retrouver est un don de Dieu, mais elle respecte notre liberté et ne peut se concevoir sans que nous soyons disponibles à l'Esprit-Saint.

L'adjectif "catholique" exprime la vocation universelle de l'Église, puisqu'il signifie précisément "universel" en grec *(katholikos*, de *kath'olou* : "selon le tout"). L'article du *Credo* qui a trait à l'Église formule clairement cette exigence d'unité : "Je crois en l'Église une, sainte, catholique et apostolique." L'œcuménisme veut retrouver cette totalité du mystère ecclésial, puisque le mot grec *oikouménê* désigne "la terre habitée" (de *oikos*, "maison"), et par extension tout l'Univers connu.

Dans nos paysages, les églises de nos villes et villages symbolisent l'unité de la communauté humaine : leurs clochers qui pointent vers le ciel manifestent cet élan commun vers Dieu, comme le montrent merveilleusement la ville close de Saint-Malo ou le mont Saint-Michel. L'Orient privilégie les coupoles, symboles de la voûte céleste protectrice et, plus encore, de la tendresse de Dieu qui nous enveloppe.

1. "Yahvé me donna les deux tables de pierre écrites du doigt de Dieu, et portant toutes les paroles que Yahvé vous avait dites sur la montagne, dans le feu, le jour de l'assemblée" (Dt, IX, 10).

2. Citée au début de la *Constitution sur l'Église de Vatican II*, n° 4.

3. “Le royaume des cieux est semblable à un prince royal qui fit un repas de noces pour son fils” (Mt, XXII, 2).

4. “Je vis la Cité sainte, Jérusalem nouvelle, qui descendait du ciel, de chez Dieu ; elle s’est faite belle, comme une jeune mariée parée pour son époux” (Ap, XXI, 2).

5. 1 Co XII, 12-26.

LES ANGES

PRÉSENTS DANS CHAQUE ÉVÉNEMENT DE LA VIE DU CHRIST, LES ANGES SONT AUPRÈS DE NOUS DES COMPAGNONS ET DES GARDIENS

Sur les plafonds des églises baroques abondent les angelots joufflus aux ailes dorées ; en deux et souvent trois dimensions, ils escortent le Christ, la Vierge ou les saints, ou encore sont postés sur les contours des nuages. Mais les anges sont-ils autre chose qu’un pieux décor ? Pour nombre de nos contemporains, ils sont l’expression imagée, heureuse d’ailleurs, d’une inaccessible perfection ou simplement d’une évasion dans l’irréel : “être aux anges” signifie bien qu’on s’est détaché des réalités de ce monde, par le rêve ou le ravissement.

Et pourtant la liturgie, comme l’Écriture sainte, ne cesse de parler des anges et d’en faire les acteurs discrets mais efficaces de l’histoire du salut, messagers de Dieu et compagnons des hommes. Au sens premier, le mot ange signifie “envoyé, messager” en grec. Les anges sont les témoins de la tendre sollicitude de Dieu à notre égard ; tels sont nos anges gardiens.

Dans l’Évangile, les anges sont présents aux moments clés du mystère de Jésus-Christ. L’Annonciation est peut-être l’épisode le plus connu qui mette en scène un ange[1]. À la naissance de Jésus, “une troupe nombreuse de l’armée céleste” lui fait une ovation en chantant la gloire de Dieu[2]. Après la tentation au désert, il est servi par des anges[3], et c’est un “ange venu du ciel” qui le réconforte au moment de l’agonie à Gethsémani[4]. Au matin de Pâques, ce sont des anges qui annoncent aux saintes femmes que Jésus est ressuscité[5], et quand Jésus est monté aux cieux, ils sont encore là pour donner aux Apôtres l'assurance de son retour[6].

À l'exemple de la vie du Christ, toute la liturgie est accompagnée des anges, qui sont par excellence les chantres de la gloire de Dieu. Le "Gloire à Dieu" des jours de fête se met à l'unisson du chœur angélique de Bethléem. Pendant la messe, nous sommes invités à joindre nos voix à leur hymne de louange par le chant du "trois fois Saint"[7]. Les anges font partie de cet "univers invisible", que nomme le premier article du *Credo.*

Ainsi approchons-nous "de la montagne de Sion et de la cité du Dieu vivant, de la Jérusalem céleste, et de myriades d'anges, réunion de fête" (He, XII, 22). Il faut aimer les anges, psalmodier avec eux[8] et les prier. Ce sont des amis fidèles, efficaces, auprès de qui nous comprenons, comme le dit le renard de Saint-Exupéry, que "l'essentiel est invisible pour les yeux".

1. Lc, I, 26-38.
2. Lc, II, 13.
3. Mc, I, 13.
4. Lc, XXII, 43.
5. Mt, XXVIII, 2-7.
6. Ac, I, 10-11.
7. Is, VI, 3 ; Ap, IV, 8.
8. Ps, CXXXVIII, 1.

LES SAINTS

APRÈS UNE VIE TERRESTRE QU'ILS ONT CONSACRÉE À SERVIR DIEU, LES SAINTS NOUS SONT DONNÉS COMME EXEMPLES ET NOUS ACCORDENT LEUR PROTECTION

Notre espace et notre temps sont remplis de saints. De Saint-Pétersbourg à Saint-Jacques-de-Compostelle, notre Europe est constellée de villes et de villages qui portent le nom de saints ou de saintes. Sans plus y prendre garde, nous les côtoyons quotidiennement : les Parisiens vont de Saint-Denis au boulevard Saint-Germain, ou à la montagne Sainte-Geneviève. Si dans les premiers temps du christianisme saint Paul appelait "saints" tous les fidèles du Christ[1], ce titre est réservé depuis le XIe siècle à ceux que le Saint-Siège a canonisés, et que l'Église vénère. Il fallut en effet réglementer à cette époque le culte parfois débordant que l'on rendait, depuis les persécutions romaines, aux martyrs et à tous les chrétiens qui avaient témoigné, de leur vivant, de vertus éminentes. L'usage était de commémorer l'anniversaire de leur mort ou du transfert de leurs reliques, et cette tradition se maintient de nos jours dans le calendrier des saints.

Très strictement codifiée par le pape Alexandre III au XIIe siècle, la procédure de béatification, puis de canonisation, qui a connu plusieurs réformes jusqu'à nos jours, engage l'autorité de l'Église pour déclarer que telle personne est entrée dans la Gloire de Dieu, et doit être vénérée comme un saint : il s'agit d'une enquête minutieuse, et d'un "procès" qui comporte plusieurs débats contradictoires entre le promoteur de la cause (pour) et "l'avocat du diable" (contre).

Après la Vierge Marie, dont nous avons évoqué la place privilégiée dans l'Église, les saints sont les Apôtres et les martyrs, dont de toutes jeunes filles comme sainte Agnès, certains papes et prélats, des clercs de tout rang et des laïcs. Les saints et les saintes ont entièrement consacré leur vie à l'amour de Dieu et des autres, et se sont laissé guider par l'Esprit-Saint. Sous leur invocation, l'on place des paroisses, des monastères, et chacun de nous reçoit au baptême un prénom qui lui vaut la protection d'un saint particulier : son "saint patron". On représente ordinairement les saints la tête nimbée d'une auréole, qui symbolise leur rayonnement venu de la sainteté même de Dieu. Dès l'Ancien Testament, des hommes comme Moïse et Élie ont été transfigurés par la lumière de Dieu ; c'est pourquoi ils entourent le Christ sur le Thabor[2].

Mais le culte qu'on rend aux saints n'enlève rien à celui que l'on doit d'abord à Dieu et au Christ : comme le chante la préface des saints, "Dieu en couronnant les mérites des saints couronne ses propres dons". La vénération des reliques fait aussi partie de la tradition catholique depuis ses origines : elle est en parfaite cohérence avec le mystère de l'Incarnation qui respecte les corps, membres du Christ et temples de l'Esprit[3].

1. II Co, I, 1.
2. Ex, XXXIV, 29 ; II R, II, 11 ; Mt, XVII, 3.
3. I Co, VI, 15-19.

LE BAPTÊME

SACREMENT D'INITIATION À LA VIE CHRÉTIENNE, LE BAPTÊME EST UNE SECONDE NAISSANCE DANS L'ÉGLISE

Le baptême est le premier des sacrements, "actes porteurs de sacré", à la fois signes visibles et instruments de la grâce invisible. Il s'agit là de symboles au sens propre du terme : réalisant au moyen de gestes concrets des actes spirituels, ils unissent l'homme à Dieu dans l'interaction du corps et de l'âme.

Essentiels dans le catholicisme, les sacrements trouvent leur source dans le mystère de l'Incarnation rédemptrice : cette connexion étroite d'une parole (appelée "forme" ou formule) et d'un élément matériel (nommé "matière") perpétue dans l'Église l'œuvre du salut, opérée par le Fils de Dieu qui s'est fait homme. On distinguera l'humanité de ce dernier, instrument "conjoint" de notre salut, des sacrements qui en sont les instruments "séparés" : mais le symbolisme qui les gouverne est bien de même nature. Les sacrements, qui prolongent et personnalisent l'action rédemptrice du Christ, sont accessibles à tous ceux qui veulent entrer dans ce mystère.

L'Église elle-même peut être considérée comme le "sacrement-source", d'où dérivent les sept sacrements, canaux principaux de la grâce divine institués plus ou moins explicitement par le Christ, comme l'atteste le Nouveau Testament : le baptême, la confirmation, l'Eucharistie, l'ordre, le mariage, la pénitence et le sacrement des malades. Ces gestes sacrés accompagnent toute la vie des croyants et manifestent leur pratique religieuse, jusqu'aux derniers moments de leur existence terrestre.

Le baptême (du verbe grec *baptô* ou *baptizô*, "plonger") a pour effet de "plonger" le croyant dans le mystère trinitaire, dans le mystère de la mort et de la résurrection du Christ et dans la communauté de l'Église. La forme la plus significative du baptême est la triple immersion, liée à la formule : "Je te baptise au nom du Père et du Fils et du Saint-Esprit". Le plus souvent, il est administré par ablution : on verse de l'eau sur la tête de celui qu'on baptise. Conformément à la tradition antique, les catholiques baptisent généralement les petits enfants, parce qu'ils les destinent à une éducation chrétienne ; mais on baptise aussi des croyants adultes, et leur nombre va croissant.

Né une seconde fois de l'eau et de l'Esprit[1], le baptisé entre dans le Corps mystique du Christ dont il devient selon saint Paul un membre vivant[2], "héritier de Dieu" (Rm, VIII, 17). Il est invité à grandir dans la foi chrétienne, et les autres sacrements marqueront les étapes de cette croissance.

1. Jn, III, 5.

2. "De même que le corps est un, tout en ayant plusieurs membres, et que tous les membres du corps, si nombreux soient-ils, ne forment qu'un seul corps, ainsi en est-il du Christ" (I Co, XII, 12).

LA CONFIRMATION

COMMUNIQUÉ PAR UNE ONCTION D'HUILE, LE DON DE L'ESPRIT-SAINT FAIT DU BAPTISÉ UN ADULTE DANS LA FOI

La confirmation perfectionne et complète l'effet du baptême : c'est en somme le sacrement de la croissance et de la maturité chrétienne. Le jeune croyant, bien que baptisé, pourrait demeurer "en enfance" et ne jamais devenir un "chrétien fait", comme on parle d'un "homme fait", s'il ne recevait dans cette cérémonie le don de l'Esprit, qui le "conforme" davantage au Christ. Pour se voir administrer le sacrement de la confirmation, l'adolescent a déjà professé publiquement, et de son propre chef, la foi qu'il a reçue de sa famille (et qui dès l'âge de raison peut se traduire par la communion eucharistique privée). C'est pourquoi le terme de "profession de foi" est ici très opportun. Les pratiques diffèrent sensiblement selon les pays : en France, on parle de "communion solennelle"; il arrive que l'on donne la confirmation avant la profession de foi. En tout cas, la confirmation joue dans notre vie l'indispensable rôle de la Pentecôte, qui clôt le mystère pascal et rend les Apôtres capables de témoigner de leur foi.

Le rite de la confirmation comporte essentiellement une légère onction de saint chrême, cette huile consacrée le Jeudi saint par l'évêque et les prêtres : elle imprègne le front du confirmand et symbolise l'Esprit, qui doit être dorénavant l'intime principe de ses actes. Le célébrant (normalement l'évêque, qui peut s'adjoindre ou déléguer des prêtres) prononce en même temps ces paroles : "Untel, sois marqué de l'Esprit-Saint, le don de Dieu", et le confirmand répond : "Amen". Il est dès lors un membre à part entière du Peuple de Dieu, un "laïc" (du grec *laos*, "le peuple").

On peut aussi voir dans l'onction sainte un symbole de la force que donne l'Esprit : le chrême est comparable à l'huile dont on usait pour masser les muscles des lutteurs, les assouplir face à l'adversaire et lui offrir moins de prise. Le baptême, la confirmation et le sacrement de l'ordre impriment dans l'âme un "caractère", c'est-à-dire une marque spirituelle indélébile qui fait prendre part, à différents degrés, à la célébration du culte chrétien. Aussi ne reçoit-on qu'une fois ces trois sacrements, à la différence des autres qui sont réitérables.

Les trois sacrements du baptême, de la confirmation et de l'Eucharistie réalisent "l'initiation chrétienne". Aux premiers siècles du christianisme, on les recevait dans une même célébration (la Vigile pascale en était le cadre privilégié), qui faisait entrer le "néophyte" ("nouvelle plante" en grec) dans les "mystères" divins. Cette séquence est encore pratiquée de nos jours, quand on baptise un adulte.

LA MESSE

L'EUCHARISTIE EST RENOUVELLEMENT DU SACRIFICE DU CHRIST, ET MET À NOTRE PORTÉE, DANS LA COMMUNION, TOUT LE MYSTÈRE DU SALUT

La messe perpétue dans les siècles le sacrifice unique du Fils de Dieu, qui est comme nous l'avons dit la clé du mystère de notre Rédemption. Elle est une offrande pacifique, qui rend présent le sacrifice du Christ et constitue véritablement le cœur de la vie chrétienne. Elle comporte une liturgie de la Parole, avec des chants, des prières et plusieurs lectures tirées de la Bible, et une liturgie eucharistique, au cours de laquelle le pain et le vin sont transformés sur l'autel (on dit "transsubstanciés") pour devenir le corps et le sang du Christ.

C'est pour anticiper le sacrifice de la nouvelle Alliance que la veille de sa mort, le Christ désire célébrer la Pâque juive avec ses disciples[1]. Il suit donc avec eux les rites ordinaires du repas pascal : la messe chrétienne a repris en leur donnant un sens nouveau nombre de prières ou de pratiques juives, notamment les bénédictions (*bera-kôth*) de la table, qui sont à la source des prières eucharistiques.

Puisque selon la tradition le président du repas pascal devait faire une allocution pour expliquer aux siens le sens des rites, pendant que l'on servait l'agneau pascal commémorant la sortie d'Égypte, Jésus explique à ses disciples qu'il est lui-même le véritable Agneau pascal, celui qui enlève les péchés du monde[2].

Au moment où l'on commençait le repas principal, le président prononçait une bénédiction (en grec *eucharistia*, "action de grâces") sur le pain azyme ; c'est alors que Jésus le consacre en le présentant comme son corps : "Ceci est mon corps, donné pour vous" (Lc, XXII, 19). Alors qu'à la fin du repas l'on bénissait généralement une quatrième coupe de vin, Jésus consacre de même le vin, dont il fait son propre sang : "Cette coupe est la nouvelle Alliance en mon sang, versé pour vous" (*ibid.*). "Faites ceci en mémoire de moi", ajoute Jésus (*ibid.*).

Le mémorial en Israël dépasse la simple commémoration. Il actualise le passé dans le présent, il anticipe même l'avenir : ces trois dimensions temporelles sont comme télescopées. En participant à l'Eucharistie, les chrétiens se rendent contemporains du Calvaire dans le présent de l'Église, et selon un rite qui durera "jusqu'à ce que le Christ revienne" (I Co, XI, 26). Rendu par son ordination capable de consacrer le pain et le vin, le prêtre renouvelle en réalité le sacrifice du Christ, comme Jésus l'anticipait à la veille de sa Passion.

La foi catholique confesse que le pain devient vraiment le corps de Jésus et le vin son sang, de sorte que sur la table de la dernière Cène comme sur nos autels Jésus est réellement présent, dans l'état symbolique et sacramentel de la victime du sacrifice, dont le corps et le sang sont séparés. Nous sommes donc face à tout le mystère de notre Rédemption, puisque ces éléments tangibles mettent à notre portée le Christ vivant et glorieux.

Au terme de la Prière eucharistique, l'assemblée des fidèles donne son assentiment au mystère de l'Alliance, renouvelé sur l'autel, par un "Amen" solennel. On peut alors prononcer le "Notre Père", qui est la prière des fils réconciliés avec le Père grâce au sacrifice de son Fils fait homme – et procéder au rite de la paix, illustrant la réconciliation des frères entre eux.

L'assemblée vient alors communier à ce sacrifice à la table eucharistique. Quand on reçoit avec les dispositions requises le corps et le sang du Christ, on entre progressivement dans son intimité de Fils : "De même que le Père, qui est vivant, m'a envoyé et que je vis par le Père, de même celui qui me mange, lui aussi vivra par moi" (Jn, VI, 57). Unis au Christ Jésus, les chrétiens deviennent capables de participer par lui à l'unité même de la Trinité. L'Eucharistie est donc, parmi les sacrements, essentielle pour l'Église.

Selon la formule qu'a retenue la Tradition, "L'Église fait l'Eucharistie ; l'Eucharistie fait l'Église". Par le ministère des prêtres, l'Eucharistie célèbre en tous lieux l'unique sacrifice pour les diverses communautés et assemblées ecclésiales ; cette célébration, qui est le condensé de ce que Dieu a fait et continue de faire pour nous, construit et maintient l'unité de l'Église.

Aussi les fidèles doivent-ils prendre part à la messe dominicale, puisque le dimanche est le jour de la Résurrection du Seigneur : un membre du Corps mystique du Christ est assuré, lors de la communion eucharistique, de "recevoir ce qu'il est", pour reprendre une forte expression de saint Augustin.

Il est de surcroît vivement recommandé aux prêtres de célébrer chaque jour la messe, et aux fidèles qui le peuvent d'y participer. L'office eucharistique fait également partie de la journée des religieux. Les chrétiens fervents peuvent exactement redire ce que déclarait l'un des martyrs d'Abitène (Tunisie) en février 304 : "Nous ne pouvons pas vivre sans le Repas du Seigneur."

Une très ancienne tradition de l'Église accepte les offrandes des fidèles qui demandent au célébrant de présenter leurs intentions à l'autel dans le cours de la messe. Cette pratique ne doit surtout pas faire croire à quelque tarification des sacrements, dont l'administration contre rétribution (la *simonie*) fut rigoureusement interdite par le Saint-Siège à de multiples reprises, durant tout le Moyen Âge et au concile de Trente. La messe est inestimable, et sa portée universelle dépasse toute intention personnelle. Il s'agit tout simplement d'*honorer* le ministère du prêtre, qui accepte d'appliquer une messe à une intention particulière (un seul honoraire par messe est autorisé).

1. "Il leur dit : 'J'ai ardemment désiré manger cette pâque avec vous avant de souffrir'" (Lc, XXII, 15).

2. Celui qu'annonçait Jean Baptiste : Jn, I, 29-36.

L'ORDRE

LE SACREMENT DE L'ORDRE CONSACRE
AU SERVICE DE LEURS FRÈRES
CEUX QUI SONT APPELÉS À LEUR TRANSMETTRE
LES DONS DE DIEU

Pour garantir la durable authenticité de la communion d'amour qui anime son Corps mystique, le Christ lui-même l'a pourvu des signes vivants de sa présence et de son action. Après la Résurrection, il apparaît à ses Apôtres et leur donne pour mission de convertir les nations[1] : ils sont ainsi constitués témoins privilégiés de son humanité, et le don de l'Esprit-Saint, lors de la Pentecôte, les emplit de la force d'En Haut[2].

Ainsi, de par la volonté du Christ, son Église, organisme vivant, est structurée par Pierre et les Apôtres. À leur tour, par l'imposition des mains, ces derniers transmettent à des hommes choisis la dignité de représentants du Christ, avec la force de l'Esprit qui leur est nécessaire. Et cette mission connaît à travers les siècles son prolongement dans le ministère des évêques, à qui la plénitude du sacrement de l'ordre confère la qualité de successeurs des Apôtres.

Ils sont les signes et les instruments du Christ dans chacun de leurs diocèses et chacune de leurs églises. Saint Augustin se voulait à la fois membre de l'Église comme ses fidèles d'Hippone, mais aussi, pour eux, le signe vivant de leur Seigneur, doté des moyens de les unir à lui. Dans le même esprit, la *Constitution sur l'Église de Vatican II* présente d'abord le Peuple de Dieu, avant de préciser la hiérarchie de l'Église fondée sur l'épiscopat.

Les évêques sont subordonnés à l'évêque de Rome, successeur de Pierre, qui préside à la charité. "Serviteur des serviteurs de Dieu", Vicaire du Christ, il est le seul à qui fut conservé le titre honorifique de "pape" (du grec *pappas*, "père nourricier") ; il est l'un des principaux symboles de l'Église catholique, signe et référence de son unité. Il est habituellement assisté de sa curie, et réunit le collège des évêques autour de lui, pour des conciles ou des synodes.

Chacun des évêques remplit, pour les fidèles de son diocèse, les fonctions de pasteur, de prêtre et de docteur qui sont des participations à celles du Christ-Chef. Depuis les origines de l'Église, il est assisté des prêtres qu'il ordonne et qui partagent son sacerdoce, capables comme lui de célébrer l'Eucharistie, agissant *in persona Christi*, "en la personne même du Christ". Il est également aidé par les diacres (du grec *diakonos*, "serviteur"), auxquels il communique une participation à son ordre, non pour le sacerdoce lui-même mais pour certains "services" sacramentels. Longtemps ordre préparatoire à la prêtrise, le diaconat est redevenu depuis Vatican II un ordre permanent.

Évêques, prêtres et diacres représentent donc les trois degrés du sacrement de l'ordre, conféré par l'imposition des mains sur la tête des ordinands, suivie de la prière d'ordination.

Seuls les évêques sont les ministres (au sens latin de *minister*, "serviteur") de l'ordination ; toutefois, lors des ordinations de prêtres, les prêtres présents imposent aussi les mains. Les rites complémentaires sont l'onction de la tête pour les évêques et l'onction des mains pour les prêtres. On remet aux évêques les insignes pontificaux, la mitre et la crosse ; les prêtres reçoivent l'étole et la chasuble, ainsi que le pain et le vin pour la messe ; aux diacres l'on remet le livre des Évangiles, avant de les revêtir de l'étole et de la dalmatique.

En dehors des cérémonies qui leur font porter les vêtements liturgiques que nous présenterons plus loin, l'habit officiel des ecclésiastiques est la soutane noire serrée aux reins par une large ceinture, ou encore depuis 1963 ce qu'on appelle le "clergyman", un complet veston noir ou gris avec une petite croix au revers, qui ouvre sur une chemise foncée, munie d'un col romain blanc.

Le pape seul est revêtu d'une soutane blanche ; un camail blanc lui couvre les épaules et le buste. Il porte au doigt "l'anneau du pêcheur", en souvenir de l'origine de saint Pierre, dont jadis il scellait sa correspondance (*sub annulo piscatoris*). Il est coiffé d'une calotte blanche, et porte en sautoir une croix pectorale, suspendue à une chaîne.

Les cardinaux, évêques plus proches du pape, exerçaient à l'origine leur ministère dans les quartiers de Rome (en latin *cardines*) et constituent en quelque sorte le sénat pontifical. Ils reçoivent la barrette rouge (sorte de bonnet carré), et sont entièrement vêtus de rouge (soutane, camail et calotte) ; ils portent au doigt un anneau, et leur croix pectorale est suspendue à un cordon rouge. La couleur rouge (appelée aussi "la pourpre cardinalice") est le symbole de la fidélité qu'ils promettent au pape, jusqu'à verser leur sang pour le Christ et son Église. La couleur des évêques et des archevêques est le violet (soutane, camail et calotte) ; ils portent aussi l'anneau qui symbolise le lien nuptial qu'ils contractent avec leur église (ils sont pour elle le sacrement du Christ-Époux) ; leur croix pectorale est suspendue à un cordon vert (violet pendant l'Avent et le Carême). Certains dignitaires ecclésiastiques, tel les protonotaires apostoliques, portent aussi des habits violets, sans qu'ils soient évêques à proprement parler.

LA PROFESSION RELIGIEUSE

On a sans doute à l'esprit l'expression "entrer dans les ordres", qui ne signifie nullement que l'on reçoit le sacrement de l'ordre, mais que l'on fait le choix de la profession religieuse. En effet, en plus du clergé dit "séculier", car il administre les sacrements "dans le siècle", c'est-à-dire aux fidèles du Peuple de Dieu dans le "monde", l'Église comporte encore de nombreux ordres dits "réguliers", parce que leurs membres se soumettent aux conditions de vie que fixe une règle écrite. Les religieux et les religieuses n'appartiennent pas à la hiérarchie évoquée ci-dessus, même si certains d'entre eux deviennent évêques, prêtres ou diacres (parmi eux l'on trouva même des papes), mais ils sont des signes vivants de la sainteté de l'Église[3].

La vie religieuse n'est pas un sacrement, mais un état de consécration à Dieu préparé par un noviciat : devant l'Église qui les reçoit au nom de Dieu, le religieux professe les vœux perpétuels de pauvreté, de chasteté et d'obéissance (et d'autres vœux propres à certaines familles religieuses), que l'on nomme vœux de religion.

Il s'agit d'un acte spontané, d'une "promesse faite à Dieu" selon saint Thomas d'Aquin, d'un engagement définitif sur le chemin de la perfection. Devenu fils de Dieu par le baptême et davantage investi par l'Esprit-Saint à la confirmation, le chrétien est appelé à la sainteté, c'est-à-dire qu'il doit se rendre parfaitement disponible aux mouvements intérieurs de l'Esprit d'amour. De cet élan personnel, intime, de chacun des chrétiens dépend la pureté de toute la communauté chrétienne, cette Épouse divine que saint Paul présente "sainte et immaculée" (Ép, V, 27).

La grâce de Dieu suscite une vocation particulière chez des hommes et des femmes qui ont tout quitté pour le suivre, entraînant avec eux de nombreux disciples, et au-delà tout le Peuple de Dieu. C'est ainsi que sont nés les ordres monastiques et religieux, héritiers des communautés d'ermites des premiers temps de l'ère chrétienne : les ordres contemplatifs, souvent inspirés de la règle de saint Benoît, entre autres bénédictins, cisterciens et chartreux ; et plus tard, les ordres mêlant prière et diverses œuvres d'apostolat : dominicains (saint Dominique), franciscains et clarisses (saint François et sainte Claire d'Assise), carmes et carmélites (que réformèrent saint Jean de la Croix et sainte Thérèse d'Avila) ; on vit encore se constituer de nombreux ordres charitables, des ordres enseignants, etc.

Les supérieurs des abbayes de moines ou de chanoines réguliers sont appelés pères abbés, ce qui est dire deux fois "père", car *abba* en arménien veut dire "papa". Les abbés portent l'anneau et la croix pectorale (avec un cordon vert ou violet), mais ils sont revêtus d'une coule, noire pour les bénédictins ou blanche pour les cisterciens ("moines noirs" et "moines blancs").

La règle de prière et de joyeux dépouillement que choisissent les religieux pour vivre leur foi jusqu'au bout rappelle à tous les baptisés qu'eux non plus, à leur façon, "ne doivent rien préférer à l'amour du Christ", comme le demande la règle de saint Benoît[4]. Si quelques ordres n'ont guère survécu en France à la Révolution, les plus importants ont conservé, dans la continuité des siècles et les reprises des réformes, une existence très active ; d'autres ont vu le jour. Ils donnent libre cours à leur amour des autres, des pauvres et délaissés dont ils s'occupent admirablement, comme les Petites Sœurs des pauvres ou les Sœurs missionnaires de la Charité de Mère Teresa.

1. "De toutes les nations faites des disciples, les baptisant au nom du Père et du Fils et du Saint-Esprit..." (Mt, XXVIII, 19).

2. Ac, I, 8.

3. *Constitution dogmatique sur l'Église de Vatican II*, n° 44.

4. "Celui qui aime son père ou sa mère plus que moi n'est pas digne de moi, et celui qui aime son fils ou sa fille plus que moi n'est pas digne de moi" (Mt, X, 37).

LE MARIAGE

LA CÉLÉBRATION DU MARIAGE ENNOBLIT DANS L'AMOUR DIVIN L'ENGAGEMENT SOLENNEL QUE PRENNENT LES ÉPOUX

Les exigences du mariage catholique sont connues : l'unité et l'indissolubilité sont ses principes essentiels, ainsi que l'ouverture à la fécondité. L'évolution contemporaine des mœurs, dans un monde où l'importance de la spiritualité décroît rend malaisée la réception de cette doctrine. Ce phénomène paraît manifester la fragilité et l'instabilité que génère la société actuelle, et dont les personnes subissent dans leur vie intime les contrecoups souvent désastreux. De ce fait, le message de l'Église est souvent mal compris, alors qu'il veut servir à la fois l'honneur de Dieu et la dignité de l'homme.

Toutes les religions ont sacralisé de quelque manière l'union conjugale, où le mystère de la vie et de la fécondité suscite généralement le sentiment du divin. En réaction aux pratiques païennes souvent dégradantes, la Révélation judéo-chrétienne donne au mariage une très forte dimension symbolique, car l'un des principaux fils directeurs qui courent à travers la Bible est bien celui des épousailles entre Dieu et son Peuple.

Dès leur création, l'homme et la femme qui unissent leur vie sont ensemble l'image de Dieu; l'homme quitte son père et sa mère pour s'attacher à sa femme, et ils deviennent une seule chair[1]. Moïse est allé chercher le Peuple de Dieu en Égypte, telle une fiancée, et l'a conduit par le désert jusqu'au Sinaï, la montagne de l'Alliance nuptiale avec Yahvé. Le Cantique des cantiques chante l'amour mutuel de Yahvé et d'Israël. Enfin, le Nouveau Testament révèle que Jésus est l'Époux de l'Église, le nouveau Peuple de Dieu.

Le mariage chrétien est le signe sacramentel de cette union du Christ et de l'Église, d'après l'enseignement de saint Paul : "Ce mystère est grand; je veux dire qu'il s'applique au Christ et à l'Église" (Ép, V, 32). Les époux qui échangent leurs consentements face à Dieu et devant le prêtre qui le représente – et qui bénit le couple, en qualité de témoin sacramentel, selon des règles anciennes codifiées au XVIe siècle par le concile de Trente – participent à la plénitude de cette unité.

Les époux, dit-on, se donnent le sacrement de mariage : en effet, leur "oui" mutuel fait de chacun pour l'autre, dans son amour humain, le signe et l'instrument de l'amour même que Dieu lui porte. Les amoureux qui vivent la joie et la profondeur de l'amour se rendent compte que cette force qui les emporte les dépasse : elle vient d'au-delà d'eux, et les conduit au-dessus d'eux. Ce peut être pour eux une véritable révélation de l'amour divin, qui nourrit leur sentiment et garantit sa permanence.

1. Gn, I, 27; II, 24.

LA PÉNITENCE

ÉLOIGNÉ DE DIEU PAR LE PÉCHÉ, LE PÉNITENT TROUVE DANS LE REPENTIR ET L'ABSOLUTION LA PAIX QU'IL A SOLLICITÉE

De tout temps, l'homme a pris conscience d'être pécheur. Bien qu'il aspire à la vie sans tache que lui prescrit au-delà de lui-même le respect de l'enseignement divin, il est soumis à de multiples tentations, et parfois y succombe. Toutes les religions connaissent donc des rites de purification : ablutions, baptêmes ou même pénitences publiques, qui peuvent parfois prendre des formes aberrantes.

Pour la foi catholique, il existe un péché originel que les premières pages de la Bible expliquent de façon imagée. Par son incarnation rédemptrice (du latin *redimere*, "racheter", notamment payer la rançon d'un captif pour lui rendre la liberté), Jésus-Christ est venu nous en délivrer. Mais un principe du mal est à l'œuvre dans ce monde[1], ce "diable" qui nous divise. Le monde et son histoire – celle du siècle qui s'achève par exemple – montrent à l'évidence la perversion dont est capable l'humanité, et dont elle souffre.

Le baptême nous enlève la faute originelle et la pénitence (ou réconciliation) nous lave de nos fautes personnelles successives. Le Christ affirme dans l'Évangile, en guérissant le paralytique, qu'il a le privilège divin de pardonner les péchés[2]. Au soir de sa Résurrection, il transmet ce pouvoir aux Apôtres[3], et par-delà les Apôtres à ceux qu'ils ont désignés pour perpétuer son œuvre.

Avant d'être pardonné de ses fautes, le pécheur doit faire acte de contrition, c'est-à-dire exprimer son regret de les avoir commises. Il précise ensuite la nature de ces fautes, en les confessant au prêtre qui lui donne l'absolution, sous réserve d'une satisfaction symbolique, la plupart du temps quelques prières. Contrition, confession et satisfaction sont les actes nécessaires pour obtenir l'absolution.

L'Église invite ses fidèles à recevoir ce sacrement une fois par an au moins, au moment de Pâques : "faire ses Pâques" consiste à se confesser et à communier. Dans la vie spirituelle comme dans notre vie quotidienne, on mange, on boit et on se lave : la communion eucharistique nous alimente, la confession nous nettoie ; l'une et l'autre doivent être fréquentes.

Dans la plupart des églises, le sacrement de pénitence est administré dans des confessionnaux, ces guérites en bois qui jalonnent les bas-côtés. L'usage s'étend cependant de recevoir les pénitents dans de petites pièces où le dialogue peut se prolonger.

1. "Déjà, en effet, le mystère d'iniquité est en action… Voilà pourquoi Dieu leur envoie une puissance d'égarement qui les porte à croire au mensonge, afin que soient condamnés tous ceux qui n'auront pas cru à la vérité, mais se seront complus dans le mal" (II Th, II, 7.11-12).

2. Mt, IX, 1-8.

3. "Recevez l'Esprit-Saint. Ceux à qui vous remettrez les péchés, ils leur seront remis ; ceux à qui vous les retiendrez, ils leur seront retenus" (Jn, XX, 22-23).

LE SACREMENT DES MALADES

L'ONCTION DU MALADE LUI APPORTE UN SOULAGEMENT DANS LA SOUFFRANCE EN DISPOSANT SON ÂME À LA PAIX

Les Évangiles rapportent que le Christ guérissait les malades par l'imposition des mains, et les relevait[1]. Il initie même ses Apôtres à de tels touchers, accompagnés d'onctions d'huile[2]. Ainsi se manifestent l'humanité et la tendresse divines : au-delà de ce geste symbolique, qui constitue le sacrement des malades, Dieu et l'Église soutiennent et entourent de soins délicats ceux qui souffrent dans leur corps, ainsi que les vieillards et les agonisants. Ce signe tangible de sollicitude complète la série des sept sacrements, qui nous accompagnent tout au long de notre vie.

Dès les premiers temps apostoliques (Ier siècle), la pratique de l'imposition des mains sur les malades s'est répandue : "Quelqu'un parmi vous est-il malade ?, écrit saint Jacques en son épître. Qu'il appelle les anciens (*presbuteroi* en grec, d'où "prêtres") de l'Église, et qu'ils prient sur lui, après l'avoir oint d'huile au nom du Seigneur. La prière de la foi sauvera le patient et le Seigneur le relèvera. S'il a commis des péchés, ils lui seront remis" (Jc, V, 14-15). Il s'agit donc à la fois d'un signe de guérison physique et spirituelle, qui parachève l'absolution. L'administration du sacrement par le prêtre comporte une imposition des mains en silence, et une onction de l'huile des malades (bénie par l'évêque le Jeudi saint à la messe chrismale) sur le front et les mains, accompagnée de ces paroles : "Untel, par cette onction d'huile sainte, que le Seigneur vous manifeste sa grande bonté et vous remette tout ce que vous avez fait de mal."

Le mot d'extrême-onction est plus familier que celui de sacrement des malades, pourtant plus exact. L'extrême-onction n'était donnée qu'au moment où la mort était imminente, quand le malade était *in extremis*. Par une sorte de superstition, la famille attendait le plus longtemps possible pour faire venir le prêtre avec ses huiles et le viatique (la dernière communion), car sa visite était généralement considérée comme le signe de la mort. Le concile de Vatican II a retrouvé un usage de l'onction des malades plus conforme à son institution.

Il ne faut donc pas attendre les derniers moments pour demander le sacrement des malades : toute maladie grave, une opération importante, ou tout simplement la vieillesse qui s'installe sont des motifs suffisants pour le recevoir dans la foi, avec l'apaisement du corps et de l'âme qu'il apporte toujours.

1. Mc, VI, 5 ; Mt, VIII, 3-15.
2. Mc, VI, 13.

CHANT ET MUSIQUE

EXPRESSION SUPÉRIEURE DES SENTIMENTS HUMAINS, CHANT ET MUSIQUE UNISSENT LES CŒURS DANS LA PRIÈRE

La prière personnelle est faite de silence, de concentration et d'une simple adhésion d'amour. La liturgie qui engage une communauté est une symphonie, qui suppose l'accord de multiples instruments, comme le veut déjà l'Ancien Testament : "Louez Dieu par l'éclat du cor, louez-le par la harpe et la cithare, louez-le par la danse et le tambour, louez-le par les cordes et les flûtes, louez-le par les cymbales sonores, louez-le par les cymbales triomphantes ! Que tout ce qui respire chante louange au Seigneur ! Alleluia !" (Ps, CL, 3-6). Comme dans beaucoup de religions qui font du chant le registre supérieur de l'expression humaine, la voix est le plus bel organe de la louange divine, et l'orgue, qui est à lui seul une sorte d'orchestre, l'accompagne de préférence pour la musique sacrée. "Qui aime chante, a écrit saint Augustin, et qui bien chante, deux fois prie."

Dérivé du grec *psalmos*, "pincement d'une corde" pour la faire résonner, un psaume est un poème chanté pour Dieu, accompagné sur la cithare ou le luth. Pour les juifs et les chrétiens, le livre des Psaumes est l'expression privilégiée de la prière, personnelle ou communautaire ; on en compte cent cinquante, attribués au roi David, qui expriment à Dieu tout ce qu'un cœur humain peut ressentir, "touché" par le malheur ou le bonheur, la persécution ou la tendresse, la crainte ou le désir. Nous les emplissons à notre tour de notre expérience et de notre attente, lorsque nous les reprenons en chœur : c'est en quelque sorte le cantique d'amour de l'Épouse, qui exprime à son Époux sa joie, sa souffrance ou son désir.

Les siècles et les cultures nous ont laissé bien des formes de chant et de musique religieuse, parmi lesquelles le chant grégorien reste "le chant propre de la liturgie romaine"[1]. Attribué au pape Grégoire Ier qui a surtout fixé les textes, ce répertoire adapte et prolonge le livre des Psaumes, avec la force et la beauté d'une profonde intériorité. Issu de racines anciennes, il s'est épanoui entre Loire et Rhin aux VIIIe et IXe siècles, et s'est ensuite répandu dans tout l'Occident chrétien, où le pratiquent encore de nombreuses communautés monastiques.

Pour unir les fidèles en une seule prière, il existe aussi de multiples cantiques, dont la force dépend de leur inspiration biblique, et que l'on chante en langue commune, par exemple les chorals allemands ou anglais. Aujourd'hui encore, la musique et le chant, liés aux diverses cultures, font partie de toutes les célébrations religieuses : ils sont un hommage à Dieu, dans la beauté, qui honore aussi ceux qui le chantent.

1. *Constitution sur la sainte Liturgie de Vatican II*, n° 116.

GESTES ET ATTITUDES

SEULS OU ENSEMBLE, LES ÊTRES HUMAINS PARLENT AUSSI À DIEU AVEC LEUR CORPS

Mieux qu'un concerto dont l'instrument soliste s'oppose à l'orchestre, la liturgie catholique est une symphonie : indispensable à l'ensemble de l'œuvre, chaque instrument n'y joue que sa partie, mais la joue tout entière. Cette métaphore musicale n'est cependant pas suffisante, car outre les voix et les instruments, l'acte liturgique engage tout l'homme : son âme, son esprit et son cœur, mais aussi son corps. Il faudrait plutôt évoquer l'opéra, qui ajoute les mouvements et les postures des acteurs. Cette comparaison n'est pas superficielle, tant il est vrai que la notion d'*Opus Dei*, répandue par la règle de saint Benoît, signifie "l'Œuvre de Dieu", c'est-à-dire à la fois celle que nous lui consacrons et celle qu'il accomplit avec nous et pour nous ; et l'on sait que l'opéra vient du latin *opera*, "œuvres", pluriel de *opus*.

Bien qu'elle ne soit pas davantage une chorégraphie, la liturgie chrétienne implique une organisation précise des mouvements des divers participants. Le cérémonial est nécessaire à son plan, pour que les actes liturgiques se déroulent dans la paix et communiquent aux fidèles le sentiment du sacré, c'est-à-dire de la présence agissante et aimante de Dieu.

Les célébrations liturgiques nous amènent donc à prendre, selon les circonstances, quatre positions stables de l'ensemble du corps : debout, assis, à genoux, et plus rarement la prostration.

La position debout est la plus noble, celle qui caractérise l'homme, créé à l'image de Dieu; c'est aussi le signe du respect que l'homme porte au sacré, et qui s'impose par exemple lors de la lecture des Évangiles. On se tient debout devant Dieu dans sa prière, le plus souvent tourné vers l'orient, autrement dit vers le soleil levant, symbole du Christ ressuscité; c'est pourquoi le chœur des églises est généralement "orienté" vers l'est. La position assise est celle de la disponibilité paisible, plus particulièrement adaptée à l'écoute des lectures et de l'homélie. Pour marquer une supplication plus intense, une prière plus humble et plus intime, on se met à genoux, à la messe pendant la consécration, ou encore pour l'adoration du Saint-Sacrement.

La prostration, qui a la même étymologie que la prosternation, consiste à s'étendre de tout son long sur le sol. Elle est réservée à des moments solennels : celui qui va recevoir le sacrement de l'ordre est ainsi étendu pendant le chant des litanies des saints, tout comme celui qui va prononcer les vœux de religion. Le Vendredi saint, après le passage de la Passion selon saint Jean qui rapporte la mort de Jésus, la lecture s'arrête un instant et toute l'assemblée se prosterne.

Les mains et les bras du célébrant jouent un grand rôle dans l'accomplissement des rites liturgiques : bénédictions, onctions, et surtout consécrations. En symbole de la pureté spirituelle requise, le prêtre se lave les doigts après l'offertoire et après la communion. Les mains sont jointes pour signifier la supplication; on les garde ainsi quand on est en fonction dans une cérémonie, et qu'on n'a rien à tenir ni à faire. Le célébrant tient par instants les mains et les bras étendus, par exemple pour la récitation du "Notre Père" de la messe : c'est l'antique position de l'Orante, dont on a trouvé la représentation dans les catacombes des premiers siècles chrétiens. Instruments privilégiés de l'administration des sacrements, les mains sont imposées par l'évêque lors des ordinations.

Aux fidèles aussi, la liturgie présente plusieurs gestes des mains : ils se signent sur le front, le ventre et les deux épaules. Au moment de l'annonce de l'Évangile, ils tracent du pouce un petit signe de croix sur leur front, leur bouche et leur cœur. La poignée de main entre les fidèles, qui le plus souvent remplace le baiser de paix que l'on se donne avant la communion, est le signe de la chaste affection qu'ils se portent mutuellement.

Il existe encore d'autres rites, qui font intervenir certaines parties du corps : la messe du soir du Jeudi saint comporte un lavement des pieds, qui reproduit le geste du Christ lors de la dernière Cène[1]. Les fidèles inclinent le buste devant les symboles de la présence divine : l'autel, la croix, le livre des Évangiles. Au cours de leurs offices, les moines s'inclinent profondément à la fin de chaque psaume, quand ils chantent le "Gloire au Père et au Fils et au Saint-Esprit". La génuflexion s'impose dans toutes les églises, quand on passe devant le Saint-Sacrement que signale sur l'autel une lumière permanente.

Dans la cérémonie des obsèques, le corps du défunt est aspergé d'eau bénite en signe de purification, et encensé en signe de respect, car selon l'enseignement de saint Paul nos corps sont les membres du Christ et les temples du Saint-Esprit[2]. Ils sont appelés à entrer, transfigurés, dans la liturgie céleste.

À l'occasion de certaines fêtes, toute l'assemblée se met en marche vers son Seigneur, comme l'Épouse à la rencontre de son Époux : ce sont les processions, dont les plus connues ont lieu le 2 février après la bénédiction des cierges, le dimanche des Rameaux, ou encore au moment d'entrer dans l'église après la bénédiction du cierge pascal, au début de la grande Vigile. Les processions du Saint-Sacrement, le jour de la Fête-Dieu, ont une plus grande ampleur. Selon les pays ou les régions, les processions connaissent des fréquences variées : elles sont par exemple plus nombreuses à Lourdes, où les processions aux flambeaux sont très populaires.

1. "Celui qui vient de se baigner n'a besoin que de se faire laver les pieds, car il est absolument propre. Vous aussi, vous êtes purs…" (Jn, XIII, 5-15).

2. I Co, VI, 15-19.

LES VÊTEMENTS SACRÉS

POUR OFFICIER AU NOM DE DIEU, LES CÉLÉBRANTS DOIVENT REVÊTIR CERTAINS ORNEMENTS

Nous avons esquissé plus haut une comparaison entre la liturgie catholique et l'opéra : il nous faut ajouter qu'elle est encore pertinente à propos des costumes, puisque les célébrants se voient prescrire des vêtements particuliers pour procéder aux actes sacrés.

Le livre de l'Apocalypse évoque souvent la liturgie céleste, où se retrouvent instruments, chants, processions et mouvements divers. Saint Jean voit "une foule immense [...], debout devant le trône et devant l'Agneau, vêtus de robes blanches, des palmes à la main, criant d'une voix puissante : 'Le salut à notre Dieu qui siège sur le trône ainsi qu'à l'Agneau!'" (Ap, VII, 9-10). Ce vêtement blanc des élus, symbole de la pureté requise pour la rencontre avec Dieu, rappelle aussi l'habit des anges venus annoncer aux saintes femmes la Résurrection du Christ. De même, les nouveaux baptisés reçoivent un vêtement blanc, signe de leur renaissance intérieure. À la communion solennelle, les communiants portent une aube blanche, aussi le vêtement par excellence de tous les ministres dans les actes liturgiques, quelle que soit leur fonction; d'autres s'y ajoutent pour ceux qui ont reçu le sacrement de l'ordre.

– Aube (du latin *alba*, "blanche") : l'aube est donc une robe blanche à manches longues, qui couvre tout le corps et qu'on serre à la taille par un cordon. Quand l'aube n'a pas de capuchon ou de col, on met d'abord un amict autour du cou. Elle est le vêtement de base de tous ceux qui interviennent dans les cérémonies liturgiques : évêques, prêtres, diacres, acolytes (servants) et lecteurs. Il arrive aussi que certains servants portent des surplis blancs sur une soutane rouge ou noire.

– Étole (du latin *stola*, "longue robe", devenue au VIIIe siècle un vêtement liturgique) : c'est sur l'aube l'insigne vestimentaire minimal des ministres ordonnés. Il s'agit d'une longue bande d'étoffe qui comporte deux pans égaux. L'évêque et le prêtre la passent derrière le cou et laissent pendre parallèlement ses deux pans sur le devant. Le diacre la porte en bandoulière à partir de l'épaule gauche; un point de couture ou un nœud, situé vers le bas, lie les deux pans, de telle sorte que l'étole traverse en diagonale tout le corps devant et derrière, à la manière d'un baudrier.

– Chasuble (du latin *casula*, "petite maison") : la chasuble est un ample vêtement de dessus enfilé par la tête comme un poncho. Elle enveloppe complètement celui qui la porte, et le protège comme une maisonnette ou une tente. C'est le vêtement propre de l'évêque et du prêtre pour la célébration de la messe : revêtus de la chasuble, ils "endossent" le Christ pour agir en sa personne dans le sacrifice eucharistique. On a retrouvé l'ampleur des chasubles primitives, mais on voit encore les chasubles "boîtes-à-violon" de l'époque baroque, ainsi appelées car, rectangulaires à l'arrière, elles présentent sur le devant la forme d'un étui à violon pour dégager les bras du prêtre. Les chasubles sont généralement ornées, et parfois même richement brodées.

– Dalmatique (de la Dalmatie, actuelle Croatie) : la dalmatique est dans les cérémonies solennelles le vêtement porté sur l'aube et sur l'étole par le diacre, c'est-à-dire le serviteur, signe du Christ-Serviteur. Pour les chrétiens, "servir, c'est régner" : cette ample tunique fendue au-dessous des bras, ornée comme la chasuble et qui comporte des manches courtes, était à l'origine un vêtement de l'empereur, et de certains papes du haut Moyen Âge.

– Chape (du latin *cappa*, "manteau à capuchon") : long manteau de cérémonie drapant tout le corps, la chape est constituée d'une pièce d'étoffe semi-circulaire; ses deux pans sont retenus sur le devant par des agrafes. On met la chape dans les offices solennels en dehors de la messe. Elle est portée par le célébrant sur l'aube et sur l'étole, éventuellement par ses assistants et par les chantres.

– Les couleurs liturgiques : les vêtements (ou ornements) liturgiques présentent des couleurs dont l'usage est réglementé. Le blanc marque les temps de Noël et de Pâques, ainsi que les fêtes des saints qui ne sont pas martyrs; on revêt le violet pour les temps de préparation ou de pénitence que sont l'Avent et le Carême ; le rose pour le troisième dimanche de l'Avent et le quatrième de Carême ; le rouge pour le Vendredi saint, la Pentecôte et les fêtes des martyrs ; le vert pour le temps ordinaire. On trouve aussi dans certaines régions l'or pour les solennités, le bleu pour la Vierge Marie, le noir pour les défunts.

Ces vêtements de portée symbolique sont réservés au célébrant et à ceux qui l'entourent, parce qu'ils représentent ou servent le Christ. Ils ne doivent pas donner l'idée que la célébration liturgique est un spectacle que l'on joue devant un public de fidèles : il n'y a qu'une seule assemblée où chacun remplit son rôle et participe à l'accomplissement du mystère de l'Eucharistie, en parfaite harmonie et complémentarité avec les autres. Les fidèles aussi revêtent le Christ à leur manière, comme le manifeste le vêtement blanc qu'ils reçoivent lors du baptême ou de la profession de foi.

LES INSIGNES PONTIFICAUX

COUVRE-CHEF ET BÂTON PASTORAL, MITRE ET CROSSE SONT LES INSIGNES DES ÉVÊQUES

Un pontife est quelqu'un qui sert de "pont" entre des personnes. Le Pontife par excellence est Jésus-Christ : Dieu et homme, il unit les hommes à Dieu dans la nouvelle Alliance. Les évêques, successeurs des Apôtres, exercent en vertu de leur ordination cette fonction médiatrice, au nom du Christ Grand-Prêtre. Au milieu d'eux, le pape, successeur de Pierre et à ce titre Vicaire du Christ, est appelé "Souverain Pontife".

Les insignes que portent habituellement le pape et les évêques sont la croix pectorale et l'anneau : ils représentent le Christ-Époux. Au cours des offices solennels, ils usent des insignes pontificaux, la mitre et la crosse, qu'ils ont reçus lors de leur ordination épiscopale.

La mitre est un "couvre-chef". Originellement, la *mitra* grecque était un bandeau ou un diadème. Dans l'Ancien Testament, le grand prêtre et le prêtre portaient un turban, orné sur le devant d'une fleur d'or, en signe de consécration[1]. Bandeau de tête associé à un voile, la mitre chrétienne a évolué à travers les âges et fut assez tôt réservée aux évêques. Elle présente une forme triangulaire, pointée vers le haut. Les mitres anciennes sont basses ; à l'époque baroque, elles se sont allongées et de nos jours retrouvent peu à peu des dimensions raisonnables.

La crosse, ou bâton pastoral, est l'insigne le plus caractéristique de ceux qui sont, pour leur église ou pour leur communauté, la présence du Bon Pasteur. Le nom vient du mot "croc" ou "crochet", en raison de la volute qui le termine. À l'origine, la houlette des bergers était recourbée à son extrémité, et comportait une sorte de gouttière permettant de jeter ("houler" en ancien français) de la terre ou des pierres aux moutons qui s'éloignaient, comme aux prédateurs qui s'approchaient. Depuis Paul VI, le pape utilise une crosse qui se termine en croix recourbée, ce qui symbolise bien sa mission de rassembler dans l'unité les brebis de Dieu dispersées[2]. Crosse et mitre sont réservées aux évêques ; elles sont aussi remises aux pères abbés (supérieurs d'abbayes de moines) lors de leur bénédiction abbatiale, car ils tiennent dans leurs communautés la place du Christ.

Le pallium, hérité des vêtements de certains dignitaires romains, est l'insigne du pape et des archevêques. C'est une bande de laine blanche qui se place autour du cou sur la chasuble, à la manière d'un collier ; deux pattes tombent de ce large collier, l'une à l'avant et l'autre à l'arrière. Six croix noires sont brodées par intervalles sur la bande de laine.

1. Ex, XXXIX, 28.30-31 ; Lv, VIII, 8.
2. Jn, XI, 52.

LES ÉCRITURES

AU CŒUR DE L'HISTOIRE VIVANTE DU PEUPLE DE DIEU, LES SAINTES ÉCRITURES SONT LA SUBSTANCE DES TEXTES LITURGIQUES

Les saintes Écritures sont constituées de l'Ancien Testament (commun aux juifs et aux chrétiens) et du Nouveau Testament qui comporte les quatre Évangiles, les Actes des Apôtres, les Épîtres de plusieurs Apôtres, et l'Apocalypse de saint Jean. Ce joyau sans prix, témoignage admirable et détaillé de l'histoire du Peuple de Dieu qui culmine dans le mystère du Christ, est également vénéré par tous les chrétiens. Mais alors que pour les protestants, la lecture de la Bible suffit à nourrir la foi qui sauve, les catholiques n'accèdent aux Écritures qu'au sein de la Tradition qui les a fait naître et les porte, selon l'enseignement vivant de l'Église, et spécialement dans le cours de la liturgie.

Il existe donc de nombreuses éditions de la Bible, qui varient selon les diverses confessions. Les éditions catholiques comportent toujours des notes explicatives, inspirées de la Tradition vivante de l'Église. Les deux dernières décennies ont permis d'établir d'excellentes traductions œcuméniques qui précisent en note, à l'occasion, les interprétations des différentes Églises, et c'est un grand pas vers l'unité des chrétiens.

La liturgie catholique romaine est très biblique, plus encore peut-être que la liturgie des églises orientales, dont les longues et nombreuses prières sont d'ailleurs inspirées des Écritures. On a vu que le livre des Psaumes a très largement inspiré la substance de la célébration des "Heures". Première partie de la messe et des autres offices, la liturgie de la Parole se compose de plusieurs lectures tirées de la Bible, dont la principale est toujours un passage des Évangiles.

Ces lectures, essentielles pour la signification même de la liturgie, doivent être faites avec compétence et respect ; il existe un ministère institué de lecteur. La proclamation de l'Évangile est réservée au célébrant, ou au diacre qui l'assiste, et s'accompagne de plusieurs rites.

L'évangéliaire est un livre digne de sa fonction, relié ou orné avec une beauté sobre. Déposé sur l'autel au début de la messe, il est porté en procession vers l'ambon (du grec *anabainô*, "monter"), lieu de la Parole. La chaire, située vers le milieu de la nef, remplissait autrefois cette fonction.

De nos jours, l'ambon est placé dans le sanctuaire, non loin de l'autel, de sorte que les deux parties de la messe se correspondent mieux. Il s'agit d'un emplacement légèrement surélevé, muni d'un pupitre, d'où lecteurs et chantre (ou animateur), diacre et célébrant s'adressent à l'assemblée. Les anciennes églises de Rome ont conservé des ambons magnifiques, tel celui de Saint-Clément, qui date du XIIe siècle.

L'AUTEL

CENTRE DES ÉGLISES, L'AUTEL EST LE LIEU DU SACRIFICE ET LA TABLE DE LA COMMUNION

Point de rencontre de Dieu et des hommes, l'autel est le véritable centre des édifices religieux, le cœur du sanctuaire, surélevé par quelques marches, en sorte que l'architecture conduise à lui : l'autel a pour origine l'adjectif latin *altus*, "élevé".

Le sens religieux de l'homme a toujours placé les lieux de culte sur les hauteurs : les Grecs avaient fait du massif de l'Olympe le séjour de leurs dieux. À défaut de reliefs naturels, on élève le sanctuaire au sommet d'une construction, ainsi qu'on le voit dans les tours de Mésopotamie. Quand les hommes veulent forcer l'entrée du royaume divin, ils conçoivent la tour de Babel. La tradition juive considère aussi les montagnes comme les lieux naturels de rencontre avec Dieu, là où le ciel et la terre se touchent : c'est au sommet du Sinaï que Yahvé parle à Moïse.

En signe de respect pour la transcendance divine, on faisait d'abord "monter" vers Dieu la fumée des offrandes, dont il "respire l'agréable odeur" (Gn, VIII, 21). Cette tradition est celle du sacrifice par le feu, l'holocauste (du grec *holokautos*, "entièrement brûlé"). Dans le rite inspiré de l'Alliance au Sinaï, Moïse partage le sang des victimes entre l'autel qu'il vient de bâtir, qui représente Dieu, et le peuple qu'il en asperge : Yahvé et Israël deviennent ainsi "consanguins"[1].

La nouvelle Alliance chrétienne prolonge cette "consanguinité" et fait de nous des "convives" de Dieu, puisque le sacrifice de communion qu'est l'Eucharistie nourrit l'assemblée du corps et du sang du Christ lui-même. L'autel de nos églises est la table où l'on dispose les offrandes. Il symbolise Dieu lui-même, qui reçoit les dons que lui présente l'assemblée des fidèles. Mais l'autel est aussi la table de la communauté, où les convives participent au repas sacré. Ainsi le Christ est-il à la fois l'autel, comme le Dieu qui reçoit le sacrifice, et le prêtre et la victime, comme l'homme qui l'offre et qui s'offre.

Au cours de la dédicace des églises, on commence par sceller dans l'autel des reliques de saints – des martyrs à l'origine –, pour bien marquer la continuité entre le sacrifice du Christ et celui de ses fidèles. La consécration de l'autel se fait ensuite par des onctions de saint chrême, qui en font le symbole du Christ, l'Oint par excellence. Ensuite, on l'embrase en y faisant fumer de l'encens, signe de la prise de possession par l'Esprit-Saint. Enfin, on dispose les nappes.

Ainsi, l'autel devient le plus haut symbole du Christ dans les églises : avant même la croix, c'est lui que l'on vénère en entrant. Le prêtre le baise au début et à la fin de la messe, en signe de respect.

1. Ex, XXIV, 4-8.

LE PAIN ET LE VIN

DEVENUS PAR LA CONSÉCRATION LE CORPS ET LE SANG DU CHRIST, LE PAIN ET LE VIN, SÉPARÉS, RENDENT PRÉSENT LE CRUCIFIÉ RESSUSCITÉ

Le pain et le vin sont le symbole universel de ce qu'il nous faut pour vivre : la nourriture et la boisson. Baragouiner une langue (du breton *bara*, "pain", et *gwin*, "vin") signifie qu'on peut tout juste, en l'utilisant, pourvoir à sa subsistance. Le psalmiste remercie Dieu de satisfaire les besoins de l'homme : "Tu fais croître l'herbe pour le bétail et les plantes à l'usage des humains, pour qu'ils tirent le pain de la terre et le vin qui réjouit le cœur de l'homme" (Ps, CIV, 14-15).

Ce sont donc les éléments les plus simples que le Christ a choisis pour en faire les signes sacrés de sa grâce : le chrétien se nourrit du pain et du vin, devenus le corps et le sang du Seigneur Jésus. Pour les catholiques et les orthodoxes, il se produit lors de la consécration un authentique changement de substance, qu'on appelle "transsubstantiation". Cette foi est partagée, avec des nuances, par les anglicans de la High Church et certains luthériens, mais la plupart des protestants ne voient dans le pain et le vin que les symboles (au sens large du mot) du Christ, non sa présence réelle.

La séparation du corps et du sang du Christ est évidemment le symbole de sa mort sur la Croix : la présence réelle atteste le renouvellement du sacrifice par l'Eucharistie, instituée par Jésus lui-même à la dernière Cène. Ce corps et ce sang doivent être donnés en nourriture aux fidèles, selon les paroles du Christ : "Qui mange ma chair et boit mon sang a la vie éternelle et je le ressusciterai au dernier jour. Car ma chair est vraiment une nourriture et mon sang est vraiment une boisson. [...] De même que le Père, qui est vivant, m'a envoyé et que je vis par le Père, lui aussi vivra par moi" (Jn, VI, 54-57).

La communion eucharistique donne bien à celui qui la reçoit la vie même de Jésus, en référence au Père et donc au mystère trinitaire, qui dans l'amour unit le Père, le Fils et l'Esprit-Saint. À la "sainte table", nous sommes invités et reçus comme convives au sens fort de ce mot, admis à "vivre avec" Jésus sa vie de Fils au cœur de la Trinité.

Le pain eucharistique se présente sous la forme de disques fins de froment azyme (du grec *azumè*, "sans levain"), qu'on désigne sous le nom d'hosties. Ce mot rattache la communion chrétienne au sacrifice, car le latin *hostia* désigne la victime expiatoire, et c'est dans ce sens que l'emploie saint Paul à propos du Christ[1]. Le pain azyme était le seul autorisé par le rituel juif[2] pour le repas pascal, et c'est donc celui que Jésus consacra lors de la dernière Cène. Pour cette raison, l'Église latine ne permet pas de consacrer du pain ordinaire, à la différence des orthodoxes qui célèbrent l'Eucharistie avec du pain fermenté. Les querelles qui découlèrent jadis de ces pratiques divergentes ont heureusement perdu de leur acuité depuis quelques siècles.

On distingue en Occident les petites hosties pour les fidèles (faciles à distribuer et à recevoir), et les grandes pour les prêtres (pour qu'elles soient mieux visibles à l'élévation qui suit la consécration). On en confectionne aujourd'hui de plus épaisses, et leur cuisson leur donne parfois une couleur blonde, plutôt que blanche.

Au début de la messe, les hosties qui vont être consacrées sont placées dans une ou plusieurs patènes (du latin *patena*, "plat creux"), de forme circulaire et concave, en métal précieux couvert d'or ou d'argent. D'autres matériaux nobles peuvent servir à leur confection, et certaines patènes sont de véritables pièces d'orfèvrerie. Il en est de même pour les ciboires (du grec *kibôrion*, "fruit du nénuphar" et par extension coupe ayant la forme de ce fruit), où l'on dispose les hosties pour un grand nombre de fidèles. Le ciboire est une coupe hémisphérique, que l'on ferme d'un couvercle, souvent surmonté d'une croix. En dehors de la messe, il conserve au tabernacle la sainte réserve, c'est-à-dire les hosties consacrées qui n'ont pas été distribuées lors de la communion. Il est alors couvert d'un "pavillon", une pièce de tissu qui a la forme d'une tente circulaire.

Lors de l'adoration du Saint-Sacrement, l'hostie consacrée est présentée aux fidèles dans un ostensoir (du latin *ostendere*, "montrer") : il s'agit d'un ouvrage d'orfèvre comportant un motif ornemental doré ou argenté, centré sur une monture circulaire (lunule ou "petite lune", garnie de deux disques de verre) où l'on place l'hostie. Le plus souvent, l'ostensoir affecte autour du Saint-Sacrement la forme d'un soleil rayonnant.

Quand le Saint-Sacrement n'est pas exposé, la lunule contenant l'hostie est conservée au tabernacle dans une boîte métallique appelée custode (du latin *custodire*, "garder") ou pyxide (du grec *puxis*, "boîte, coffret"). On appelle aussi custodes les petites boîtes circulaires dans lesquelles on porte la communion aux malades.

Le Code de Droit canonique présente pour le vin eucharistique des exigences très précises : "Le vin doit être du vin naturel de raisins et non corrompu" (canon 924). C'est donc exclusivement le résultat de la fermentation du jus de raisin pur. Lors de la dernière Cène, c'est le "produit de la vigne" que Jésus a transformé en son propre sang, à la fin du repas : la tradition du repas pascal prévoit quatre coupes de vin, et c'est la quatrième, la coupe du *Hallel* (grande louange des Psaumes 114-117), que le Christ a consacrée[3].

Le vin est depuis l'Ancien Testament l'un des symboles du banquet messianique, où l'on servira selon le prophète Isaïe "des vins décantés" (Is, XXV, 6). Le sacrifice et la communion eucharistiques actualisent la dernière Cène et le Calvaire, tout en donnant aux fidèles un avant-goût du festin du Royaume à venir.

Pour la consécration du vin pendant la messe, on utilise ordinairement dans l'Église latine le vin blanc, qui ne tache pas les linges avec lesquels il peut être en contact. Le célébrant le verse dans le calice (du grec *kulix*, en latin *calix*, "vase à boire"), qui est généralement une très belle réalisation d'orfèvrerie. Le style des calices a évolué au cours des âges : souvent ils sont ornés de symboles eucharistiques ou de formules scripturaires.

Par les modalités de leur confection, le pain et le vin sont aussi les symboles de l'unité des croyants qui les consomment, ainsi que l'exprime un des plus anciens textes chrétiens, la *Didachè* ou "Enseignement du Seigneur aux nations", dès la fin du Ier siècle de notre ère : "De même que ce pain que nous rompons, autrefois disséminé sur les collines, a été recueilli pour ne faire plus qu'un, qu'ainsi ton Église soit rassemblée des extrémités de la Terre dans ton Royaume ! Car à toi sont la gloire et la puissance dans les siècles." Il en va de même pour les multiples grains de raisin : pressés, ils deviennent un seul vin. Ainsi, les fidèles qui rompent le pain et boivent la coupe du salut, qui mangent autrement dit le corps du Christ et boivent son sang, grandissent pour atteindre à la taille adulte du Corps mystique du Christ[4], qui est son Église.

Liée à l'Eucharistie, il nous faut enfin évoquer la pratique, qui demanderait à être revivifiée, du *Benedicite* au début des repas et des grâces à leur conclusion. Il s'agit encore d'un rite juif, compris dans les nombreuses bénédictions ou *berakôth* qui rythment la journée. Dans la liturgie familiale, l'ancienne bénédiction des repas, la *Birkat-ha-Mazon*, occupe une place centrale. En voici un extrait : "Tu es béni, Seigneur notre Dieu, Roi de l'Univers, toi qui nourris le monde entier par bonté, grâce, tendresse et miséricorde. [...] Jour après jour, tu prends soin de nous faire du bien de multiples manières. C'est toi qui nous multiplies pour toujours par grâce, tendresse, esprit, miséricorde et tout bien." À l'offertoire de la messe catholique, les deux prières de présentation du pain et du vin sont des bénédictions de ce type. Plus encore, la bénédiction des repas est à la racine de l'Eucharistie chrétienne.

Il importe aux chrétiens de conserver la permanente conscience des bienfaits prodigués par l'Amour de Dieu, et de l'en remercier en toute occasion, même si le chemin qu'il leur fait suivre est semé d'épreuves diverses. Ces actions de grâces (c'est d'ailleurs le premier sens du mot "Eucharistie") passent par Jésus-Christ, tout comme la grâce nous vient par lui selon saint Paul : "Béni soit le Dieu et Père de notre Seigneur Jésus-Christ, qui nous a bénis par toutes sortes de bénédictions spirituelles, aux cieux, dans le Christ" (Ép, I, 3).

Par respect pour le pain et pour ce qu'il signifie dans l'Église, pour celui en qui l'Eucharistie le transforme, les chrétiens ont coutume de ne jamais jeter de pain ; avant de couper une miche, ils commencent par y tracer au couteau le signe de la croix.

1. "...à l'exemple du Christ qui vous a aimés et s'est livré lui-même pour nous en offrande et en sacrifice d'agréable odeur fait à Dieu (*tradidit semetipsum hostiam*

Deo in odorem suavitatis)" (Ép, V, 2).

2. Ex, XII, 8.

3. Mt, XXVI, 29.

4. Ép, IV, 12-16 ; Col, II, 19.

LE TABERNACLE

LE TABERNACLE OÙ L'ON CONSERVE LES HOSTIES CONSACRÉES EST LA "TENTE" OÙ DIEU HABITE PARMI NOUS

À l'origine, le *tabernaculum* latin était une tente. Dans l'histoire du salut, la présence de Dieu au milieu de son peuple en exode était symbolisée par la "Tente de la rencontre", ou "Tente du rendez-vous", où Moïse venait au nom du peuple converser avec Yahvé, "comme un ami parle à son ami" (Ex, XXXIII, 11). Dans le Nouveau Testament, saint Paul compare l'humanité même du Christ à une tente, qui n'est pas faite de main d'homme[1]. Le texte grec du prologue de l'Évangile de saint Jean porte exactement : "Le Verbe s'est fait chair, et il a planté sa tente au milieu de nous" (Jn, I, 14).

Le tabernacle de nos églises est cette petite armoire ornée et verrouillée, fixée dans le mur ou sur un autel latéral, où l'on conserve le Saint-Sacrement. À l'origine, les hosties consacrées pendant la messe étaient gardées pour la communion des malades et des mourants (le viatique), ce qui est encore le cas aujourd'hui. Depuis plusieurs siècles, par la croissance de la dévotion eucharistique, la sainte réserve est devenue de surcroît l'objet d'une adoration tranquille et prolongée.

Un double signe manifeste que le tabernacle est habité : tout d'abord le conopée (du grec *kônôpeion*, "moustiquaire"), qu'un voile de la couleur liturgique du temps (violet, blanc ou vert) recouvre ; quand le tabernacle est de forme cylindrique, le conopée, ou "grand pavillon", lui donne véritablement l'allure d'une tente. L'autre signe de la présence réelle du Seigneur est la lampe qui brûle auprès du tabernacle, et dont le symbolisme remonte à l'Ancien Testament[2]. Plus qu'une veilleuse électrique, il faut conseiller une lampe à huile à la mèche vivante, placée le plus souvent dans un verre rouge. C'est aussi le symbole de l'âme, invitée à se consumer devant Dieu en brûlant son temps pour lui.

Il ne faut cependant pas mêler les signes et les symboles : c'est pourquoi l'on ne doit pas garder le tabernacle sur le maître-autel, qui est en soi, comme nous l'avons déjà dit, un haut symbole du Christ; il faut par conséquent le maintenir libre et dégagé, revêtu ou non de ses nappes et de son luminaire. Le Seigneur Jésus réellement présent dans les hosties conservées au tabernacle doit être adoré, mais non sur l'autel majeur. À cette fin, on installe le tabernacle dans le mur du sanctuaire, ou, mieux encore, sur l'autel d'une chapelle de l'église, comme la chapelle axiale des cathédrales, qui s'ouvre sur le milieu du déambulatoire.

1. He, IX, 11.
2. Ex, XXVII, 20; I S, III, 3.

LES CIERGES

LUMIÈRES VIVANTES, HUMBLES ET CHALEUREUSES, LES CIERGES SYMBOLISENT, ACCOMPAGNENT ET PROLONGENT LA PRIÈRE

À l'origine, les cierges étaient un simple moyen d'éclairage. Dans les catacombes, on utilisait les petites lampes à huile qu'évoque le Seigneur dans la parabole des dix vierges[1], symboles de l'attente vigilante des fidèles. Au-delà de tout besoin pratique de lumière, les chrétiens ont conservé l'usage des cierges à des fins symboliques : quand un autel vient d'être consacré par l'onction, on le revêt de nappes, puis on dispose des cierges autour de lui. Presque toutes les cérémonies liturgiques prévoient l'emploi de ce luminaire chaleureux qui fait partie des objets familiers des célébrations catholiques (on le retrouve chez les orthodoxes, les protestants et aussi chez les juifs).

La lumière est indissociable du Christ, qui a déclaré : "Je suis la Lumière du monde" (Jn, VIII, 12). Le *Credo* le chante comme "lumière née de la lumière". Les chrétiens sont des "enfants de lumière" (Ép, V, 8) qui ne veulent plus vivre dans les ténèbres. C'est par la remise d'un cierge allumé qu'à la fin des rites du baptême le célébrant illustre ces paroles : "Recevez la lumière du Christ".

Une bénédiction des cierges suivie d'une procession a lieu le 2 février avant la messe, lors de la fête de la Présentation du Seigneur au temple, appelée Chandeleur. Dans l'Évangile du jour, le vieillard Siméon, en son *Nunc dimittis*, voit dans l'enfant qu'il tient dans ses bras "la lumière qui éclaire les nations" (Lc, II, 32).

Le plus connu des luminaires sacrés est le symbole du Christ ressuscité : le cierge pascal. La grande Vigile pascale, sommet de toute l'année liturgique, commence par le rite solennel de sa bénédiction. C'est un développement du rite juif qui commandait d'allumer des lampes au soir du vendredi inaugurant le sabbat ; il est devenu le lucernaire (du latin *lucerna*, "lampe") du christianisme primitif.

Sur le grand cierge pascal, le célébrant grave plusieurs symboles du Christ : la Croix ; l'alpha et l'oméga, première et dernière lettres de l'alphabet grec[2], puis les quatre chiffres de l'année en cours ; cinq grains d'encens sont alors fixés à chaud au centre et aux quatre extrémités de la croix, rappels des cinq plaies du Christ crucifié, aux mains, aux pieds et au côté. On allume le cierge au feu nouveau et l'on entre en procession dans l'église, en reprenant par trois fois le "Lumière du Christ" proclamé par le diacre. Le cierge ne brûle que les cinquante jours du temps pascal, mais la lumière ne doit jamais s'éteindre au cœur des baptisés : lors des cérémonies d'obsèques, le cierge pascal est allumé près du cercueil en signe d'espérance.

1. Mt, XXV, 1-13.
2. "'Moi, je suis l'alpha et l'oméga', dit le Seigneur Dieu" (Ap, I, 8).

L'ENCENS

CONSUMÉ DANS L'ÉGLISE EN AGRÉABLE ODEUR, L'ENCENS LA PARFUME DE LA PRÉSENCE DE DIEU

L'encens est une gomme aromatique, souvent d'origine orientale, dont la combustion dégage une fumée odoriférante (du latin *incensum* : "ce qui est brûlé"). On ajoute volontiers à l'encens des substances aromatiques, comme le benjoin. On faisait brûler de l'encens pour purifier ou parfumer les tentes ou les maisons, à la façon du papier d'Arménie.

Les religions utilisent volontiers l'encens qui donne aux lieux saints une ambiance particulière et comme une présence accueillante. Dieu lui-même prescrit à Moïse de l'offrir deux fois par jour devant le sanctuaire[1]. La fumée de l'encens, très visible, monte en volutes souples qui sont un symbole de la prière s'élevant vers Dieu : "Que monte ma prière comme un encens devant ta face" (Ps, CXL, 2). Au seuil du Nouveau Testament, c'est en accomplissant cette offrande que Zacharie reçoit de l'archange Gabriel l'annonce de la naissance de Jean Baptiste[2]. Cette liturgie est en lien étroit avec celle du ciel : "Un ange vint se placer près de l'autel, muni d'une pelle en or. On lui donna beaucoup de parfums pour qu'il les offrît, avec les prières de tous les saints, sur l'autel d'or placé devant le trône. Et, de la main de l'ange, la fumée des parfums s'éleva devant Dieu avec la prière des saints" (Ap, VIII, 3-4).

L'encens est donc un hommage d'adoration rendu à Dieu, comme celui que les Mages offrent à l'enfant Jésus : par l'encens, ils reconnaissent qu'il est Dieu ; par l'or, qu'il est Roi ; et la myrrhe préfigure sa sépulture[3]. Offert d'abord à Dieu, l'encens l'est aussi à tout ce qui le touche, à tout ce qui lui appartient : la Croix, l'autel, le livre des Évangiles, le pain et le vin avant et après la consécration, mais aussi les célébrants et les fidèles, même défunts : lors des obsèques, on encense leur dépouille mortelle, qui fut le temple de l'Esprit.

Pour consumer l'encens, on utilise un encensoir, brûle-parfum portatif suspendu à trois chaînettes, dont le couvercle peut coulisser au moyen d'une quatrième. On trouve aussi des encensoirs à une seule chaîne. À l'aide d'une cuiller, le célébrant prend de l'encens dans une navette (du latin *navis*, "vaisseau", parce qu'elle a la forme d'un petit bateau) et le dépose sur des charbons brûlants disposés dans la cassolette. On répand la fumée en balançant l'encensoir. Le servant chargé de cet objet complexe, d'un maniement délicat, s'appelle le thuriféraire, "porteur d'encens" (du latin *thus*, "encens", et *ferre*, "porter").

Dans les églises de rite oriental, l'encens est très utilisé devant les icônes, et d'ordinaire assez parfumé (souvent à la rose). Les encensoirs ont des chaînes plus courtes.

1. Ex, XXX, 7-8.
2. Lc, I, 9-11.
3. Mt, II, 11.

L'EAU

L'EAU QUI LAVE ET PURIFIE REND À L'ÂME LA FRAÎCHEUR DE SON ENFANCE

Élément nécessaire et familier de l'existence humaine, l'eau a toujours été riche de signification. Matrice universelle d'après les plus anciennes conceptions du monde, elle doit pour servir la vie se voir féconder par le Souffle de Dieu[1]. Laissée à elle-même, l'eau peut tout emporter dans la mort et le chaos primitif (le déluge et la mer). C'est donc un symbole ambivalent, évoquant à la fois la mort et la vie, la purification et la sanctification.

Les diverses ablutions ou aspersions des rites religieux, comme la bénédiction et l'aspersion de l'eau au début de la messe dominicale, ou le lavement des mains à l'offertoire, ont d'abord une fonction purificatrice, c'est-à-dire qu'elles libèrent des fautes ou souillures qui rendent impropre à la célébration de la liturgie[2]. De façon positive, l'eau, principe de vie, est le symbole de la naissance et de la renaissance[3].

Les rites liturgiques ne sont efficaces que s'ils engagent l'action de Dieu. Le baptême d'eau – celui de Jean Baptiste – ne pouvait que préparer au baptême d'eau et d'Esprit institué par le Fils de Dieu[4]. Fécondée par l'Esprit, l'eau devient son symbole privilégié. Elle reçoit cette consécration lors du baptême de Jésus dans le Jourdain, devenant cette "eau vive" qui est le "Don de Dieu", c'est-à-dire l'Esprit lui-même, seul capable, puisqu'il est au cœur de la vie trinitaire, de "jaillir en vie éternelle" (Jn, IV, 10-14). Plongés par le sacrement de baptême dans la mort et dans la vie du Christ, les fils de Dieu reçoivent les "arrhes de l'Esprit" qui les abreuve et les désaltère, en attendant d'être immergés dans le Fleuve de vie qui coule entre le trône de Dieu et l'Agneau[5].

Les fleuves d'eau vive ne sont libérés qu'au moment de la mort du Christ sur la Croix, à cette heure où Jésus, ayant "remis l'esprit" (Jn, XIX, 30), laisse sourdre de son cœur transpercé le sang et l'eau, symboles des sacrements qui agiront désormais par la force de l'Esprit.

La bénédiction de l'eau, qui peut être additionnée de sel bénit (symbole de conservation et de saveur), est traditionnelle dans l'Église. Au cours de nombreux rites de bénédiction, une aspersion d'eau bénite est prévue. On asperge ainsi les dépouilles des chrétiens, leur cercueil et leur tombe. À l'entrée des églises, des bénitiers invitent les fidèles à se signer, après s'être plongé le bout des doigts dans l'eau bénite. On peut encore demander de l'eau bénite et l'emporter chez soi. Il ne s'agit pas d'une pratique superstitieuse, mais d'un acte de foi lié au mystère de la Croix, qui nous a libérés du Malin.

1. Gn, I, 2.
2. Ez, XXXVI, 25.
3. Ez, XXXXVII, 1-2 ; Ap, XXII, 1-2.
4. Jn, III, 5.
5. I Co, XII, 13 ; Ap, XXII, 1.

LES SAINTES HUILES

QUAND L'ONCTION D'HUILE PÉNÈTRE LES CHAIRS, L'ESPRIT DE DIEU DESCEND DANS L'INTIMITÉ DU CŒUR

De tout temps les êtres humains – les hommes comme les femmes, sinon autant qu'elles – ont aimé les parfums et les onguents. L'Écriture parle de l'huile, symbole de joie, qui fait luire les visages[1].

Pénétrante, imprégnant les chairs, l'onction d'huile symbolise la consécration par Dieu d'une personne en vue d'une mission de roi, de prêtre ou de prophète. Des objets, des édifices sont aussi consacrés par l'onction. L'Oint par excellence est le Messie ou Christ, deux noms qui en hébreu et en grec désignent Jésus, Roi, Grand-Prêtre et Prophète. Un psalmiste chante ainsi sa force et sa beauté : "Tu aimes la justice, tu hais l'impiété; c'est pourquoi Dieu, ton Dieu, t'a donné l'onction d'une huile d'allégresse comme à nul de tes rivaux" (Ps, XXXXV, 8).

Symbole de joie et de beauté, donc, signe de consécration, l'huile est encore le baume (on dirait aujourd'hui la pommade) qui calme les douleurs et qui fortifie les lutteurs, les rendant plus souples et moins vulnérables. À la suite de ces divers symbolismes, l'Église a privilégié trois huiles, appelées "saintes huiles" : l'*huile des catéchumènes* donne la force du Saint-Esprit à ceux qui vont être baptisés et devenir les lutteurs de Dieu, à côté du Christ, contre l'esprit du mal; l'*huile des malades* est le signe sensible (la matière) utilisé dans le sacrement des malades, pour une onction sur le front et sur les paumes des mains : dans la maladie, elle procure le soulagement de l'Esprit-Saint; le *saint chrême* est une huile parfumée, utilisée pour les onctions de consécration : après le baptême, il marque le sommet de la tête du nouveau fils de Dieu. Au sacrement de la confirmation, il signe le front. Après l'ordination épiscopale, il est imprimé sur le sommet de la tête du nouvel évêque; de même, les mains du nouveau prêtre en sont imprégnées. Lors de la dédicace des églises et des autels, il est répandu sur les croix de consécration et sur toute la table de l'autel. En chacune de ces occasions, l'onction de saint chrême symbolise l'intervention de l'Esprit-Saint, qui prend possession des êtres ou des objets en vue de leur mission ou de leur fonction.

C'est lors de la messe dite "chrismale", le matin du Jeudi saint, que l'évêque bénit solennellement l'huile des catéchumènes et l'huile des malades, puis consacre le saint chrême. Les prêtres qui concélèbrent avec lui cette messe étendent la main lors de la consécration du saint chrême. Les huiles saintes sont ensuite conservées dans des ampoules ou burettes argentées, voire dorées, souvent surmontées d'une petite croix.

1. Ps, CIV, 15.

LE CHAPELET

PAR LA REPRISE INLASSABLE
DU "JE VOUS SALUE, MARIE",
ON ENTRE AVEC LA TENDRESSE MATERNELLE
DE LA VIERGE DANS LES MYSTÈRES DE JÉSUS

La dévotion à la Vierge Marie, Mère de Dieu, est caractéristique des catholiques et aussi des orthodoxes. Les protestants considèrent que donner à la Mère, c'est enlever au Fils, et que le recours à Marie fait offense à la médiation universelle du Christ, alors que Notre Dame dépend tout entière de Notre Seigneur.

La forme la plus répandue de la dévotion mariale est assurément le chapelet, qui se trouve dans toutes les mains catholiques jusque dans la mort. Ce "petit chapeau" est une couronne qui veut honorer la Vierge Mère : elle compte cinq dizaines de grains séparées par un grain isolé, qui invitent à cinquante récitations du "Je vous salue, Marie", cinq du "Notre Père" et cinq du "Gloire au Père". La couronne comporte encore une sorte de queue terminée par une croix, qui compte trois grains successifs entourés de deux grains isolés : sur la croix, qui est en fait le point de départ, on dit le "Je crois en Dieu" ; sur le premier grain isolé le "Notre Père", puis trois "Je vous salue, Marie" et enfin un "Gloire au Père". Le chapelet honore donc à la fois la Trinité, la Croix et la Vierge, qui sont les réalités catholiques fondamentales.

Le chapelet n'est qu'une partie du rosaire. Dire le rosaire, c'est offrir à Notre Dame une guirlande de roses, en fait trois chapelets. La fête du Rosaire, le 7 octobre, est liée à la victoire navale des chrétiens sur la flotte turque à Lépante, en octobre 1571.

Le "Je vous salue, Marie" – l'*Ave Maria* – est aussi appelé "la salutation angélique", puisqu'il reprend le salut de l'ange Gabriel à Marie lors de l'Annonciation, augmenté de celui d'Élisabeth lors de la Visitation[1]. La deuxième partie de la prière n'est pas directement évangélique : "Sainte Marie, Mère de Dieu, priez pour nous, pauvres pécheurs, maintenant et à l'heure de notre mort. Amen". Dans la récitation personnelle ou communautaire, des variantes sont pratiquées, en particulier les "clausules", qui développent la première partie en lien avec les mystères médités.

Il s'agit en effet d'entrer, par la proximité du cœur de Marie[2], dans la profondeur des mystères du salut. Les trois chapelets du rosaire sont successivement consacrés aux mystères joyeux, aux mystères douloureux et aux mystères glorieux. Comme les cent cinquante psaumes, les cent cinquante *Ave Maria* sont une école de contemplation : ils font entrer, par le cœur d'une Mère toute livrée à l'Esprit d'amour, dans les desseins que par son Fils le Père a réalisés pour nous.

1. Lc, I, 28-42.
2. Lc, II, 19-52.

LES CYCLES LITURGIQUES

AU GRÉ DES RYTHMES HUMAINS DU JOUR, DE LA SEMAINE ET DE L'ANNÉE, SE SUCCÈDENT LES FÊTES ET LES SAINTS QUI NOUS RAPPROCHENT DE DIEU

Même si les anciens n'avaient pas une exacte notion du mouvement des astres et croyaient que la Terre était le centre de l'Univers, ils connaissaient parfaitement le cours des saisons, pratiquaient la division de l'année en douze mois et distinguaient la proximité de certaines planètes, assimilées aux dieux de la mythologie.

Lorsque la Rome impériale abandonna l'ancienne datation selon les Calendes, Nones et Ides pour un système hebdomadaire hérité des Égyptiens, ces dieux servirent à nommer les jours de la semaine : dimanche était le jour du Soleil (*solis dies*, d'où l'allemand *Sonntag* et l'anglais *sunday*), lundi le jour de la Lune, mardi le jour de Mars, mercredi le jour de Mercure, jeudi le jour de Jupiter, vendredi le jour de Vénus, samedi le jour de Saturne (*dies Saturni*, d'où l'anglais *saturday*). Le décompte des heures s'effectuait sur la base de la journée solaire, divisée en quatre groupes de trois heures.

À la mythologie des religions polythéistes, la Bible a substitué sa conception du cosmos : selon la Genèse, le Soleil et la Lune ne sont que des instruments destinés à séparer la lumière des ténèbres ; les étoiles et les planètes sont les armées du Seigneur Sabaoth : on ne saurait leur devoir aucun culte. Les six premiers jours de la semaine correspondent aux étapes successives de la création du monde, et le septième au repos divin : c'est pourquoi le jour de Saturne est devenu pour les juifs celui du sabbat (de l'hébreu *shabbat*, "repos" ; une variante hellénisante en a fait le *sambati dies*, d'où le français *samedi* et l'allemand *Samstag*).

Du premier jour de la semaine, les chrétiens ont fait le "jour du Seigneur" (*dies dominicus*, d'où *dimanche*), en l'honneur de sa Résurrection. C'est aussi une certaine prolongation des symboles antiques, car le rayonnement du Soleil, qui renaît chaque matin, est associé à l'image du Christ ressuscité : cette métaphore prend sa source dans l'Ancien Testament[1]. La Vierge Marie, qui n'est pas comme son Fils "lumière née de la lumière" (*Credo*), mais qui reflète sa clarté, trouve naturellement dans la lune le symbole de sa mission médiatrice – et de nombreux peintres l'ont représentée, à toutes les époques, les pieds posés sur un croissant de lune.

D'une délicate imbrication de ces cultes et symboles successifs, et des divers systèmes de mesure du temps, sont finalement issus les trois cycles de la liturgie catholique : cycle quotidien, cycle hebdomadaire et cycle annuel. Le cycle quotidien de la liturgie des "Heures" se compose de prières, de psaumes et de lectures qui sanctifient les principaux moments de la journée : les Laudes le matin, l'office du milieu du jour, les Vêpres en fin d'après-midi et les Complies avant le coucher. Les "livres d'heures", dont il existait au Moyen Âge de superbes exemples, sont des recueils de prières qui permettent aux laïcs de pratiquer ces célébrations. Il existe en outre pour les moines et moniales des Vigiles nocturnes (ou encore Matines), et des "petites heures" inspirées de la tradition juive, c'est-à-dire des prières que règlent encore les divisions du jour en usage dans l'Antiquité : tierce (vers 10 heures), sexte (vers 13 heures) et none (vers 15 heures).

Le cycle hebdomadaire commence le dimanche, premier jour de la semaine[2], qui en constitue à la fois la source et le sommet, d'où l'importance de la messe dominicale pour les chrétiens. Du lundi au samedi se déroule la liturgie propre à chaque journée, de la deuxième à la septième "férie" (du latin *feria*, "fête", car tous les jours sont sacrés : cette dénomination liturgique remonte au Bas-Empire, où l'on s'efforça – en vain – de proscrire les noms des jours païens). Le vendredi, où mourut Notre Seigneur, est une journée de pénitence et d'abstinence qui passe de ce fait, dans les superstitions populaires, pour un jour néfaste.

Le cycle annuel est plus complexe, puisqu'il comprend à la fois les célébrations des divers temps liturgiques (le "temporal") et les fêtes des saints (le "sanctoral"), que la dévotion populaire a parfois eu tendance à multiplier. Mais c'est au temporal, qui célèbre les mystères de l'Incarnation et de la Rédemption, que revient la première place : la réforme liturgique de Vatican II a veillé à rétablir cette nécessaire primauté.

On distingue dans le temporal deux cycles importants, celui de Noël et celui de Pâques, dont la célébration nous fait parcourir les mystères de notre salut dans le Christ. Tous les deux commencent par un temps de préparation, respectivement l'Avent et le Carême, trouvent leur centre dans la fête de la Nativité et dans le Triduum pascal, se poursuivent par le "temps de Noël" et le "temps pascal", puis s'achèvent enfin par la fête du Baptême du Seigneur et la Pentecôte. Le reste de l'année court le "temps ordinaire", qui comporte trente-quatre semaines.

Voici dans l'ordre de leur succession les temps et les principales fêtes du temporal, et leur signification :

I. L'AVENT (du latin *adventus*, "avènement") : l'année liturgique commence par un temps de préparation à Noël, dès le quatrième dimanche avant le 25 décembre. L'Avent nous fait attendre dans la joie (tout particulièrement à l'occasion du troisième dimanche, dit de *Gaudete* : "Réjouissez-vous", qui est le premier mot de l'introït) un triple avènement : l'humble naissance de Jésus dans l'étable de Bethléem, la grâce qui encore aujourd'hui nous est donnée par sa célébration liturgique, et le retour en gloire du Christ à la fin des temps. Les premières féries de l'Avent se concentrent sur le troisième avènement, tandis que la semaine qui précède immédiatement Noël souligne les deux autres.

II. NOËL (du latin *natalis dies*, "jour de naissance") : neuf mois après l'Annonciation (25 mars), le 25 décembre célèbre la naissance du Christ et le mystère de l'Incarnation, fondement du symbolisme chrétien. Noël est aussi la fête de la sainte Famille de Joseph, Marie et Jésus, mais aussi de toutes les familles, fête de la vie qui vient de Dieu et le rejoint.

La solennité de Noël a christianisé la fête païenne du *Natalis Invicti* ("naissance du Soleil invaincu") lors du solstice d'hiver : à cette date, l'orbe du soleil commence à remonter dans le ciel, comme l'Enfant qui va grandir. À l'inverse, le solstice d'été, au 24 juin, coïncide avec la fête de saint Jean Baptiste, le Précurseur, qui a dit de Jésus : "Il faut qu'il croisse et que je diminue" (Jn, III, 30).

III. L'ÉPIPHANIE (du grec *epiphainô*, "faire apparaître") : en Orient, la fête de l'Épiphanie était celle de la naissance et de la manifestation de Jésus comme Messie et Sauveur. Fixée au 6 janvier, elle est la fête de la vraie Lumière, celle de l'étoile apparue aux Mages pour les conduire au Christ[3]. La fête des Rois reste populaire : dans toutes nos crèches, trois Rois Mages viennent adorer le vrai Roi et lui offrir l'or, l'encens et la myrrhe. La galette des rois, bénie à la messe, symbolise le Christ, le Pain de vie (Bethléem en hébreu signifie "la maison du pain"). Les Mages ont un peu éclipsé les deux autres "apparitions" que célèbre aussi l'Épiphanie : le baptême du Christ par Jean Baptiste au Jourdain (une fête lui est consacrée le dimanche après l'Épiphanie, qui conclut le cycle de Noël) et les noces de Cana, où se déroule son premier acte public.

IV. LA CHANDELEUR : quarante jours après sa naissance, le 2 février, la Présentation du Seigneur au temple de Jérusalem est un complément du cycle de Noël. C'était une ancienne coutume juive, observée par la sainte Famille[4]. La fête est une célébration de la lumière, en lien avec la parole du vieillard Siméon, voyant dans l'enfant "la lumière qui éclaire les nations" : elle comporte, avant la messe, une bénédiction et une procession de cierges. Les fidèles, qui aspirent à devenir "enfants de lumière", ont l'habitude d'emporter chez eux les cierges bénits. On les fait brûler auprès des morts, en signe d'espérance de la lumière éternelle.

V. LE CARÊME (du latin *quadragesima dies*, "quarantième jour" avant Pâques) : la "sainte Quarantaine" est un temps de préparation pénitentielle à la fête de Pâques. Ce délai de quarante jours est celui qui précède, pour Moïse comme pour Élie, la rencontre de Dieu sur la montagne du Sinaï[5]. Jésus lui-même s'est préparé à son ministère public par quarante jours de jeûne au désert[6]. Le Carême dure six semaines, mais comme on ne fait pas pénitence le dimanche, on le commence le mercredi qui précède le premier d'entre eux : c'est le mercredi des Cendres.

Les cendres bénites, habituellement obtenues par la combustion des Rameaux de l'année précédente, symbolisent la précarité de l'être humain face à Dieu. Après le péché originel, la poussière est l'image de la mort, liée au péché : "Car tu es poussière, dit Dieu au premier homme, et tu retourneras à la poussière" (Gn, III, 19). La pratique du jeûne fait aussi explorer les limites de la condition humaine : en corrigeant les excès de table, elle invite à se reconnaître dépendant des bienfaits du Créateur.

Au milieu du Carême, le quatrième dimanche, dit de *Laetare* ("Réjouis-toi" : c'est le premier mot de l'introït) constitue une pause : l'Église propose une halte joyeuse avant Pâques. On n'y porte pas encore les vêtements liturgiques blancs de cette fête, mais le violet de la pénitence s'éclaircit en rose.

Le sixième dimanche de Carême est celui des Rameaux, qui commence la Semaine sainte. Il commémore l'entrée solennelle de Jésus à Jérusalem, quelques jours avant sa passion et sa mort sur la Croix[7]. L'assemblée se réunit en quelque lieu hors de l'église, où le célébrant bénit les rameaux (palmes, buis ou laurier selon les régions), et d'où part une procession vers l'église, pour la messe au cours de laquelle on lit un des Évangiles de la Passion. Les fidèles rapportent chez eux les rameaux bénits et en ornent les crucifix de leurs maisons.

VI. PÂQUES (de l'hébreu *pãsah*, "épargner", d'où *pesah*, "agneau pascal", en latin *pascha*, le sacrifice de l'agneau pascal étant le prélude à la sortie d'Égypte) : la fête de Pâques est la plus importante de toute l'année liturgique et comprend les trois jours du *Triduum* pascal. Elle commence par la messe du soir du Jeudi saint, celle de la dernière Cène, au cours de laquelle Jésus institua l'Eucharistie. Le lendemain, Vendredi saint, on célèbre sa Passion et sa mort sur la Croix, spécialement lors de l'office de l'après-midi.

En dehors de la liturgie proprement dite, on accomplit le rite du "chemin de croix", avec ses quatorze stations qui vont de la condamnation de Jésus à son ensevelissement ; on peut aussi les compléter depuis la Cène et jusqu'à la Résurrection. Le Samedi saint est un jour de silence, d'attente et d'espérance. La célébration de la Résurrection commence dès la Vigile pascale, le samedi soir, avec la bénédiction du feu nouveau et du cierge pascal, suivie de longues lectures et de la messe; elle ouvre la Solennité des solennités qu'est la fête de Pâques, attestant la victoire de Jésus sur la mort, gage de notre propre résurrection.

Pâques est une fête mobile, dont la position n'est pas fixée dans le calendrier civil : selon des règles établies au IVe siècle, on la célèbre le dimanche qui suit le quatorzième jour de la lunaison de mars, soit au plus tôt le 22 mars et au plus tard le 25 avril. Tout le cycle pascal est établi, chaque année, en fonction de la date de Pâques, et s'intercale en conséquence dans la suite des trente-quatre dimanches ordinaires.

Les cinquante jours du temps pascal, qui vont jusqu'à la Pentecôte, ne constituent pratiquement qu'un seul jour de fête, temps de joie et d'allégresse dominé par le chant de l'Alléluia (de l'hébreu *halelou iah*, "louez Yah", c'est-à-dire "Louez Yahvé, louez le Seigneur"), acclamation que l'on trouve dans les Psaumes.

VII. L'ASCENSION : quarante jours après Pâques, l'Ascension célèbre la montée définitive au ciel du Seigneur ressuscité. D'après les Actes des Apôtres, Jésus victorieux de la mort apparaît à ses disciples pendant quarante jours, "les entretenant du Royaume de Dieu" (Ac, I, 3). Comme l'exprime le symbole de la foi : "Il monta au ciel; il est assis à la droite du Père. Il reviendra dans la gloire, pour juger les vivants et les morts, et son règne n'aura pas de fin".

VIII. LA PENTECÔTE (du grec *pentêkonta*, "cinquante") : le cinquantième jour après Pâques, la Pentecôte est la solennité qui clôt le temps pascal et parachève son mystère par le don de l'Esprit : réunis autour de Marie dans le Cénacle, les Apôtres sont remplis de l'Esprit-Saint, qui vient sur eux sous la double apparence d'un vent violent et de langues de feu qui se posent sur chacun d'eux[8]. Le feu de l'amour divin se propage ainsi par leur intermédiaire, selon la mission que leur a donnée le Christ : la Pentecôte est le jour de l'avènement de l'Église qui naît dans le chant des merveilles de Dieu (Ac, II, 11).

IX. LA TRINITÉ : le dimanche qui suit la Pentecôte est la fête de la Trinité, fête tardive, car le mystère de l'unité du Père et du Fils et du Saint-Esprit est la source et la fin de toute la vie chrétienne; il ne cesse d'être célébré (*cf.* les pages sur la Trinité).

X. La Fête-Dieu : le jeudi après la Trinité (ou le dimanche suivant selon les pays et les régions), la Fête-Dieu, ou solennité du Corps du Christ, célèbre l'Eucharistie. C'est une fête populaire marquée par l'adoration et la procession du Saint-Sacrement, placé dans l'ostensoir. On jonche de feuillages les chemins où doit passer le Seigneur ; on y dessine aussi des motifs à la sciure teintée. Plusieurs villes dans le monde sont connues pour la magnificence de ces processions.

XI. Le Sacré-Cœur : solennité célébrée le deuxième vendredi après la Trinité. Centrée sur le symbole de l'amour humain du Christ, elle se fonde sur l'épisode de son cœur transpercé après sa mort sur la Croix[9]. L'eau et le sang qui coulent de cette blessure sont les symboles des sacrements, qui ne cessent de sourdre du Cœur ouvert de Jésus.

XII. L'Assomption : le 15 août, l'Assomption célèbre la montée au ciel de la Vierge Marie, qui a rejoint son Fils dans son corps et dans son âme. À la différence du Christ qui s'est élevé dans les airs, la Vierge est portée par les anges dans la gloire de Dieu, ce qui explique le terme d'Assomption (du latin *assumere*, "emporter, soulever").

XIII. La Toussaint (de l'ancien français *Toz Sainz*, "tous les saints") : depuis le IXe siècle, la Toussaint célèbre le 1er novembre la mémoire de tous les saints, et anticipe dans la joie notre propre salut. Le lendemain 2 novembre est consacré à la fête des Morts, avec laquelle, à tort, on confond parfois la Toussaint. Cette commémoraison des défunts a été instituée par saint Odilon, abbé de Cluny, au début du XIe siècle.

XIV. le Christ-Roi : le trente-quatrième et dernier dimanche du temps ordinaire, on célèbre depuis 1925 la fête du Christ-Roi, hommage solennel à celui qui s'est livré pour nous jusqu'à la mort. Cette fête prépare à la nouvelle année liturgique qui commence avec l'Avent le dimanche suivant.

On célèbre enfin, tout au long de l'année, les saints dont la commémoraison figure au sanctoral. Chaque jour est ainsi l'occasion d'évoquer plusieurs saints de diverses époques, dont les mérites peuvent guider les chrétiens sur le chemin de la perfection. Certaines de ces fêtes connaissent une plus grande ampleur selon les pays et les églises, notamment les fêtes "patronales" qui célèbrent le saint patron de la paroisse ou de la région. On connaît par ailleurs des traditions populaires fortement ancrées, comme les feux de la Saint-Jean, au solstice d'été, ou encore les dictons qu'ont inspirés par exemple la Saint-Médard et les fameux "saints de glace".

Ces différents cycles qui s'imbriquent et se succèdent ne doivent pas inciter à croire que les chrétiens tournent en rond. Chaque année, chaque semaine, chaque jour, ils entrent au contraire davantage dans les mystères essentiels de la religion. Notre nature humaine a besoin de semblables reprises, qui permettent à la grâce et à l'amour de Dieu de nous habiter plus profondément.

Les cycles liturgiques sont rythmés par les sonneries de cloches, qui occupent de ce fait une place privilégiée dans la vie des chrétiens. Les carillons des églises sont le signe de leur vitalité, quand ils sonnent baptêmes, mariages et enterrements, les messes quotidiennes et dominicales, et dans les monastères les heures de l'office divin. Les cloches sont le symbole de l'appel de Dieu convoquant son Peuple pour la célébration de l'Alliance, et aussi, traditionnellement, un symbole de la voix des anges, ce qui explique la vénération qui les a toujours entourées et la solennité qui préside à leur bénédiction, leur baptême en quelque sorte, avec ablution, onction de saint chrême et encensement.

1. "Mais pour vous qui craignez mon nom, se lèvera un soleil de justice, portant la guérison dans ses ailes" (Ml, III, 20).

2. "Le premier jour de la semaine, de grand matin, elles se rendirent au Sépulcre..." (Lc, XXIV, 1).

3. Mt, II, 1-12.

4. Lv, XII, 2-4; Lc, II, 22-38.

5. Ex, XXIV, 18; I R, XIX, 8.

6. Mt, IV, 2.

7. "Ceux qui étaient venus en foule considérable pour la fête, apprenant que Jésus venait à Jérusalem, prirent des rameaux de palmier et sortirent à sa rencontre..." (Jn, XII, 12-13).

8. Ac, II, 1-13.

9. Jn, XIX, 32-34.

Symboles du bouddhisme tibétain

PAR CLAUDE B. LEVENSON

LA ROUE DU TEMPS

DES CYCLES TEMPORELS POUR RYTHMER LES GESTES INTEMPORELS DU QUOTIDIEN

La Roue du Temps est la manière tibétaine d'ancrer l'être humain dans ses dimensions matérielle, spirituelle et universelle. Elle est exécutée en sables colorés pour des initiations ou représentée sur des rouleaux de tissu brodé ou peint.

Diagramme somptueux et coloré de l'un des enseignements les plus complets du *Vajrayâna*, la Roue du Temps, ou initiation de *Kâlachakra*, est à la fois l'ouverture d'un chemin vers la connaissance et le sentier qui mène à l'harmonie. Cette harmonie procède d'une subtile résonance entre le corps et l'esprit humains, et l'univers extérieur qui leur sert d'écrin dans ses dimensions astrologique et cosmique.

En mariant en une forme subtile l'éphémère et le sensible, les sages himalayens voient dans la pratique rigoureuse et complète du *Kâlachakra* la possibilité d'accéder à l'Éveil en une seule vie. C'est dire d'emblée sa complexité.

Si l'on en croit Tenzin Gyatso, l'actuel dalaï-lama, quatorzième de la lignée, la symbolique de la Roue du Temps est étroitement liée à notre monde et à notre époque : "Nous croyons fermement en son pouvoir de réduire les tensions, explique-t-il, nous l'estimons apte à créer la paix, la paix de l'esprit, et par conséquent à favoriser la paix dans le monde. Un jour, dans les siècles à venir, le royaume de Shambala pourrait fort bien réapparaître dans la réalité qui semble être la nôtre, et contribuer à l'œuvre d'ensemble qu'il nous faut encore accomplir en ce monde."

Le hiérarque spirituel a lui-même conféré cette grande initiation à plus de vingt reprises, depuis 1954 à Lhassa dans son Tibet natal, jusqu'en 1995 à Oulan-Bator en Mongolie, en passant par Bodh Gayâ et Sarnâth, ces hauts lieux du bouddhisme, Rikon en Suisse, Madison aux États-Unis, Barcelone en Espagne, ou encore Leh au

Ladakh et Mungod en Inde du Sud. Assister à pareille initiation, suivre l'élaboration du *mandala*, écouter l'enseignement, pénétrer par la visualisation cet univers de couleurs et de symboles, faire le tour du cosmogramme sacré et s'en purifier le regard, sèment les germes d'une prochaine renaissance heureuse.

En accordant l'être humain au cosmos, le *Kâlachakra* met en jeu les forces de l'intérieur et de l'extérieur, illustrées par le *mandala*, support de méditation et diagramme de l'Univers, avec toutes les correspondances qu'il engendre. Au cœur du *mandala*, au plus secret du sanctuaire de la divinité, dans le palais de la conscience primordiale représenté par le *vajra* bleu, *Kâlachakra* est symbole de Lune, tandis que sa parèdre *Vishvamata* figure le Soleil sous forme d'un point jaune orangé. Sagesse et compassion s'unissent ici dans une étreinte où se dissolvent toutes les contradictions, en un vide porteur de tous les possibles.

Mais la Roue du Temps est aussi le mécanisme qui régit le calendrier du quotidien, issu des rythmes lunaires. On ne s'étonnera pas de percevoir une double racine, indienne et chinoise, dans le calcul du temps tibétain. Il semble que l'influence de l'Inde ait été prépondérante, quand bien même la désignation des années conserve une forte empreinte chinoise. Afin de distinguer ces deux influences, on qualifie de "mathématiques blanches" le comput indien, et de "mathématiques noires" la manière chinoise, recouvrant aussi les pratiques divinatoires. Almanachs et tabelles astrologiques sont fréquemment utilisés dans la vie courante, et scandent les événements marquants de l'année.

Les jours de la semaine sont nommés en fonction des planètes, et forment des mois de trente jours, d'appellation strictement ordinale : premier mois, deuxième mois, etc. Chaque mois débute à la nouvelle Lune, si bien que la pleine Lune en marque le milieu. L'année tibétaine est donc lunaire, et commence à la nouvelle Lune de février, précédée par une journée dite *Gutor*, durant laquelle on se débarrasse de tout ce qui a été négatif au cours de l'année écoulée. La veille du *Lo-Sar* (Nouvel An) est consacrée en général au nettoyage approfondi de sa maison ou de sa tente chez les nomades.

Jours fastes et néfastes sont pris en compte dans les activités quotidiennes, le huitième jour du mois étant dédié au Bouddha de médecine, le quinzième au Bouddha Amitabba, et le trentième à Çakyamûni, le Bouddha historique. En ces jours particuliers, les effets de toute action, positive ou négative, sont multipliés par cent. Afin de rétablir la concordance entre les années solaire et lunaire, un jour est simplement sauté de temps à autre, et les ajustements nécessaires sont régulièrement opérés pour éviter d'inextricables difficultés.

Douze animaux – souris, bœuf, tigre, lièvre, dragon, serpent, cheval, mouton, singe, oiseau, chien et cochon – composent dans cet ordre le cycle duodécimal, dont cinq périodes révolues constituent à leur tour un cycle de soixante années. Pour éviter les confusions, on ajoute à chacun de ces symboles un élément, terre, métal, eau, bois, feu ; un genre, masculin ou féminin ; parfois même une couleur, qui correspond en fait aux éléments : jaune ocre pour la terre, blanc pour le métal, bleu pour l'eau, vert pour le bois et rouge pour le feu. Les calculs astrologiques, toujours pratiqués en médecine et pour établir les horoscopes, utilisent largement ces données multiples, avec une précision dont s'étonnera plus d'un esprit rassis. À titre d'exemple, l'année tibétaine 2123, de la souris de feu, a débuté le 19 février 1996.

LA ROUE DE LA VIE

CHACUN S'ACCORDE
À SA PROPRE CONSCIENCE SPIRITUELLE

La Roue de la Vie inscrit visuellement les diverses étapes des existences. On la trouve généralement peinte sur un mur ou sur du papier voire du tissu, dans tous les monastères. Elle rappelle à tous les êtres sensibles que le but suprême demeure l'Éveil. Reproduite ou recréée sans relâche, elle a accompagné des générations de rudes nomades ou de fins lettrés sur les voies multiples de la recherche ou de la dévotion, remémorant à chacun le temps qui passe et les Quatre Nobles Vérités : l'existence de la souffrance, son origine et ses causes, sa cessation et la voie pour y accéder.

Traditionnellement, le Seigneur de la Mort au regard courroucé, les crocs proéminents et le front ceint d'une couronne macabre, tient solidement entre ses bras puissants un grand disque où s'inscrivent quatre cercles concentriques de dimensions codifiées. Pourvu d'ongles griffus, d'une peau de tigre dont on aperçoit la queue et les pattes arrière, ce personnage terrifiant porte de riches bijoux serpentins. Il est censé figurer le destin, ce qu'on appelle d'ordinaire le *karma*, et symbolise le caractère transitoire de tous les phénomènes. La marche à suivre pour interpréter ce bréviaire existentiel débute au centre. Le premier cercle contient les trois poisons spirituels responsables des maux à venir : un cochon noir pour l'ignorance, un serpent vert pour la haine et l'envie, un coq rouge pour la concupiscence et la cupidité. Un deuxième cercle l'entoure, mi-blanc, mi-noir. Quiconque se laisse piéger par ses impulsions mauvaises prend le chemin d'ombre (*Ngan-Grohi Lam*) qui conduit aux renaissances malheureuses et aux enfers. Les autres empruntent le sentier de lumière (*De-Grohi Lam*) qui mène aux renaissances meilleures et aux terres de libération.

Une douzaine de tableautins, au demeurant explicites, constituent le cercle extérieur du grand disque. Ils déroulent les étapes de l'existence humaine, avec des symboles d'accès facile. À commencer en bas à gauche, le vieil homme cherchant son chemin demeure sous l'emprise de l'ignorance, qui est un aveuglement spirituel. Ensuite, dans le sens des aiguilles d'une montre, le potier qui tourne un pot façonne son destin par ses propres actes. Le singe qui saute de branche en branche renvoie à une conscience incontrôlée chez les ignorants qu'il importe de discipliner pour en acquérir la maîtrise. Le coracle et ses deux passagers représentent le nom et la forme, ou les énergies – physique et spirituelle – inséparables dans le courant de la vie. La maison aux cinq fenêtres de la cinquième vignette évoque les cinq sens et la faculté de la pensée, sans lesquels il n'est point de perception du monde extérieur. L'homme et la femme enlacés figurent le contact, conséquence des perceptions.

Les émotions viennent ensuite ; ainsi, la femme offrant à boire à l'homme éveille le désir, symbole de la soif de vivre nourrie de perceptions. Il en résulte l'attachement sensuel, la tendance à s'attacher à l'objet du désir : un homme lorgne les fruits de l'arbre. À la case suivante la jolie fille suggère la procréation, une nouvelle vie en train de germer. Puis c'est l'accouchement, une vie nouvelle. La dernière étape terrestre, enfin, est sanctionnée par la mort, et la préparation à une prochaine naissance dans l'un des six mondes qui constituent notre univers.

Entre le cercle extérieur des saisons humaines et la double voie blanche ou noire, s'étendent les six mondes où l'être doit renaître en fonction de ses propres actes du corps, de la parole et de la pensée. C'est d'abord, au milieu de la partie supérieure, le paradis temporaire des dieux : car les dieux meurent aussi, faute d'entendre la mise en garde implicite du Bouddha contre la vanité des plaisirs. Parfois, des échos de lointains combats leur parviennent depuis l'empire voisin des Titans, qui bataillent ferme pour satisfaire d'irrépressibles ambitions. Parmi eux, le Bouddha porte l'épée.

Dans la moitié inférieure, trois espaces où il ne fait pas bon revenir : des lieux lugubres où de malins esprits s'acharnent à multiplier les tourments. À droite, des monstres avides que torturent la soif et la faim ne peuvent apaiser leurs désirs en raison de difformités physiques rédhibitoires. Leur ciel pourtant est éclairé par un Bouddha porteur d'une cassette débordant de joyaux de l'esprit. Un peu plus bas, ce sont les séjours infernaux, où règnent le feu et la glace pour châtier les coupables de mauvais coups perpétrés sous l'empire de la haine ou de la colère. Ce monde épouvantable est surveillé par un acolyte du Seigneur de la Mort, qui mesure le poids des actions de chacun. Le Bouddha ici est porteur d'une flamme, celle de l'espoir, car nulle vie où que ce soit n'est éternelle.

Le dernier palier inférieur, à gauche, est peuplé d'animaux, esclaves du bon vouloir d'autres êtres, et le Bouddha y témoigne de sa présence par le livre. Entre ce règne animal et le séjour des dieux, l'espace est celui des hommes avec toute leur diversité. C'est à l'être humain qu'échoit en définitive le plus grand privilège, car dans ce kaléidoscope bariolé à l'infini, il est le seul à pouvoir faire son choix, à prêter consciemment l'oreille à l'enseignement du moine mendiant qui lui indique la voie de la cessation de la souffrance. En s'éveillant de son rêve halluciné, il s'affranchit de toutes chaînes, d'or ou de fer. Mais sur le sentier c'est à lui de marcher.

LA ROUE DE LA LOI

AIDER AUTRUI, À TOUT LE MOINS NE PAS LUI NUIRE

La Roue de la Loi est présente dans tous les lieux sacrés tibétains : elle comporte généralement huit rayons, et se présente sur le fronton principal des monastères, grands ou petits, flanquée de deux gazelles ou daims. Elle figure avant tout la doctrine prêchée par le Bouddha historique, et les gracieux animaux qui l'accompagnent représentent ses deux premiers auditeurs ou disciples. Mais le bouddhisme ne laisse rien au hasard, et derrière l'apparente simplicité de cette première explication se déroule, réflexion après réflexion, un sens approfondi du symbole qu'il faut suivre à la façon d'un fil d'Ariane afin de ne pas se perdre.

La roue, ou *chakra*, c'est le cycle sans cesse recommencé des naissances et des renaissances, le *samsâra* où évolue à l'infini la multitude des êtres pris dans les rets de l'illusion. Si l'on parle ici de loi, c'est bien dans son acception de "vraie nature", celle qui fonde la règle naturelle de l'Univers : l'éthique et la morale de l'être humain. Vérité suprême de toute la diversité des mondes et des Univers, elle a été perçue, comprise et définie par le prince Siddhârta Çakyamûni, devenu l'Éveillé, qui la formula pour la rendre intelligible aux générations du cycle cosmique actuel.

Les huit rayons de la Roue de la Loi symbolisent l'Octuple Sentier, les huit voies de libération qui mènent à l'Éveil. À quatre rayons, la Roue évoque les quatre "instants" cruciaux de la vie du Bouddha, et les disciples la considèrent comme une arme imparable en vue de maîtriser les passions. Elle est aussi le rappel constant des Quatre Nobles Vérités de la souffrance, de son apparition, de sa cessation et de la voie qui y conduit.

Dans la tradition tibétaine, la Roue de la Loi a été mise en mouvement à trois reprises : lors du premier enseignement prodigué par le sage nouvellement éveillé au parc aux daims, près de Sarnâth ; lors de l'apparition du *Mahâyâna* ; et enfin quand s'est manifesté le *Vajrayâna* ou *Tantrayâna.*

La Roue de la Loi symbolise en outre la voie du milieu. C'est le sentier suivi par Çakyamûni, qui a prôné de se garder des extrêmes, de l'ascétisme excessif comme de la débauche effrénée, afin d'accéder à la connaissance suprême, qui est point d'équilibre à mi-chemin de la réalité et de la non-réalité des choses. C'est dire à quel point la Roue de la Loi est un symbole fondamental, fondant de multiples interprétations, même si ces diverses facettes sont autant de reflets d'une essence unique.

La légende de Siddhârta rapporte qu'après six années d'un ascétisme rigoureux et vain, le Bouddha en devenir se réconforta d'un bol de riz et entreprit de méditer sous un arbre sacré, sur la rive occidentale de la Lilajan (à une dizaine de kilomètres au sud de Gayâ, au Magadha), le moderne Bihar. Il avait décidé de ne quitter le lieu qu'après avoir atteint l'Éveil, la *bodhi.* Au cours d'une fameuse nuit, il parvint au but qu'il s'était assigné, malgré les tentations des légions de Mãra, maître de la mort et des illusions ; et l'aurore nouvelle lui apporta l'omniscience.

Sept semaines durant, Çakyamûni goûta cette félicité inouïe dans les parages immédiats, devenus sacrés depuis, de Bodh Gayâ. Près de l'arbre de Rajyatana, il rencontre alors Tapussa et Balluka, deux marchands de la province indienne d'Hutkala (aujourd'hui l'Orissa), qui sont ses deux premiers adeptes. Les deux daims qui accompagnent la Roue, ce sont eux : d'autres disent que ce sont des gazelles, et d'aucuns soutiennent qu'en fait ce sont des licornes…

Assise de l'existence humaine, la Roue de la Loi est inséparable de la notion de *karma,* c'est-à-dire de l'acte : toute action est le fruit d'un acte antérieur, et entraîne à son tour une conséquence. C'est cet enchaînement qui forme la loi dite de causalité. Elle n'implique cependant pas un déterminisme aveugle ou implacable, car si le *karma* façonne les situations présentes en fonction d'actes précédents, l'individu conserve la faculté d'apporter sa propre réponse aux conditions du moment. Il a le choix entre persister dans la direction que déterminent ses actes passés, ou s'engager au contraire dans une voie qui l'allège de ses mauvais penchants.

Autre caractéristique, l'intention prend généralement le pas sur l'accomplissement de l'acte proprement dit. Aux yeux des bouddhistes, il importe donc d'éviter tout dessein malfaisant, car il suffit d'en former l'idée pour qu'il se traduise en conséquences karmiques, bonnes ou mauvaises. En revanche, accomplie sans haine, sans convoitise ni confusion, l'action reste dépourvue de résultat karmique, quelle qu'elle soit. L'acte est physique, mais aussi psychique ou verbal : d'où la nécessité de garder purs le corps, l'esprit et la parole qui sont les bases d'une existence conforme à la Loi.

La Roue de la Loi ne cesse de tourner qu'à l'instant précis où se dénouent à jamais les liens de la causalité, lorsque l'individu se libère de l'illusion et accède à jamais à la sagesse omnisciente de l'Éveil.

BONNETS ROUGES ET BONNETS JAUNES

SOUS L'AILE PROTECTRICE DES TROIS JOYAUX

Attribut de certains rites, la coiffe est devenue signe emblématique des écoles dites des Anciens (rouge) et des Modernes (jaune). Au cours de l'évolution locale de la doctrine bouddhiste, quatre ordres principaux sont apparus sur le haut plateau tibétain. Après une première vague de traduction des textes fondateurs, on assiste au VIIe siècle à la naissance de l'école *Nyingma*, dont les adeptes sont généralement appelés les Anciens et se réclament de l'héritage du sage Padmasambhava.

Après de sanglants affrontements politiques et religieux aux siècles suivants, qui faillirent anéantir la Bonne Loi et remettre en selle les croyances antérieures, la nouvelle floraison de la doctrine donne naissance aux écoles *Sakya* et *Kagyu*. D'autres courants fleurissent à leur tour autour de maîtres spirituels qui, se fondant sur une interprétation personnelle des textes, enrichissent la réflexion philosophique et forment leurs disciples à l'exercice d'une voie d'accès particulière à l'Éveil.

Se faisant et se défaisant à un rythme aléatoire, souvent ancrés en un lieu reculé à la suite de la présence sur place d'un ermite ou d'un ascète, certains ordres mineurs durent l'espace d'une existence humaine – celle du maître. D'autres perdurent et se déploient sur des chemins buissonniers toujours plus ou moins proches de l'Octuple Sentier. Tel est le cas notamment au sein de l'ordre Kagyu, qui connaît nombre d'avatars, ou de l'école Kadampa, originellement associée au monastère de Réting et dont l'influence demeure marquante dans l'ordre Geloug.

Dernière venue sur la scène colorée du bouddhisme tibétain, l'école de "ceux qui pratiquent la vertu" doit sa naissance au grand érudit réformateur Tsong-Khapa, qui fonda en 1409 le célèbre monastère de Ganden, après avoir puissamment contribué à la création de ceux de Sera et Drépung. Ces trois grandes universités monastiques sont d'ailleurs toujours considérées comme "les Trois Piliers du Tibet". Les *Geloug-pa* finirent d'ailleurs par prendre la préséance sur les autres (les *Nyingma-pa*, les *Sakya-pa* et les *Kagyu-pa*) en raison principalement de l'affirmation sur le plan politique du dalaï-lama, lignée de transmission des savoirs et de la sagesse se réclamant de la réforme de Tsong-Khapa.

Il convient néanmoins de se garder de l'impression d'un antagonisme perpétuel entre ces diverses obédiences. Sans doute les relations ont-elles été parfois conflictuelles entre les ordres, en raison de rivalités personnelles et de divergences d'intérêts, souvent inspirées par des alliés extérieurs temporaires. Sur le plan de la doctrine cependant, bonnets rouges et bonnets jaunes se reconnaissent tous fidèles et serviteurs de la loi du Bouddha. D'ailleurs, si les premiers sont associés aux

Anciens et les seconds plus proches de l'ordre Geloug, il arrive qu'au cours de rituels spécifiques l'une ou l'autre coiffe soit utilisée.

Premier pas indispensable pour les bouddhistes du Haut-Pays, s'engager pleinement sur la voie implique "*kyabdro*", c'est-à-dire "prendre refuge" auprès du Triple Joyau. Les bouddhistes tibétains en font d'ordinaire un préalable à toute initiation à la Bonne Loi, car la pratique concrète est indissociable de l'étude livresque, et que pour accomplir correctement les exercices de méditation, il est nécessaire d'avoir un maître apte à diriger ce double apprentissage.

De cette exigence découle un autre impératif, le choix mutuel et judicieux qui cimente la relation entre maître et disciple. Les fondements de la vision bouddhique demeurent, où que ce soit, le Bouddha, son enseignement (le *dharma*) et la communauté monastique (le *sangha*), à la fois pierre de touche et protection de la quête spirituelle. Avec l'évolution du *Mahâyâna* qui avance la notion d'universalité de la bouddhéité au-delà de la personnalité historique de Çakyamûni, le développement du *Vajrayana* accroît la prééminence du maître instructeur qui en incarne le principe vivant parmi les hommes. D'ailleurs, lama n'est pas employé pour le tout-venant des moines, c'est un titre réservé aux plus accomplis et aux plus savants, sages habilités à enseigner la doctrine et à pratiquer les rites, à former les autres et à les mener jusqu'à l'Éveil en fonction de leurs aptitudes propres.

Pour le pratiquant de stricte obédience, la tradition du *Tantrayâna* est de placer toute son existence sous la protection complémentaire, mais non moins capitale, des "Trois Racines" : le lama, source de bénédiction durant le cheminement ; une divinité de méditation ou tutélaire (*yidam*), comme gage d'accomplissement ; les protecteurs de la Loi et les puissances féminines (*dakîni*), garants de l'activité éveillée. La "prise de refuge" s'accompagne généralement de prosternations, expression physique d'humilité qui est aussi une façon d'honorer l'enseignement.

LE STÛPA

UNE MATÉRIALISATION DU CHEMINEMENT INTÉRIEUR

Le *stûpa* est un monument d'origine indienne et prébouddhique, destiné d'abord à marquer les lieux essentiels de la doctrine, sacralisés par le passage sur terre du Bouddha historique : à Lumbini, son village natal, à Bodh Gayâ où la méditation lui ouvrit les portes de l'Éveil, à Sarnâth où il a donné son premier enseignement. Un *stûpa* se dresse à Kushinagar, pour accueillir ses restes mortels après son départ physique de la terre des hommes (son *parinirvâna*).

À l'exemple de la doctrine bouddhiste, le *stûpa* connut un grand nombre de métamorphoses, en fonction des latitudes : il devint ainsi *dagoba* à Ceylan, *chedi* au Siam ou *chorten* au Tibet. Des exemples aussi admirables que divers se trouvent dans les cités royales cinghalaises, à la somptueuse pagode de Shwe Dagon à Rangoun, sans oublier la merveille de Borobudur à Java, ni les innombrables *chorten* disséminés le long des chemins de pèlerinage des terres tibétaines, ou dans les sanctuaires.

Les proportions parfaites du corps du Bouddha ont servi de modèle à l'érection de ces monuments caractéristiques, dont la structure et les règles de construction sont strictement définies. L'assise repose sur une base carrée figurant la terre, surmontée d'un dôme symbolisant l'eau, prolongé par une volée de paliers traduisant les étapes de l'Éveil et représentant le feu. Une ombrelle stylisée, emblématique du vent, coiffe l'ensemble et s'achève elle-même en un croissant de Lune sur lequel repose le disque solaire, expression de la suprématie cosmique de la loi bouddhiste.

Les Tibétains voient dans le *chorten*, qui sert fréquemment de réceptacle d'offrandes ou de tombeau pour les grands maîtres spirituels, la figuration du corps, de la parole et de l'esprit du Bouddha. Des variantes architecturales permettent d'y inclure parfois, couronnant le parasol, un lotus à cinq pétales symbolisant les cinq lignées de

Bouddhas que connaît le *Mahâyâna.* D'autres interprétations font apparaître les moments forts de la quête spirituelle, avec quelquefois au cœur du reliquaire la statue d'une divinité.

Où qu'ils soient, en groupe ou en série, les *chorten* signalent toujours la présence du Bouddha et sont indissociables de la lecture du monde donnée par la tradition tibétaine.

LE MOULIN À PRIÈRES

LA PRIÈRE ALTRUISTE DANS L'INTÉRÊT DE TOUS LES ÊTRES

Dans un "pays de pasteurs et de moines, isolé du monde et si voisin du ciel", dont Jacques Bacot disait au début du siècle que "l'occupation naturelle de ses habitants est la prière", le *korten,* ou familièrement "moulin à prières", est sans doute l'objet du rituel bouddhique le plus connu des profanes, mais aussi le meilleur compagnon du pèlerin. On l'appelle aussi *choskor,* ce qui signifie "tourner la doctrine" et renvoie au premier enseignement du Bouddha, après l'Éveil, qui a ainsi mis en branle la Roue de la Loi.

Du plus petit au plus grand, le moulin à prières est toujours constitué d'un corps creux cylindrique, généralement de métal, gravé d'emblèmes mystiques ou de prières. Il est traversé dans son milieu par un axe pourvu d'un manche, s'il est portable, ou de deux attaches s'il doit être fixé sur un socle : c'est notamment le cas de tous ceux qu'on place à hauteur de main, le long des murs extérieurs des sanctuaires.

À l'intérieur du *choskor* se trouvent emboîtés quelques textes sacrés, ou des formules d'invocations (*mantra*), transcrites sur un papier ou sur un parchemin. On fait tourner le corps du moulin dans le sens de la marche solaire, et chaque tour est l'équivalent d'une lecture des prières qui s'y trouvent incluses. Mis en mouvement, le moulin fait entendre un léger crissement modulé au rythme déambulatoire, ce qui, d'après les fidèles, témoigne de l'envol des prières ainsi dispersées aux quatre vents. Le moulin à prières portable est muni d'une boule au bout d'une chaînette fixée à mi-hauteur du corps métallique, et c'est le coup de poignet de celui qui le porte qui lui imprime son rythme tournoyant.

De multiples matériaux peuvent être façonnés pour le corps de cet instrument singulier : du métal fruste bien sûr, mais aussi des alliages plus précieux, parfois même rehaussés de nacre, de coraux ou de turquoises. Certains moulins à prières sont de véritables œuvres d'art.

À l'entrée des monastères, le *choskor* peut être de dimensions imposantes, protégé des intempéries par un toit, ou même installé dans une sorte de guérite avec une porte. Un espace libre est alors ménagé tout autour, permettant au dévot d'accompagner le moulin qui tourne et dont l'extérieur est orné de *mantras* sacrés. Il est alors entraîné par une ou plusieurs poignées rustiques, qui servent à pousser... à la roue. Dans les contrées plus verdoyantes des vallées himalayennes, nichées dans les failles du rempart montagneux, cascades et ruisseaux sont mis à contribution pour actionner, grâce à un système rudimentaire mais efficace, les roues à aubes de moulins à prières qui sans relâche égrènent ainsi de pieux murmures, répercutés de loin en loin.

Les Tibétains ont aussi pour coutume de dresser sur les toits de leurs maisons des drapeaux de prières, le plus souvent montés en guirlandes, et les pasteurs nomades en posent sur les tentes. Les drapeaux de prières ornent les ponts qui enjambent de tumultueux cours d'eau, ou s'amoncellent au passage des cols. Ces formules bénéfiques sont imprimées sur de petites pièces de tissu aux cinq couleurs fondamentales (jaune, blanc, rouge, vert et bleu), qui correspondent aux cinq éléments (terre, eau, feu, air et éther), aux cinq sens ou encore aux cinq sagesses. Les drapeaux de prières sont un moyen de répandre la bonne parole sur tous les êtres, dans les étendues peuplées comme dans les immensités désertiques. Mais leur fonction est aussi d'attirer la chance, de conserver la santé en conjurant les maladies, le mauvais œil, les démons ou le sort maléfique, et de manifester enfin sa gratitude pour un vœu exaucé ou un bienfait inattendu.

Les drapeaux de prières deviennent bannières de victoire aux alentours des monastères, et signalent sur de hauts mâts les endroits dignes d'attention. Elles marquent l'emplacement des grottes sacrées, le point culminant d'un col où le voyageur doit remercier les dieux de leur protection. Ces petits chiffons colorés ornent lors des semailles le front des animaux de labour, pour assurer de bonnes récoltes ; les yacks qui accompagnent des pèlerins en arborent également : ainsi, ils ne seront pas sacrifiés et mourront de leur belle mort.

Le modèle le plus courant de drapeau de prières comporte en son milieu le *lungta*, ou cheval de vent, porteur du Précieux Joyau qui exauce tous les désirs. On peut y inscrire le nom de la personne à qui sont destinés les vœux emportés par les vents. L'espace restant est empli de formules sacrées ou magiques, et d'ordinaire les quatre coins abritent un tigre, un lion, un dragon et l'oiseau mythique *garûda*, tous animaux hautement symboliques de puissance et d'énergie. Monter un mât de victoire ou déposer des guirlandes de bannières de prières peut se faire à l'occasion de cérémonies : la présence des moines confère alors à l'acte un caractère sacré, qui le rendra d'autant plus bénéfique en s'inscrivant dans un rituel.

LE MANTRA SACRÉ

“OM MANI PEME HUM”

Cette litanie millénaire est à la fois le symbole de la vie bouddhiste au Tibet et l'expression d'une manière d'être. Elle a fait l'objet de centaines d'exégèses, de milliers d'interprétations. Les Tibétains la prononcent *om mani peme hum*, et sa traduction la plus simple serait *om joyau du lotus hom*. Pour le commun des fidèles, sa récitation incantatoire suffit à assurer son bien-être spirituel pourvu qu'il y mette la sincérité requise. Pour l'adepte avancé, la complexité des significations gigognes de chacun des sons, pris individuellement ou ensemble, dévoile les mille et huit facettes de la réalité – ou de l'illusion.

L'origine de ce *mantra* est liée à Chenrésig-Avalokiteçvara, le Grand Compatissant. Il est le Protecteur par excellence du Haut-Pays et s'incarne dans le dalaï-lama, qui en demeure envers et contre tout le chef spirituel et temporel.

Pour le pratiquant du *Vajrayâna* ou *Tantrayâna*, les premières et la dernière syllabes ont la réputation d'être chargées de puissance, et l'on doit les manier avec une infinie précaution. OM, c'est le corps, la parole et l'esprit du disciple, en même temps que ceux d'un Bouddha : elle symbolise leur métamorphose, soit l'accès à l'Éveil. MANI, le Joyau proprement dit, exauce tous les désirs et figure le but suprême auquel on aspire. PEME, le lotus, incarne la sagesse, en particulier celle de la parfaite vacuité. Enfin, HUM exprime l'indivisibilité, l'unité indissociable de la méthode et de la sagesse.

En somme, le Grand Mantra tibétain exprime que la pratique d'une voie, par l'union inséparable de la sagesse et de moyens appropriés, peut mener à transformer un corps, une parole et un esprit communs en ceux, parfaitement purs, d'un Bouddha : tout un programme de vie fondé sur la discipline et la réflexion poussée dans ses retranchements ultimes, jusqu'à accéder enfin à la pleine lumière.

Partout sur le haut plateau, la présence du Grand Mantra s'affirme sur les bannières de prière, les pierres gravées au bord des chemins, les inscriptions victorieusement étalées au flanc des montagnes. Le Tibet tout entier se reconnaît dans ces quelques mots qui l'accompagnent d'un temps à l'autre, d'une vie à la prochaine. C'est son miroir magique, sa protection préférée, habitée de l'intérieur et suprême parmi les paroles de pouvoir, puisque ce mantra est indissolublement associé au dalaï-lama.

LE ROSAIRE

LE *MÂLÂ*

C'est le rosaire manière bouddhique, l'un des attributs essentiels du pèlerin et de plusieurs divinités. Composé de cent huit grains, il sert à dire des prières, mais surtout à compter le nombre de répétitions de telle ou de telle formule, récitée à l'intention d'une divinité choisie. Selon les écoles et les déités, et qu'ils soient moines ou laïcs, la plupart des fidèles s'en tiennent en général à la divinité dont ils se sentent proches, au *mantra* qu'ils ont reçu lors d'une initiation particulière, ou encore à l'invocation indiquée par un lama dans un but bien précis : protection, guérison ou reconnaissance.

Le *mani* jouit en l'occurrence de la plus grande faveur. Une pratique largement répandue, qui peut être individuelle ou collective, consiste à répéter un million de fois ce *mantra,* à des fins de purification, ou en vue d'accroître ses mérites. L'exercice permet encore de calmer et de clarifier la pensée, phase de préparation indispensable à la méditation. Quand le *mâlâ* est utilisé pour scander la récitation, c'est la main droite qui égrène les perles. Au repos, il est porté le plus souvent à la façon d'un bracelet, enroulé autour du poignet gauche. Comme les pieux Tibétains ne sont nullement effrayés par les chiffres les plus astronomiques, ni rebutés par la psalmodie incantatoire de la même formule, craignant de s'égarer dans leurs comptes, ils intercalent entre les grains du *mâlâ* quatre repères, qu'on appelle *chaturmahârajâ.* Ce sont des perles plus grosses, ou encore de doubles pendentifs symboliques (foudre et clochette), qu'une torsade de fils rouges rattache au corps du *mâlâ.* Les *mâlâs* tibétains se terminent d'ordinaire par trois grains plus gros, figurant naturellement les Trois Joyaux.

Toute matière est susceptible de devenir *mâlâ* : bois (le plus commun), graines, verre, pierres semi-précieuses ou non, ivoire, jade, corail, turquoise, nacre. La couleur n'est pas dénuée d'importance : s'ils en ont les moyens, d'aucuns préféreront, pour s'adresser à une divinité précise, choisir la couleur qui lui est directement associée.

Pour certains rites secrets, des maîtres tantriques utilisaient jadis des chapelets à grains d'os, sculptés ou non, voire – dit-on – découpés dans cent huit calottes crâniennes. On y voyait proclamée l'affirmation que l'initié avait maîtrisé la peur, sinon l'énigme de la mort. Le *mâlâ* est aussi le signe distinctif d'enseignants célèbres et de diverses manifestations divines.

L'AUTEL

RIEN N'EST TROP BEAU POUR L'ÉVEILLÉ

Qu'il s'agisse d'un autel domestique ou de celui d'un sanctuaire, on y distingue ordinairement les quatre images indispensables au fidèle dans sa pratique de chaque jour : une représentation du Bouddha, en sculpture ou en peinture, qu'accompagnent Avalokitechvara, le Grand Compatissant, Târâ, incarnation des activités du Bouddha, et enfin Achala, la divinité qui écarte les obstacles. À ces emblèmes de base peuvent s'ajouter d'autres déités qui sont l'objet d'une dévotion personnelle, le *bodhisattva* de la bienveillance aimante, ou encore *Maitreya*. Un texte sacré, ou parfois un *stûpa* miniature, figure la parole du Bouddha.

Devant ces emblèmes sont disposées des offrandes : de la nourriture, des fruits ou des fleurs ; de l'eau claire dans les sept bols rituels ; de la lumière, grâce à des bougies dans les coupelles. Mais si modestes soient-elles, les offrandes doivent être préparées le plus soigneusement possible, et présentées dans les meilleures intentions. Cette instruction est péremptoire, car faute de la respecter les choses les plus belles et les plus précieuses sont dénuées de valeur.

"Il ne faut pas accorder trop d'attention aux choses extérieures, l'accent doit être davantage porté sur le développement intérieur" rappelle souvent le dalaï-lama. Il ne faut jamais oublier que l'intention qui préside à l'offrande est encore plus importante que le geste même.

Aiguières à nectar ou à eau lustrale, éventails en plumes de paon, conques marines ouvrées, couples de foudre et de clochettes (*vajrâ* et *drîlbu*), dagues magiques (*phurbu*), roues miniatures, *mâlâ*, *cîntamani* (le Joyau qui exauce tous les désirs, et qui représente la connaissance ou l'esprit libre), vases à fleurs, chasse-mouches, *mandala* en trois dimensions, miroirs, glaives, lances ou tridents, haches ou couperets (armes défensives qui protègent le Bouddha et sa Loi, mais aussi signe de victoire sur les forces du mal ou de l'ignorance) se retrouvent sur l'autel devant les divinités.

Des ex-voto sont déposés sous les brocards et les *thangkas*. Entre tant de richesses étalées et le dénuement des ascètes d'autrefois, il y a cette parole du dalaï-lama : “Des gens comme nous dépendent beaucoup plus de choses extérieures, comme les statues, l'encens, les lampes à beurre, etc. Mais si ces choses-là n'ont aucun effet sur l'esprit, elles ne servent pas à grand-chose...”

LES INSTRUMENTS DE MUSIQUE

AU SERVICE DES DIEUX POUR LE BIEN DES ÊTRES

La musique et le chant jouent un grand rôle dans la vie quotidienne des Tibétains, pour accompagner par exemple les travaux des champs, mais aussi la danse et le divertissement. La belle saison permettait autrefois des pique-niques au bord de l'eau, et Lhassa connaissait naguère une saison de théâtre et d'opéra. Comme tout l'art traditionnel du Haut-Pays, la musique est essentiellement religieuse. La danse elle-même est marquée fortement par l'influence du *cham*, la danse sacrée d'origine monastique. La musique liturgique tibétaine est riche de sonorités fascinantes, où se perçoivent des échos inattendus, et dont certains disent avoir ressenti de prime abord une sainte frayeur. Dans le sens le plus rigoureux du terme, ces sonorités sont façonnées pour induire une réceptivité à des vibrations singulières, porte ouverte sur une réalité au-delà de la réalité.

Les maîtres tibétains des sons ont la réputation d'avoir atteint, par le travail de la voix humaine, une rare et profonde maîtrise qui exige des années d'entraînement, et dont l'exercice est assimilé à un véritable yoga. Selon des pratiquants rompus à cet art, on y retrouve, amplifiée et magnifiée, la mélodie intérieure du corps humain, telle qu'on peut l'écouter en se bouchant les oreilles pour faire obstacle aux bruits extérieurs. C'est une musique de passage, d'une force peu commune et d'une stupéfiante pureté, exprimant à la fois la souffrance et la compassion, une recherche inlassable et une apaisante sérénité.

Divers instruments, à vent et à percussion, apportent aussi leur concours au rituel. Le plus impressionnant est peut-être le *radong*, une trompe télescopique dont le maniement requiert plusieurs servants : celui qui souffle, et ceux qui la portent ou la transportent. Composée de trois parties inégales emboîtées l'une dans l'autre, elle peut atteindre quatre mètres et demi. Son matériau de base est un métal repoussé, gainé par endroits de bois, souvent décoré très habilement. Cette trompe, au son grave à l'extrême, est utilisée pour annoncer le début des cérémonies ou l'ouverture des réjouissances. Elle est employée par paires, afin d'assurer la continuité du son ; pour en jouer, l'on dépose le pavillon à même le sol ou sur un support, voire sur quelques solides épaules de moines. Afin que l'appel résonne dans toute son amplitude, les musiciens se placent généralement sur le toit des monastères.

Proche du hautbois, le *gyaling* est présent dans presque toutes les cérémonies, à l'exception des rituels d'exorcisme. Il assure la partie haute de la mélodie et présente volontiers de riches ornements. La conque marine est aussi en grande faveur, son bec étant le plus souvent plaqué d'argent et son pavillon décoré d'un pendentif de tissu. Elle rappelle aux fidèles leurs devoirs quotidiens, mais on l'utilise également pour les appels d'urgence, pour prévenir par exemple, dans l'est du pays, de l'imminence d'une tempête de grêle ou de neige. Lors de certains rites, l'initiation du *Kâlachakra* par exemple, la conque marine sert à distribuer l'eau lustrale aux participants.

Une trompette rituelle particulière, le *kangling*, retient d'ordinaire l'attention : elle est faite d'un fémur humain, ou à défaut d'un os animal analogue, poli et parfois artistement travaillé. Elle aurait fait son apparition au Tibet pour l'accomplissement de rites ésotériques, dans le sillage des grands maîtres tantriques comme Padmasambhava (VIIIe siècle). D'ailleurs, elle se trouve souvent parmi les attributs distinctifs des divinités farouches.

Des cymbales de tailles diverses sont employées durant les services, les plus larges lors des cultes des déités terribles, les plus petites pour les divinités bienveillantes, la présentation des offrandes ou certaines cérémonies tantriques. Leur sonorité commande précisément les proportions de l'alliage métallique dont elles sont façonnées.

Le grand tambour, dit de prières, est porté sur un axe et frappé en mesure, au rythme de la procession ou de la cérémonie, à l'aide d'une longue tige recourbée à l'extrémité, garnie d'une boule de cuir ou de tissu. Les moines l'utilisent lorsqu'il faut réunir la communauté, ou lors de services tantriques. Venu d'Inde, l'omniprésent *damarû* est un tambourin composé de deux demi-sphères de bois adossées, recouvertes de tissu ou de peau, et pourvues chacune d'une petite boule au bout d'une cordelette : la rotation du poignet qui tient le manche leur imprime un mouvement sonore singulier. Les maîtres tantriques lui préfèrent parfois un objet comportant deux demi-calottes crâniennes, rehaussées de pierres précieuses. Le *damarû* scande les récitations mantriques, ou souligne leurs passages importants. Les sons combinés du *damarû,* de la clochette rituelle (*drîlbu*) et d'une trompette en os sont utilisés pour l'invocation à la pluie par les faiseurs de temps. D'autres instruments sont également pratiqués sur le haut plateau : la corne de yack sert de cor aux sorciers et autres lanceurs de charmes toujours redoutés par la population. Dans leurs pérégrinations, musiciens et bardes ambulants s'accompagnent souvent d'un luth rudimentaire à une ou deux cordes, peut-être venu de Chine. Les connaissances musicales et les embûches de leur apprentissage n'ont jamais fait l'objet d'une transcription rigoureuse, et leur enseignement s'effectue sur le tas. Les seules indications disponibles sont notées sous forme de lignes plus ou moins pleines ou déliées, dont le sommet marque le fortissimo, et le creux le piano.

L'ÉCHARPE DE FÉLICITÉ

LA *KHATA*

Elle est symbole de courtoisie et de bénédiction. C'est une écharpe qui est d'abord signe d'une simple civilité, à la fois geste d'offrande, d'accueil et d'échange courtois. Elle est de toutes les cérémonies, grandes ou petites, publiques ou familiales : le plus souvent blanche, parfois orange ou jaune d'or quand elle est plus particulièrement liée à la religion, elle prend en Mongolie la couleur bleu du ciel.

Les plus belles écharpes sont en soie de qualité, souple et mousseuse, légèrement moirée, à longues franges. La formule sacrée du *mani* et les huit symboles de bon augure sont tissés dans la trame. C'est une très longue pièce de tissu, de quatre mètres environ sur près d'un mètre de large, qu'on réserve presque en exclusivité aux plus hauts hiérarques religieux et aux personnalités marquantes. Les *khata* des milieux aisés, un peu moins somptueuses et plus répandues, sont toujours en soie, mais de dimensions plus modestes : moins de trois mètres de long pour une largeur de 90 cm. Les plus courantes enfin sont nettement plus petites, et relèvent davantage du symbole. Elles sont rarement en soie de nos jours, parfois encore d'un beau coton léger, mais le plus souvent en tissu synthétique : juste le symbole d'un symbole. Néanmoins, elles continuent de s'entasser avec la même ferveur au pied des effigies divines, attestant la pérennité de la foi.

Comme les Tibétains sont réputés à la fois pour leur pragmatisme et pour une subtilité proche de la perversité, la remise de la *khata* obéit à un code plus riche en significations qu'il n'y paraît. Aux échelons supérieurs de la hiérarchie, par exemple pour un grand lama ou un haut dignitaire civil, l'écharpe est offerte mains jointes à hauteur du front, avec une cérémonieuse inclination du buste. Le geste est alors un témoignage de respect et de bonnes intentions. Si la *khata* est rendue, son propriétaire la gardera, car elle est désormais porteuse de bénédictions, comme un talisman. Si l'interlocuteur offre une autre écharpe en retour, c'est un gage de protection, accompagné de vœux précieux.

Entre personnes d'égal statut, l'échange se fait à hauteur d'épaule. À quelqu'un de plus jeune, elle est mise autour du cou. Enfin, offrir un présent dans une *khata* aura d'autant plus de valeur qu'à l'élégance du geste s'ajoutera la complicité du partage.

LE FOUDRE ET LA CLOCHETTE

DORJE ET *DRÎLBU*
LA MÉTHODE ET LA SAGESSE

Foudre et clochette, *vajrâ* et *ghanta*, *dorje* et *drîlbu* : les objets les plus usuels sur la Voie de diamant (*Vajrayâna*) forment à la fois le symbole le plus ordinaire et le plus complexe du bouddhisme tibétain. Rites et cérémonies ne sont guère concevables sans eux, de la méditation solitaire aux vastes rassemblements qui marquent la vie monastique.

Ce symbole est associé à l'incorruptible pureté du diamant, à la vérité qu'aucune force, aucune arme ne saurait détruire ; il représente dans le même temps, mais sur un autre registre, la victoire de la connaissance sur l'ignorance, de la maîtrise de l'esprit sur les "poisons" qui ternissent l'existence.

Dans la main droite du pratiquant, le foudre est gage de stabilité de la méthode, et dans sa main gauche la clochette est rappel de la sagesse de l'impermanence. L'équilibre entre les deux s'établit par le biais des *mudrâ*, les gestes rituels. Aux mains des maîtres de l'interprétation ésotérique, cette paire inséparable figure l'unité du pouvoir masculin et de l'énergie féminine, ou encore l'emblème de l'unité duelle des vérités absolue et relative.

À l'origine, le *vajrâ* signifie l'éclair, et il est l'attribut du dieu hindou Indra. Après avoir été adopté et adapté par le bouddhisme, en gagnant le Haut-Pays et en devenant *dorje*, il a pris une place prépondérante parmi les symboles tantriques. De métal ou de pierre, doté d'une à neuf pointes, le foudre le plus courant en compte généralement trois, qui représentent alors les Trois Joyaux. À simple double pointe, le *dorje* signifie l'union des mondes spirituel et matériel ; à deux doubles pointes (plutôt rare), la dualité des apparences ; avec quatre doubles pointes, il s'associe aux grands moments de la vie de Çakyamûni ; cinq, c'est une couronne, ou encore quatre pointes autour d'un axe, qui symbolisent les cinq éléments, les cinq sagesses, les cinq Bouddhas primordiaux. Les foudres à neuf doubles pointes sont exceptionnels, même au Tibet, et seraient liés à des interprétations secrètes. Dans tous les cas, c'est un symbole de l'absolu au-delà de tous les contraires, ou encore de l'unité fondamentale acquise par la méditation.

Le double *dorje*, ou *vajrâ* entrecroisé, est parfois interprété comme la Roue de la Bonne Loi. Constitué de deux foudres unis par le centre, il matérialise l'indestructibilité de l'essence de tous les phénomènes, la compréhension la plus achevée de la vérité adamantine.

Le *dorje* orne très souvent le manche de la clochette dont il est le pendant, signe que leurs fonctions sont indissociables dans la pratique quotidienne. Le prototype de cet emblème par excellence du bouddhisme tibétain est précieusement gardé au monastère de Séra, dans les faubourgs de Lhassa. Il n'est accessible au public qu'une seule fois par an, à l'occasion d'une importante cérémonie. Il aurait appartenu à Padmasambhava lui-même, puisqu'il fut trouvé à Yerpa, dans sa grotte de méditation, par son disciple Dacharpa.

La clochette, *ghanta* ou *drîlbu*, joue à la fois le rôle de contraire et le complément dans ce symbole de la connaissance transcendante. Son manche peut s'achever en *stûpa*, en *cîntamani* ou en *dorje* à une ou multiple pointes. Elle est le son par excellence, mais aussi la vacuité et l'impermanence : son tintement cristallin, qui s'éteint aussitôt produit, rappelle que tout est éphémère. Elle représente la sagesse immédiate de l'intuition, celle qui saisit et comprend sur-le-champ la vacuité, sans réflexion ni raisonnement. Dotée d'un pouvoir créateur grâce à la vibration répercutée du *mantra* ou de la *dhârani* qu'elle accompagne, la clochette rituelle a aussi pour fonction de provoquer et d'activer l'Éveil du cœur.

Dans un monde régi par l'antinomie, où il n'y a pas de jour sans nuit, de nadir sans zénith, de nord sans sud, de ponant sans couchant, le couple symbolique *dorje-drîlbu* renvoie l'image de contrastes interdépendants, indissolublement unis : c'est l'essence originelle de la Voie de Diamant, graine ou semence de l'unité double des apparences contradictoires, par lesquelles elle se manifeste. En ce sens, le diamant exprime la parfaite limpidité de la vacuité, voilée par l'innombrable diversité de ses masques. Pour les besoins de certains rituels, *vajrâ* et *ghanta* représentent les deux diagrammes fondamentaux, quasiment inséparables dans l'univers bouddhique, que sont les *mandalas* du Garbhadhâtu et du Vajradhâtu, soit le monde des apparences et celui des énergies-forces spirituelles.

Mais la combinaison de ces deux aspects est toujours essentielle pour accéder à l'Éveil.

COUPE ET DAGUES RITUELLES

TRIOMPHER DES ENNEMIS INTÉRIEURS

C'est peut-être l'un des paradoxes les plus frappants du bouddhisme à la manière tibétaine : d'un côté, les maîtres et les pratiquants doivent à leur force paisible, à la qualité de leur écoute et à leur sérénité une renommée universelle, et de l'autre abondent les représentations de divinités farouches, courroucées ou terribles, qui provoquent de prime abord un mouvement de recul, de rejet si ce n'est de peur. Il convient alors de se souvenir que ces allégories ne sont que d'autres facettes des divinités bienveillantes et protectrices, des projections de l'esprit, dont l'une des fonctions est de combattre les ennemis de la doctrine, mais aussi d'éteindre en les transmutant les "poisons" spirituels qui font obstacle à l'Éveil.

De cet arsenal bien fourni, trois objets sont relativement courants. Le *kâpâla* est une coupe, souvent montée sur un support minutieusement travaillé, faite d'une calotte crânienne ouvrée, dotée d'un couvercle. Elle est utilisée par l'ascète lors de pratiques solitaires secrètes, ou lors de services monastiques en l'honneur des divinités protectrices : on la remplit dans ce cas de bière ou de thé, figurant l'ambroisie ou le sang. Son usage n'est pas permis au tout-venant, car il implique une transmission autorisée; celui qui s'en sert doit avoir bien compris qu'elle est un rappel du caractère transitoire de l'existence.

Le *phurbu*, ou dague rituelle, était à l'origine un simple clou. C'est aujourd'hui un petit poignard à lame triangulaire, généralement de métal et plus rarement de bois. La lame est surmontée d'un manche court, souvent à l'effigie d'une divinité ou en forme de *dorje*. Largement répandu, cet instrument est réputé avoir des qualités magiques et tient souvent de l'objet d'art. Il est utilisé pour tenir en respect les mauvaises vibrations et les maladies, pour chasser les esprits maléfiques, combattre les ennemis de la Loi, et même contrôler les nuages dans la science des faiseurs de temps.

L'efficacité du *phurbu* est encore accrue quand on l'utilise en trio. Son rôle est essentiel dans les danses masquées sacrées et dans les sanctuaires des divinités tutélaires. Réunis en rond, cent huit *phurbus* forment un cercle protecteur qui éloigne les influences néfastes.

La troisième des armes courantes, le *grigug* (ou *kartîka*), est un couperet semi-circulaire pourvu dans son milieu d'un manche trapu. Sa lame acérée sert à "trancher les liens de l'ignorance".

LES HUIT SIGNES DE BON AUGURE

ATTIRER LA CHANCE ET S'ASSURER DE BONNES PROTECTIONS

Omniprésents dans la vie spirituelle tibétaine, ces huit emblèmes, ou *tashi takgay*, trouvent leur origine dans un moment capital de la vie du Bouddha historique. Il est dit qu'à l'aurore qui suivit la fameuse nuit sous l'arbre de Bodh Gayâ, quand le prince-ascète atteignit enfin son but, la joie et l'allégresse se répandirent dans tous les royaumes de l'Univers. Et pour manifester ce grand bonheur, les êtres célestes accoururent, chargés d'une myriade de présents pour l'Éveillé. La mémoire des siècles et des hommes en a retenu quelques-uns, jugés essentiels et devenus emblématiques de la vénération témoignée au Maître.

Ces symboles se plient à toutes les fantaisies de l'expression. Ils peuvent être façonnés en bijoux, sculptés dans le bois, imprimés sur le papier ou le parchemin, ou même reproduits en simples décorations sur les objets de la vie quotidienne ou les instruments du culte. On les retrouve lors de réunions publiques ou privées, à l'occasion d'importantes cérémonies, ou pour accueillir les dignitaires de haut rang. Ils ont aussi la réputation de porter chance, appliqués sur les tentes ou le seuil des maisons, à l'entrée des monastères et des halls de prière. On les inscrit au flanc des montagnes, ou sur des rochers le long des routes. Les jours de fête, on les dessine en poudre blanche ou rouge sur les chemins qu'empruntent les invités ou les processions. Ils ornent parfois des *mandalas*, et les plus belles *khatas* les affichent, subtilement tissés dans la trame de leur soie.

La précieuse ombrelle, *chatra* ou *rinchen dug*, est signe de dignité royale et protège de tous les maux. Les deux poissons d'or, *matsya* ou *sergyina*, insigne du maître indien de l'Univers, expriment ici la libération spirituelle : ils figurent les êtres sauvés de l'océan des souffrances de l'existence terrestre. Le vase ou coupe aux trésors, *kalasha* ou *bumpa*, contient des joyaux spirituels, et peut faire office de récipient d'eau lustrale, considérée comme le nectar d'immortalité. La fleur de lotus, *padma* ou *péma*, symbolise la pureté originelle ; elle est d'ailleurs, sous diverses couleurs et formes, un attribut privilégié des bouddhas et *bodhisattvas*.

La conque blanche, *sankha* ou *dundkar*, d'autant plus prisée quand sa spirale s'enroule vers la droite, figure la parole qui proclame la gloire des Éveillés, et porte parfois le nom de trompette de victoire. Le nœud sans fin, *srîvasta* ou *palbe*, est témoignage d'amour ou d'éternité, représentant la vie infinie. La grande bannière, *dhvaja* ou *gyaltsen*, est en fait un drapeau roulé, qui atteste la puissance de l'enseignement bouddhiste ou la victoire de la Bonne Loi. La Roue d'or enfin, *chakra* ou *khorlo*, est naturellement celle de l'enseignement (*dharma*), à pratiquer assidûment pour accéder à l'Éveil. Elle représente l'unité de toutes les choses et demeure le symbole par excellence de la doctrine.

Dans la tradition tibétaine, il n'est pas rare d'associer aux huit signes de bon augure les sept joyaux, *saptaratna* ou *rinchennadun*, qui sont les attributs du *chakravartîn*, ou roi du monde. Ce personnage mythique est impartial et juste, magnanime et lettré, protecteur de la veuve et de l'orphelin comme le sont tous les princes de légende ; ces qualités exceptionnelles s'appliquent en bonne logique au Bouddha.

Cette série indispensable à la gloire du monarque universel comprend naturellement la Roue, *chakra* ou *khorlo* ; le Précieux Joyau, *ratna* ou *norbû*, qui exauce tous les désirs, et qui est aussi l'un des noms que ses fidèles donnent au dalaï-lama ; la reine magnifique, *rani* ou *tsunmo* ; le meilleur ministre civil, *mantrim* ou *lönpo*, administrateur hors pair sans lequel il n'est point de grand roi ; le meilleur éléphant blanc, *hâti* ou *langpo*, dont la force est précieuse à l'heure des combats ; le coursier le plus rapide, *ashva* ou *tamchog*, qui fait merveille aux joutes festives ou à la tête des troupes en bataille ; enfin, le meilleur commandant militaire, *senapati* ou *magpon rinchen*, pour garder l'empire. Parfois, un huitième personnage emblématique s'ajoute à ces sept insignes royaux : le meilleur grand argentier, *khyimdag*, qui tient les cordons de la bourse en toute justice et veille en toute équité au bien-être des sujets du souverain.

Très populaires et largement répandus, les huit signes de bon augure et les sept joyaux peuvent apparaître seuls ou en groupe, voire en ordre dispersé, selon le bon vouloir ou la nécessité du moment. À l'occasion d'événements particuliers, un mariage par exemple, les huit emblèmes de bon augure se combinent en une seule composition, riche de toutes les significations qu'ils véhiculent, et que l'on appelle *takged punzo*.

LES OFFRANDES

SACRÉES OU PROFANES, ELLES SONT UN HOMMAGE À LA DIVINITÉ

Partie intégrante de la méditation et de la liturgie, l'offrande est toujours un geste envers la divinité : humilité, louange, obéissance, prière ou remerciement. C'est une manière de relation directe témoignant du respect ou de la dévotion du fidèle. Les offrandes de lumière et d'eau sont les plus courantes : une lampe brûle en permanence sur tout autel tibétain. Le Précieux Maître lui-même, Padmasambhava, avait affirmé il y a une douzaine de siècles de cela que l'eau des hautes terres himalayennes était si claire que sa pureté suffisait amplement au bonheur des dieux.

Il n'empêche, les croyants ne s'en satisfont pas forcément et ajoutent à leurs dons des oboles, de l'encens, des fleurs et des fruits, des *khatas*, mais aussi des sortes de gâteaux confectionnés expressément à cette fin. Les *tormas* sont confectionnés sur place, dans la cour du sanctuaire ou sur le parvis, avec de la *tsampa* (farine d'orge, nourriture de base des Tibétains) et du beurre. Ces offrandes rituelles sont déposées sur les autels pour s'imprégner de bonnes vibrations, avant d'être réparties entre les participants en fin de cérémonie.

Les offrandes festives, dites *tsoks*, sont plus élaborées et destinées à la consommation de ceux qui les ont préparées. Ce qui faisait dire une fois au dalaï-lama : "Quand on parlait de *tsok* au Tibet, on pensait à quelque chose de délicieux à savourer, alors que s'il s'agissait de gâteaux rituels, on songeait que c'était bon à jeter. C'est faux. Lorsque l'on fait des offrandes, il convient de les préparer le mieux possible. Sinon, mieux vaut s'en dispenser."

Il était de coutume naguère pour les moines des "Trois Piliers du Tibet", c'est-à-dire les trois monastères de Séra, Drepung et Ganden, de se retrouver à Lhassa durant le deuxième mois de l'année lunaire (mars) pour une grande réunion d'offrandes festives.

Lors de certaines cérémonies, l'offrande peut consister en cent huit lampes, cent huit bols de riz, cent huit gâteaux rituels, cent huit briques de thé, l'essentiel étant de respecter le chiffre sacré. Autrefois, à l'occasion de festivités exceptionnelles, on confectionnait d'étonnantes offrandes sculptées en beurre, richement décorées, qui faisaient la fierté de leurs auteurs et l'admiration des spectateurs. Durant la méditation personnelle, il est également possible de s'offrir soi-même, corps, parole et esprit, à la déité.

L'ÉCRITURE ET LES TEXTES

DES TRÉSORS POUR GARDER LA MÉMOIRE

L'écriture est arrivée dans le Haut-Pays par volonté royale et dans le dessein arrêté d'être instruit et d'instruire : le fait est assez peu banal pour mériter d'être relevé. C'était du temps du grand roi Songtsen Gampo de la dynastie de Yarlung, qui unifie pour la première fois diverses principautés en un empire redouté. L'histoire lui accorde non seulement d'avoir transféré sa capitale à Lhassa en quittant sa vallée de Tsétang, mais aussi d'avoir eu une grande famille puisque deux princesses lointaines, l'une népalaise et l'autre chinoise, sont venues se joindre à ses trois épouses tibétaines. Certes, les deux belles étrangères étaient gages d'alliances avec des cours voisines inquiètes de la puissance militaire d'un souverain conquérant. Mais c'est sous cette double influence que le roi a adopté la doctrine du Bouddha, et depuis lors, malgré les aléas des siècles, la Bonne Loi est demeurée la pierre de touche de la civilisation tibétaine.

Vers l'an 640, le roi estima nécessaire de consigner les enseignements que moines errants et pèlerins missionnaires disséminaient depuis un certain temps déjà à travers montagnes et vallées. Mais, et le monarque l'admettait avec ses sujets, les Tibétains ne s'étaient guère jusque-là souciés des choses de l'esprit et manquaient notamment d'un moyen d'expression écrite.

Si bien que Songtsen Gampo décida d'envoyer un groupe de jeunes gens de confiance en Inde, pays de Bouddha, avec mission expresse d'étudier et de ramener de ce séjour ce qu'il fallait pour déférer au vœu royal. Parmi eux, Thonmi Sambhota, que son titre de ministre promettait à un bel avenir.

Le voyage ne fut pas une partie de plaisir, sur le groupe d'émissaires bravement partis pour le Cachemire, alors foyer brillant de la pensée bouddhique, une douzaine succombèrent aux maladies et aux obstacles du chemin.

Thonmi Sambhota s'en tira, étudia assidûment et revint au pays armé de connaissances suffisantes pour élaborer un alphabet inspiré du sanskrit et une grammaire adaptée aux particularismes de la langue tibétaine. Les deux ont toujours cours et permettent de suivre sans heurt l'évolution de la tradition écrite, essentiellement religieuse.

L'alphabet tibétain comprend vingt-sept consonnes et cinq signes voyelles. Si la langue parlée s'est modifiée au gré des ans et des terroirs, la langue classique écrite n'a guère changé : les capitales sont toujours utilisées dans l'imprimerie (par xylographie), tandis que la cursive courante est complétée par des variantes dites ornementales réservées plutôt aux textes rituels.

Avec ces nouveaux outils, ajoutés à la formule d'une encre indélébile ramenée également du Cachemire, le Tibet connut une période d'effervescence intellectuelle d'une vertigineuse ampleur. Des pandits indiens, aidés de leurs élèves locaux, épaulés par des maîtres et des érudits d'envergure invités à partager leur science et activement secondés par des traducteurs hors pair, s'activèrent des années, des siècles durant, à expliquer, interpréter et commenter les textes fondamentaux ramenés à grand-peine d'Inde. Chaque monastère avait sa propre bibliothèque, et nombre de sages ascètes donnèrent naissance à des courants multiples à partir d'une même idée.

Traduites du sanskrit en tibétain au cours d'environ six siècles d'efforts soutenus et exemplaires, deux collections d'ouvrages forment l'assise de cette littérature religieuse : le *Kanjûr*, en cent huit volumes, est composé des enseignements du Bouddha historique tels que recueillis par ses disciples. Le *Tanjûr*, en deux cent vingt-sept volumes, comprend les commentaires de ces textes fondateurs. Ils étaient pieusement conservés sur des feuillets volants, copiés à l'identique par des scribes méticuleux, entre des plaquettes de bois, enveloppés dans un tissu de protection, empilés sur des centaines d'étagères nichés dans les chapelles, et révérés à l'égal des statues ou d'autres objets sacrés. Les copies les plus précieuses se faisaient à la main, à l'encre d'or.

Il aura fallu la folie destructrice de la révolution culturelle au XXe siècle pour disperser, brûler ou anéantir la majeure partie de ce patrimoine de l'humanité, et cette perte est d'autant plus tragique que nombre d'antiques traités bouddhiques avaient déjà disparu ailleurs, en Inde et en Chine notamment, emportés par les tourmentes historiques locales, les traductions tibétaines demeurant souvent les ultimes témoins d'une sagesse menacée par la folie des hommes. Aujourd'hui, c'est dans les caves des musées de Russie, les cachettes d'anciens lieux désacralisés de Mongolie, les souvenirs de familles émigrées ou les enfers des bibliothèques d'Europe et d'Amérique que l'on exhume des trésors rescapés, ramenés par d'intrépides explorateurs et recouverts par la poussière des ans, voire l'oubli.

Heureusement, l'inflexible coutume monastique qui obligeait d'apprendre par cœur des textes anciens a permis de sauver, en les recueillant minutieusement auprès de ces détenteurs, des connaissances d'un autre temps et d'assurer leur sauvegarde pour les générations à venir.

Depuis qu'une partie des Tibétains a dû prendre le chemin de l'exil, même les chansons populaires et les épopées traditionnelles, appartenant à une tradition orale vivace et pérenne, ont été rassemblées et notées, afin que ces racines menacées portent un jour des fruits renouvelés.

LES MUDRÂS

DES SIGNES POUR EXPRIMER DES FORCES INVISIBLES

Le mot lui-même signifie "sceau" ou "signe", révélant l'intention à la fois de sceller et de manifester, autrement dit de "traduire" par des moyens différents des mots. En somme, une espèce d'alphabet visuel permettant d'aller à l'essentiel par-delà la parole. Là encore, l'héritage est hindou, mais l'interprétation varie selon les latitudes et, comme souvent dans le vaste panorama bouddhique, la variante tibétaine a ses singularités.

Ces gestes sacrés ont fleuri avec davantage d'exubérance dans les écoles du Grand Véhicule, celles du Petit Véhicule se cantonnant d'ordinaire aux sceaux distinctifs caractérisant des "moments" rigoureusement précis et codifiés de la vie de l'Éveillé.

De cette myriade de gestes, quelques-uns sont à retenir en priorité, car ils permettent l'identification immédiate d'une effigie, en la rattachant à une famille ou à une école. Ils sont d'usage courant dans les rites.

Le plus répandu dans l'ensemble du monde bouddhiste, c'est *l'anjali-mudrâ*, les mains jointes à hauteur de poitrine. À la fois salutation et vénération, il est caractéristique des orants et de certaines divinités mineures, mais surtout il demeure aujourd'hui encore la manière par excellence de saluer l'interlocuteur en Inde, en Thaïlande, en Birmanie, au Tibet.

C'est bien entendu la façon la plus courante de rendre hommage à l'Éveillé, en élevant les mains jointes au-dessus de la tête que l'on incline en même temps. Son interprétation religieuse renvoie à la notion cardinale dans le *Mahâyâna* de Vraie Nature de toutes les choses, de réalisation de l'Éveil qui intègre l'objet et le sujet.

Le *dhyâna-mudrâ* est largement connu : mains superposées reposant dans le giron du méditant, paumes vers le haut, doigts allongés et pouces se touchant pour former un triangle, c'est le sceau caractéristique de la méditation, de la concentration sur le *dharma*. Il symbolise évidemment l'Éveil, cet instant privilégié où les contraires sont transcendés et où s'ouvre l'accès à la sagesse omnisciente. Quand le personnage représenté dans cette posture porte un bol, les Tibétains l'assimilent au Bouddha de médecine.

Prendre la terre à témoin, c'est-à-dire main gauche sur le genou en position du lotus et main droite pendante tournée vers l'intérieur, c'est le geste de Çakyamûni à l'aurore de l'Éveil : la terre témoigne de son accomplissement spirituel. C'est le *bhumiparsha-mudrâ,* répandu dans toute l'aire géographique bouddhique. Il indique aussi plus particulièrement une solidité inébranlable, telle que personnifiée par le Bouddha Akshobhya et le Bouddha historique à la foi indéracinable.

Les deux mains devant la poitrine, pouces et index formant deux cercles qui se frôlent, la paume droite tournée vers l'extérieur et la gauche soit vers le haut soit vers l'intérieur, expriment sans erreur possible le *dharmachakra,* c'est-à-dire la mise en marche de la Roue de la Loi. C'est naturellement le geste distinctif de Çakyamûni, mais aussi de Maitreya, le Bouddha à venir, ainsi que parfois d'Amitâbha, celui de la lumière infinie, très prisé dans toutes les variantes du *Mahâyâna.*

Le geste dit *vitarka-mundrâ* est celui de l'enseignement, ou de l'explication qui emporte la conviction : main droite dirigée vers le haut, paume vers l'extérieur, et main gauche vers le bas, également paume vers l'extérieur, avec le pouce et l'index de chacune formant un cercle, renvoyant ainsi à la perfection de la Loi du Bouddha. Au Tibet, ce *mudrâ* est également largement caractéristique des effigies de Târâ et des *bodhisattvas.*

La main dressée, généralement la droite, à hauteur d'épaule, paume ouverte vers l'extérieur, l'autre le long du corps, ou les deux mains faisant ce même geste, offrent protection et bienveillance, tout en marquant sans équivoque l'absence de crainte : c'est *l'abhaya-mudrâ,* le premier geste de Çakyamûni immédiatement après l'Éveil. On le retrouve surtout chez les bouddhas debout ou en marche, notamment dans les représentations courantes en Asie du Sud-Est. Mais c'est aussi un geste de puissance protectrice ou d'apaisement, qui renvoie à la nécessité de se libérer de la peur pour avancer sur le chemin de la connaissance. Amoghasiddhi, l'un des cinq Grands Bouddhas, est souvent représenté ainsi.

Le *varada-mudrâ* traduit l'accueil, le don, la générosité, la compassion : main droite tournée vers l'extérieur orientée vers le bas, ce geste est souvent associé à *l'abhaya-mudrâ* de protection et de sérénité. Il signifie la volonté de se consacrer aux êtres humains et d'œuvrer à alléger leurs souffrances, afin qu'ils puissent finalement accéder à l'épanouissement de l'Éveil. C'est aussi le sceau réputé exaucer les vœux.

L'iconographie bouddhiste connaît de multiples variantes de ces *mudrâs*, généralement associées à la récitation des *mantras* et qui induisent, lors des exercices rituels, certains états d'esprit permettant de progresser sur la voie de la recherche intérieure. Les écoles ésotériques en font un large usage, d'ordinaire strictement codifié par rapport à un Bouddha précis ou une énergie particulière mise à contribution dans la poursuite d'un but déterminé.

Certains *mudrâs* sont à utiliser avec la plus grande précaution, notamment quand ils sont liés à la propitiation des divinités farouches ou terribles, dont les forces redoutables ne sauraient être invoquées à tort et à travers par des chercheurs d'absolu incapables de les maîtriser.

LA GRANDE PRIÈRE

MÖNLAM CHENMO

L'INVOCATION ANNUELLE POUR LE BIEN-ÊTRE DE TOUS LES ÊTRES

Cette cérémonie est liée aux réjouissances du nouvel an. La tradition en attribue l'institution codifiée à Tsong-Khapa le réformateur, père spirituel de la plus jeune école du bouddhisme tibétain (les *Geloug-pa*, celle dite des bonnets jaunes, ou plus exactement "de ceux qui pratiquent la voie de la vertu"). Avec l'instauration un peu plus tard de la lignée des dalaï-lamas, qui se fonde en majeure partie sur ces enseignements, depuis le XVIe siècle le pouvoir politique a été l'apanage des adeptes de la branche réformée. Les trois grands monastères proches de Lhassa, Ganden, Sera et Drépung, créés sous l'impulsion de Jé Tsong Khapa, sont depuis considérés comme "les Trois Piliers du Tibet".

Comme partout dans le monde, le Nouvel An a toujours été prétexte à festivités, ripailles, jeux et joutes chez les Tibétains qui ne boudent guère leur plaisir et dont la nature bon enfant n'a jamais rechigné à s'amuser. Les fêtes patronales des monastères sont également l'occasion de rencontres colorées, marquées d'abord par la récitation des épopées et l'exécution de danses sacrées durant deux ou trois jours, elles-mêmes suivies par des divertissements profanes non moins prisés.

L'usage veut que, à la veille du Nouvel An, chacun soit tenu de faire le ménage dans les maisons, pour en chasser les mauvais esprits et les influences néfastes dus aux fautes et aux actions négatives de l'année écoulée. Les nomades font de même dans leurs tentes et, par familles entières, l'on se rend en pèlerinage dans des monastères ou sanctuaires en vue de s'assurer de solides protections pour les mois à venir. À Lhassa, la capitale, la coutume voulait qu'un bouc émissaire, généralement un vagabond ou quelque pauvre hère, soit chargé de tous les maux et solennellement conduit hors les murs, accompagné à grand renfort de roulements de tambour et de stridences musicales pour éloigner tous les dangers.

C'était aussi l'époque où les clefs de la ville étaient remises en mains ecclésiastiques et, pendant toute la durée des cérémonies et festivités, les moines assuraient la loi et l'ordre dans la "cité du divin". Les *dob-dobs* alors étaient à l'honneur, ces gardiens experts en arts martiaux chargés, le reste du temps, de faire respecter la discipline de la vie quotidienne au monastère. Environ trois semaines du premier mois de l'année lunaire (qui commence avec la nouvelle Lune de février selon le calendrier grégorien) étaient consacrées à ces activités communautaires, marquées le quinzième jour dudit mois par un enseignement public du dalaï-lama. Des rites spéciaux étaient accomplis trois fois par jour au Jokhang, le sanctuaire le plus vénéré du Tibet, où se trouve la statue dite du Jo-Wo (une effigie de Çakyamûni précieusement gardée dans le saint des saints du temple depuis le VIIe siècle, quand elle avait été amenée par l'épouse chinoise du grand roi Songtsen Gampo). Des dizaines de milliers de moines participaient à ces cérémonies et, en ces semaines où alternaient recueillement et réjouissances, Lhassa se gonflait d'une population flottante au moins trois fois supérieure à la normale, pouvant atteindre, à en croire des documents historiques, une centaine de milliers de personnes.

Cette tradition est scrupuleusement suivie dans l'exil : Tibétains et néobouddhistes d'obédiences tibétaines se pressent pour l'occasion chaque année à Dharamsala, dans l'Himachal Pradesh en Inde, où le chef spirituel réside et où fonctionne un gouvernement en exil qui s'efforce de veiller aux intérêts d'une petite communauté dispersée principalement en Inde et dans quelques autres pays plus ou moins lointains. Pour les uns, c'est la possibilité de se ressourcer en confirmant la cohésion communautaire; pour les autres, d'approcher une civilisation qui n'en finit pas de les séduire, et pour tous de partager des instants précieux de ce que l'on peut appeler une communion. En fait, durant ces journées à chaque fois exceptionnelles, le religieux et le profane se retrouvent intimement mêlés, conférant une coloration spéciale au quotidien.

La cérémonie du *Mönlam Chenmo* porte la marque de cette ferveur. Instituée vers 1408, la grande prière pour le bien-être de tous les êtres résume fort bien l'idée maîtresse du *Mahâyâna* et l'idéal de ceux qui cheminent sur ce sentier. C'était aussi le rassemblement monastique le plus vaste dans “la cité du divin”. Elle l'est d'ailleurs restée, à l'exception d'une période d'une vingtaine d'années quand elle a été purement et simplement interdite par les autorités chinoises d'occupation.

À nouveau célébrée à partir des années quatre-vingt, elle n'a certes plus le lustre d'antan faute de la présence du dalaï-lama et en raison de la surveillance dont elle demeure l'objet, du temps même où elle était conduite par le panchen-lama, autorisé par Pékin à passer quelques jours parmi les siens.

C'est justement lors des préparatifs de ce rituel que le deuxième hiérarque du bouddhisme tibétain est décédé en 1989, dans des circonstances encore considérées par nombre de Tibétains comme douteuses. L'épreuve de force engagée en 1995 entre le dalaï-lama et le gouvernement chinois à propos de cette succession laisse planer des incertitudes quant à l'avenir, et de la lignée des panchen-lamas, et de la Grande Prière telle que l'avaient connue et pratiquée des générations de Tibétains au Tibet.

LES MAÎTRES DES SAVOIRS

DE LA MAGIE À LA PHILOSOPHIE, LA VOIE MÉDIANE DES SCIENCES À LA CONNAISSANCE

Si tout n'a pas commencé avec Padmasambhava, il n'en demeure pas moins la figure fondatrice du bouddhisme du Tibet. C'est à l'appel de Trisong Detsen, sur les instances du philosophe Santarakshita, que le grand sage s'en vint pacifier sur le haut plateau les forces adverses qui faisaient obstacle à l'affermissement de la Bonne Loi. Né au royaume semi-mythique d'Orgyen, que certains situent au nord-est du Cachemire et d'autres aux confins du Bengale, son existence réelle n'en est pas moins attestée, même si au fil des siècles la légende l'a enjolivée. Toujours est-il que Guru Rimpoché, comme on l'appelle aujourd'hui encore dans tout l'arc himalayen, a été un “Précieux Maître” à maints égards.

Depuis un siècle que le roi Songtsen Gampo avait embrassé la doctrine du Bouddha, celle-ci avait progressé, mais se heurtait au ressentiment des tenants de la croyance prébouddhique du Bön et à la puissance persistante des divinités chamaniques. Aussi, vers 760, Trisong Detsen, petit-fils de Songtsen Gampo, décida d'ériger le premier monastère tibétain à Samyé, non loin de Lhassa, afin que Santarakshita (le grand érudit indien qui avait renoncé à ses fonctions d'abbé de la fameuse université de Nâlandâ pour enseigner au Tibet) puisse ordonner les premiers moines autochtones. Les travaux cependant n'avançaient pas, car ce que les hommes bâtissaient le jour, les génies le défaisaient la nuit. Admettant que connaissance et érudition ne suffisaient pas pour venir à bout des influences néfastes, Santarakshita suggéra au monarque d'en appeler à Padmasambhava, "Né-du-Lotus", dont la réputation de *yogin* accompli et de maître des *tantras* (les instructions ésotériques) s'était étendue loin à la ronde.

Mêlant harmonieusement sagesse suprême et pouvoirs peu ordinaires, acquis grâce à une intelligence intuitive hors pair façonnée par une discipline rigoureuse, Padmasambhava eut tôt fait de mettre au pas les adversaires de la doctrine. Non content de les avoir apaisés, il en fit les gardiens protecteurs de la Loi bouddhique, qu'il s'attacha à enseigner sans relâche jusqu'à la fin de sa vie au Tibet.

Padmasambhava a arpenté le pays jusque dans ses coins les plus reculés. Il est hautement vénéré en particulier par les Nyingmapa, les fidèles de l'école des Anciens. Au fil des siècles, ses adeptes ont découvert d'importants *termas* (textes-trésors cachés) qu'il avait pris soin de dissimuler ici et là en attendant que les temps mûrissent pour qu'ils puissent être compris. Doué de pouvoirs exceptionnels fréquents chez les sages, Padmasambhava est également crédité d'avoir prophétisé un certain nombre d'événements qui se sont réalisés plus tard dans l'histoire.

Padmasambhava est couramment représenté en posture du lotus, tenant un *dorje* dans la main droite et un bol à aumône, ou une coupe rituelle, dans la gauche posée dans son giron. Il est souvent accompagné de son épouse, la princesse Mandarava, et de sa principale disciple féminine Yéshé Tsogyal, *yogini* accomplie, qui rédigea la biographie du maître. La première lui avait été donnée par son père à la suite d'un miracle : outré de voir le *gurû* prodiguer des enseignements à cinq cents nonnes et à sa propre fille, le roi de Zahor ordonna de brûler vif l'impudent. Celui-ci transmua le feu en un lac d'eau pure d'où il émergea trônant sur un lotus. Le roi en fut tellement impressionné qu'il adopta aussitôt le *dharma* et remit au sage sa fille en gage de loyauté. La seconde aurait été l'une des épouses de Trisong Detsen avant de consacrer sa vie à la recherche de l'Éveil, auquel elle accéda en une seule vie sous la direction avisée de Padmasambhava. Certains l'appellent "la Danseuse céleste" et voient en elle une *dakîni*, émanation de l'énergie inspiratrice de la conscience menant à la compréhension parfaite de la réalité suprême.

Parmi les autres figures emblématiques du Haut-Pays, Nâgârjuna tient une place à part. Cet érudit indien, qui a vécu vers le IIe ou IIIe siècle et que son nom rattache aux *Nâgas* qui l'auraient instruit dans leur royaume aquatique, n'a jamais été au Tibet. Pourtant, le système philosophique qu'il a élaboré, le *Madhyamîka*, ou la voie médiane, est devenue la pierre angulaire qui a conduit Tsong-Khapa à la réforme ayant donné plus tard naissance à l'école des *Geloug-pa*.

Les péripéties de l'histoire tibétaine amenèrent le bouddhisme à connaître des hauts et des bas. Ainsi, après l'époque de persécution de Langdarma, la reconstruction vint de l'Amdo, au nord-est du Tibet, où une poignée de fidèles avaient trouvé refuge et réussi à maintenir la tradition. Ils regagnèrent le monastère de Samyé, s'y installèrent et reprirent le fil interrompu des traductions.

Parmi ces passeurs aussi fidèles qu'acharnés, Rinchen Zangpo déploya de multiples activités décisives. Pour répondre au souhait du roi, désireux de séparer le bon grain du *dharma* de l'ivraie que les turbulences historiques avaient fait pousser autour, il s'en alla chercher l'un parmi les plus savants des pandits indiens, grand-prêtre de l'université monastique de Vikramashila, le maître Dipamkara Srîjnâna, que les Tibétains nomment simplement Atisha, soit "le Grand Saint".

Une jeunesse voyageuse avait permis à l'aspirant à la sagesse de recueillir les enseignements les plus divers alors disponibles, de Râjagriha dans le Bihar jusqu'à Orgyen. Le Bouddha Çakyamûni lui-même aurait enjoint en rêve Dipamkara de devenir moine, ce qu'il fit, avant d'aller dispenser les instructions de la Loi à Java et Sumatra. De retour en Inde, il poursuivit ses études et ses enseignements dans les grandes universités bouddhistes, avant de gagner, en l'an 1042, à 50 ans passés, le Tibet. D'abord installé à Thöling, Atisha lui-même rédigea nombre de commentaires et de recueils d'instructions, dont le plus connu, *La Lampe sur la voie de l'Éveil*, fait toujours autorité. De Nétang ensuite, puis de Yerpa non loin de Lhassa, Atisha ne cessa point jusqu'à sa mort de répandre la bonne parole. C'est à lui que les Tibétains doivent sans doute leur profond attachement à Târâ-Dolma, divinité tutélaire du maître, et dont l'émouvant sanctuaire à proximité de la capitale a été l'un des très rares à échapper à la fureur destructrice des gardes rouges. Des historiens considèrent Atisha comme le fondateur de l'école *Kadam-pa* (ou "de l'enseignement oral"), posant l'accent sur l'exercice suivi de la méditation, afin de dégager l'esprit des souillures qui l'enténèbrent.

Au XIVe siècle, le bouddhisme tibétain avait eu le temps de bourgeonner sur les sentiers les plus divers, se mâtinant au passage de réminiscences de l'exubérance bengalie ou se teintant de nuances magiques sans pour autant se renier, même si parfois des rivalités personnelles plus temporelles ne donnaient pas cher des principes de tolérance ou d'intégrité prônés par l'Éveillé. Un homme d'envergure entreprit alors de rétablir le respect des règles et de prêcher par l'exemple, en révisant l'ensemble des grands textes, le *Kanjûr* et le *Tanjûr*, qu'il soumit à une analyse serrée. "L'homme de la vallée de l'Oignon" était né en 1357 dans l'Amdo, province rude et rétive, qui a donné au Tibet quelques-unes de ses personnalités les plus lumineuses. Précoce et persévérant, Tsong-Khapa fut initié aux règles monastiques dès l'âge de 3 ans par le quatrième Karmapa, chef de la lignée Karma-Kagyu, et fut instruit par les maîtres les plus habiles.

Des dix-huit solides ouvrages d'explication et de commentaires rédigés par Tsong-Khapa qui ont servi à former des générations de moines, deux jouissent toujours de la même faveur : le *Lam-rim Chenmo*, ou "Voie graduée vers l'Éveil", et le *Ngagrim Chenmo*, ou "Grande explication du mantra secret". Ses disciples étaient tenus au strict respect des règles monastiques, en particulier au célibat dont la pratique s'était considérablement relâchée, et Tsong-Khapa se montrait très précautionneux quant à la transmission des *tantras*, notamment des pratiques ésotériques. Jé Rimpoché, comme le nomment dévotement les Tibétains, devait s'éteindre en 1419, à l'âge de 61 ans dans son monastère de Ganden. Dûment embaumé et placé dans un *chorten*, son corps momifié était l'objet d'une adoration jamais démentie jusqu'à sa destruction, lors de la révolution culturelle. D'aucuns prétendent que les gardes rouges qui l'assaillirent devinrent littéralement fous de terreur en découvrant le sourire serein de leur victime.

MAÎTRE ET DISCIPLE

UNE CONFIANCE À TOUTE ÉPREUVE

Toutes écoles confondues, le bouddhisme fourmille d'anecdotes pour en témoigner : choisir son maître n'est pas une mince affaire. Déjà du temps de Çakyamûni, quand l'Éveillé s'apprêtait à quitter ses proches pour le *nirvâna* et que ses disciples se lamentaient de perdre leur guide spirituel, le Bouddha les enjoignit d'être à eux-mêmes "leur propre flambeau". Plus encore peut-être que dans les autres pays, au Tibet comme dans les écoles du *ch'an* et du *zen*, le *gurû* joue un rôle cardinal : c'est à lui qu'incombe la tâche de mener l'élève sur le sentier qui lui convient, jusqu'au seuil de la connaissance, de la sagesse ou de l'Éveil.

En même temps, le candidat à l'aventure spirituelle ne peut se permettre de prendre n'importe qui pour le diriger sur cette voie étroite. D'ailleurs, nombre de maîtres réputés ont multiplié les mises en garde contre trop de hâte à s'attacher aux basques de quiconque. Rien n'illustre mieux cette quête et cette relation que la célèbre histoire de Marpa et de Milarêpa, le lama aux exigences impitoyables qui fera payer cher à son élève ses incartades de jeunesse avant de lui accorder les clefs qui feront de lui non seulement un ascète de renom, mais aussi un poète dont les chants enchantent aujourd'hui encore lecteurs et auditeurs de tout âge.

Le premier, "l'homme de Mar" comme son nom l'indique, a vécu au XIe siècle dans le sud du Tibet. Fils de famille, il entreprit d'étudier le sanskrit dans le dessein de se rendre en Inde se former à l'école des sages. La vente de ses biens personnels lui permit d'entreprendre le voyage et, seize ans durant, il suivit les instructions de Nâropa, l'un des grands savants de l'époque, contemporain d'Atisha, et qui enseigna également à Nâlandâ. Rentré au Tibet, Marpa mena une vie de famille partagée entre ses obligations profanes et une remarquable activité interprétative des textes ramenés d'Inde. L'histoire en a gardé un souvenir bien précis, puisque les Tibétains le nomment "Marpa-le-Traducteur". C'est à son retour d'un nouveau voyage en Inde que Mila vint le prier de l'accepter comme disciple.

Marpa n'épargna aucune épreuve à l'aspirant, et il fallut toute la compréhension de sa femme, Dagmena, pour ne pas décourager la bonne volonté du repenti. Si sa renommée de traducteur n'est nullement usurpée, "l'homme de Mar" symbolise aussi l'intransigeance du vrai *gurû*, qui exige un don de soi absolu du disciple pour l'instruire. En ce sens, c'est l'image de la confiance suprême que le bouddhisme tibétain donne d'un maître perçu en pleine lumière. Quitte à oublier parfois qu'il est aussi un être humain.

La relation Marpa-Milarêpa est aussi tumultueuse parce que, à son arrivée chez le maître, le chercheur est porteur d'un lourd passé. Orphelin de père dès son enfance, le futur ascète devient expert en magie noire pour venger sa mère des humiliations subies en raison de la cupidité d'un oncle. Prenant ensuite conscience de la vilenie de ses actions, il cherche à se racheter et s'adresse à Rôngtôn, un maître *nyingma* réputé, qui l'envoie à Marpa. Proche de la quarantaine, Mila se met humblement à son service et subit caprices et avanies presque sans broncher, quitte à se retrouver un jour au bord du suicide par désespoir.

Bien entendu, il n'accomplit pas le geste fatal, et Marpa accepte enfin, après cette purification drastique du passé, de l'initier aux arcanes de la connaissance suprême. Il lui enseigne les exercices les plus rudes, dont celui du *toumo*, soit la chaleur interne, que Mila pratique des années durant dans la solitude des grottes du haut Himalaya, en particulier au pied de la montagne sacrée du Kaïlash. Il y gagne son surnom de *rêpa*, "celui qui porte la robe de coton des ascètes", et de nombreux disciples qui l'entourent fidèlement une fois qu'il accepte de se rapprocher des hommes.

C'est son disciple Réchungpa qui a consigné ses exploits et raconté sa vie, pour le plus grand bénéfice des bardes et conteurs ambulants qui l'ont transmise de génération en génération.

Exemple du parfait yogin ayant accompli le dur parcours des méfaits d'une jeunesse turbulente aux épreuves les plus exigeantes, Mila composa *Les Cent Mille Chants*, qui sont l'un des fleurons de la littérature bouddhique. Il est souvent représenté assis sur une peau de gazelle posée sur un lotus, vêtu en ermite, la main droite à l'oreille, à l'écoute du silence. Son maître et lui sont considérés comme les créateurs de l'école *Kagyu-pa*, fondée sur les enseignements du Mahamûdra, ou "Grand Sceau" et des "Six doctrines de Nâropa", ramenés d'Inde par Marpa.

Pour révélatrice que soit l'histoire de cette relation hors du commun, de par la personnalité de ses principaux protagonistes et la lumière qu'elle jette sur le lien singulier qui se forge de maître à disciple, elle ne saurait faire oublier ces paroles du Bouddha, non moins clairvoyantes dès lors qu'il s'agit de s'en remettre à un *gurû* pour s'engager sur le sentier de la connaissance : "Ne crois rien parce qu'un sage l'a dit, parce que généralement on le croit, parce que c'est écrit, parce que c'est présenté comme étant d'essence divine, ou parce qu'un autre le croit. Ne crois que ce que tu juges toi-même être vrai, après avoir été éprouvé à la flamme de l'expérience."

LE PROTECTEUR DU TIBET

CHENRÉSIG-AVALOKITESHVARA

"Celui qui regarde avec les yeux clairs", ou "Celui qui entend les prières du monde", ou encore "Le seigneur qui baisse son regard sur les souffrances du monde", est sans conteste une figure de proue de la tradition tibétaine. L'un des Éveillés les plus marquants du *Mahâyâna*, ce *bodhisattva* est le patron tutélaire du Tibet, d'autant que le roi Songtsen Gampo est considéré comme son incarnation. À l'instar de ses pairs, sa caractéristique essentielle est la compassion, d'où son surnom très répandu de “Grand Compatissant”, ou “Seigneur de la Compassion infinie”.

La représentation de Chenrésig connaît quelque cent huit formes, décrites dans des textes divers. Parmi la trentaine des plus courantes, en particulier au Tibet, il est personnifié avec onze têtes et une véritable auréole de bras formant halo autour de lui : c'est Avalokiteshvara (son nom sanskrit) aux mille bras, chaque main étant dotée d'un œil afin de mieux voir les misères du monde et pouvoir ainsi voler sur-le-champ au secours de qui l'appelle. Son image est toujours particulièrement dynamique, même s'il se contente, dans des effigies de plus petit format, de quatre paires de bras qui symbolisent tous les autres dont il se sert pour apaiser les peines du monde.

À en croire la légende, le *bodhisattva* regardait un jour le monde et ce qu'il y vit fut si fort que, passagèrement désemparé devant l'ampleur de la tâche qu'il s'était fixée, sa tête éclata littéralement de douleur. Son père spirituel, dont il est une émanation, le Bouddha primordial Amitâbha “de la lumière infinie” ramassa les morceaux dont il façonna onze nouvelles têtes qu'Avalokiteshvara porte en trois couronnes successives, de trois visages chacune. La première reflète la compassion, la deuxième le courroux devant la détresse du monde, et la troisième la joie engendrée par le bien. L'avant-dernier visage est surmonté d'une dernière tête, celle justement du Bouddha Amitâbha. D'après d'autres interprétations, ces dix visages renverraient aux dix étapes parcourues par le *bodhisattva* jusqu'à accéder à l'état de Bouddha.

Selon le canon classique de représentation de cette figure particulièrement chère aux Tibétains puisque Chenrésig est en quelque sorte à l'origine de la dynastie historique de Yarlung (dont le fondateur Nyathi Sangpo, grand-père de Songtsen Gampo, est censé être une incarnation), six des huit bras rattachés à ses épaules portent chacun un symbole précis : le rosaire, le lotus, la Roue de la Loi, le flacon de nectar, tandis que les deux derniers forment l'*anjâli-mudrâ*. Les neuf cent quatre-vingt-douze autres bras portent tous dans la paume ouverte “l'œil de merci”, écarquillé sur les souffrances à secourir. Le *mantra* sacré *om mani peme hum*, probablement le premier à avoir fait son apparition au Tibet et en tout cas toujours le plus populaire, s'adresse à Chenrésig-Avalokiteshvara.

Très souvent montré debout sur le socle traditionnel de lotus, comme la plupart des divinités tibétaines qu'elles soient bienveillantes ou terribles, Chenrésig porte maintes fois une fleur de lotus dans l'une de ses mains : d'où le surnom de Padmapâni (porteur de lotus) qu'on lui prête parfois. En outre, Avalokiteshvara est directement associé à certaines lignées de sagesse dans l'ensemble du monde bouddhique et il prend au fil des latitudes des traits locaux assez marqués. Ainsi, en Chine et au Japon, le *bodhisattva* de la compassion se féminise et devient objet d'adoration populaire sous les traits respectivement de Kuan-Yin et de Kwannon.

Chenrésig est aussi crédité, par la grâce de ses mille bras, d'un pouvoir singulier de rayonnement en faveur du bien et pour alléger les maux dont souffrent les êtres des six royaumes d'existence. Sous des formes diverses, c'est lui qui dispense réconfort et aide aussi bien aux animaux qu'aux esprits affamés, et naturellement aux humains. Ceux-ci sont en fait privilégiés, dans la mesure où, dotés de conscience, ils sont les seuls à avoir la chance insigne de pouvoir ouvrir les yeux à leur condition et d'être ainsi à même de choisir d'emprunter la voie de l'Éveil qui mène à s'affranchir de l'illusion. De surcroît, et ce n'est pas le moindre de ses traits saillants, aux yeux des Tibétains, le dalaï-lama est une incarnation d'Avalokiteshvara le Tout Compatissant, et comme tel, la vénération qui l'entoure est autant portée vers lui que vers l'illustre divinité dont il est le représentant vivant dans le monde des hommes.

LA GRANDE DIVINITÉ

TÂRÂ-DOLMA
GARDIENNE, PROTECTRICE ET SALVATRICE

Étroitement associée à Chenrésig, Târâ-Dolma est quasiment inséparable du *bodhisattva* de la compassion. Elle personnifie l'aspect féminin de sa sollicitude et elle l'assiste activement. Considérée comme la force, la puissance ou l'énergie de la divinité, elle est par essence dynamique. Dès lors, on ne s'étonnera pas qu'elle soit représentée sous vingt et une formes différentes, variant par la couleur, la posture et les attributions, quand bien même elle demeure toujours et avant tout "Celle qui sauve".

Diverses légendes se rattachent à sa naissance, toujours étroitement liée à Chenrésig. Certaines disent que Târâ-Dolma est née d'une larme d'Avalokiteshvara, effaré un instant devant l'ampleur de sa mission; d'autres racontent qu'un rayon bleu émanant de l'œil de la divinité l'a engendrée, et d'aucunes prétendent que d'une larme de Chenrésig serait sorti un lotus où Târâ aurait aussitôt fait son apparition.

C'est au Tibet qu'elle compte le plus grand nombre de fidèles, ayant été largement popularisée par la dévotion que lui vouait en particulier Atisha, dont elle était la divinité tutélaire. Elle l'est d'ailleurs restée pour beaucoup de croyants qui continuent de l'invoquer sous l'un ou l'autre de ses aspects.

En fait, deux Târâ tiennent le haut du pavé : la blanche et la verte, et comme il semble que l'on ne sache pas avec certitude laquelle des deux a la préséance, elles sont généralement considérées à égalité. Toutes deux sont vêtues comme des *bodhisattvas* et richement parées, installées sur des trônes de lotus, et tenant à la main une fleur de lotus – épanouie pour la blanche et bleue à demi ouverte pour la verte. Mieux encore, les Tibétains tiennent Târâ en si haute estime qu'ils ont fait des deux belles princesses étrangères épouses du roi Songtsen Gampo des incarnations de la déesse – de la blanche pour Wencheng la Chinoise, de la verte pour Bhrikuti Devi la Népalaise. Toutes les deux sont des aspects bienveillants de la divinité.

Lorsqu'elles sont dotées d'une couleur précise, les Târâ sont mises en relation plus directe avec les cinq Bouddhas primordiaux en tant que puissance active des divinités tantriques. Ainsi, au Tibet, la Târâ bleue porte le nom d'Ekjatâ et aurait été soumise par le sage Padmasambhava qui en a fait une acolyte de la Târâ verte. Elle porte alors un couperet et une calotte crânienne dans la main et représente un aspect farouche de la déesse. La Târâ jaune, "celle aux sourcils froncés", née justement d'un froncement de sourcils d'Avalokiteshvara, est elle aussi une forme courroucée de la Târâ verte dont elle porte quelques-uns des attributs caractéristiques quand elle a plusieurs bras *(vajra*, corde, arc, conque). Expression de la force d'amour de la Târâ primordiale, Kurukullâ la rouge est un aspect apaisé, mais l'arc dont elle est souvent munie et sa couronne de crânes renvoient à la vigueur de ses actions.

La Târâ blanche, que l'on appelle parfois Sitatârâ, se distingue, dans le bronze ou toute autre matière non colorée susceptible d'être sculptée, par ses sept yeux : une paire normale, un œil dans chaque main, un sur la plante de chaque pied, et un au front. En peinture ou en broderie sur le tissu (*thangka*) ou en fresque sur les murs, ses multiples yeux sont toujours soigneusement indiqués. Elle est considérée comme la protectrice par excellence du pays, à la fois gardienne de ses traditions bouddhistes et salvatrice pour les fidèles qui n'hésitent jamais à lui lancer un appel au secours même pour les menues peines du quotidien.

Douée des pouvoirs les plus divers, Târâ protège de toutes les peurs. Il suffit que le fidèle l'appelle à la rescousse pour qu'elle arrive, prête à le tirer des pires situations. Elle prévient pêle-mêle de la peur des lions, des éléphants, des serpents venimeux ou des brigands. Mais elle ouvre aussi la porte d'un donjon impénétrable et fait disparaître les fers qui entravent le prisonnier, ou elle guérit de la lèpre. Il lui appartient également de préserver de la peur de la mort, d'affranchir de la douleur, de mener les aspirants jusqu'à la perfection de l'accomplissement suprême. Elle est réputée d'une efficacité sans égale contre l'éclair, la furie océane ou le feu.

D'après le *Tantra de Târâ*, dans la nuit des temps, à l'époque du Victorieux surnommé "Lumière des divers mondes", par ses actions méritoires et sa ferveur, la princesse Lune de Sagesse fut encouragée à prier pour renaître homme afin de pleinement s'éveiller. Elle répondit : "Dans cette vie point de distinction entre 'masculin' et 'féminin', pas plus qu'entre 'soi' et 'personne', si bien que s'attacher à l'idée même est sans objet. Les êtres à l'esprit faible se laissent piéger par cette illusion. Et comme nombreux sont ceux qui souhaitent atteindre à l'Éveil sous forme masculine, puissé-je pour ma part œuvrer dans un corps féminin au bien-être de tous les êtres jusqu'à épuisement du *samsâra.*" C'est à la suite de ce vœu que la princesse devint Târâ-la-Déesse.

Il va de soi que, à l'instar de toutes les autres expressions emblématiques, les interprétations symboliques de Târâ et de ses vingt et un aspects s'approfondissent à mesure que le chercheur avance sur le chemin de la connaissance. Enfin, l'étroitesse des liens entre Chenrésig-Avalokiteshvara et Târâ-Dolma fait naturellement de cette dernière l'une des plus puissantes protectrices de diverses lignées de sagesse, et en particulier des dalaï-lamas.

LES GRANDS PROTECTEURS

MAÎTRES DU TEMPS, DE LA MORT ET DES FORCES NÉGATIVES

Ils sont les farouches gardiens de la Loi et fidèles défenseurs du Bouddha. Souvent, ce sont des déités prébouddhiques qui n'avaient pas ménagé leur opposition aux messagers de compassion venus d'au-delà l'Himalaya.

Sages et mages ont bataillé ferme pour les apprivoiser, avant de les mettre au service de la doctrine. Ils sont ainsi exemplaires de la métamorphose du disciple transmuant agressivité et violence en forces inversées pour le bien. Par un fâcheux malentendu, les divinités dites terribles ont valu mauvaise réputation aux Tibétains, accusés d'adorer des démons.

Simplement, c'est la manière originale trouvée par leurs maîtres spirituels de rendre compte des polarités complémentaires, positive et négative, qui gîtent dans l'esprit de l'être humain.

Ainsi de Mahâkala, "le Grand Noir", seigneur du temps et de la sagesse transcendante, dont l'aspect physique est révélateur : un corps puissant de couleur noire, une attitude belliqueuse, des crocs proéminents, un regard exorbité, il porte l'épée, une coupe crânienne, la conque ou l'étendard de victoire tandis qu'il chevauche le tigre ou le lion des neiges, quand il ne piétine pas le porc, le serpent ou le coq emblématiques des trois poisons. Il n'en est pas moins le symbole de la force qui détruit l'illusion faisant obstacle à l'accession à l'Éveil. Il est l'autre visage de Chenrésig.

Autres divinités farouches tout aussi ambivalentes, Yamantâka, le maître du seigneur de la mort, et Palden Lhamo, seule expression féminine parmi les grandes divinités protectrices sous des traits courroucés. Elle fait la paire avec Mahâkala et son origine remonte à la déesse hindoue Shrî Devî.

Les cheveux hérissés en bataille autour de la tête, emportée sur sa mule rouge, son collier est fait de crânes et une ombrelle de plumes de paon est son attribut distinctif. En peinture ou en broderie, elle est souvent auréolée de flammes exprimant son activité dynamique. Un troisième œil orne d'ordinaire son front, et le rictus qu'elle arbore avec deux crocs saillants n'a rien d'engageant. On la surnomme cependant "la Glorieuse Déesse", elle a souvent une Lune sur sa chevelure et un Soleil sur le nombril, et elle est considérée comme la gardienne de Lhassa.

Ces trois personnages à qui la tradition prête des pouvoirs singuliers sont les protecteurs de l'ordre des *Geloug-pa*, et leur puissance tutélaire en fait des gardiens privilégiés du dalaï-lama.

LE RITUEL DU FEU

LA GRANDE PURIFICATION

Comme dans la plupart des civilisations, des plus lointaines aux plus proches, le feu tient une place à part dans le bouddhisme. Élément emblématique fondamental, étape obligée sur le chemin de la connaissance, partie intégrante de l'offrande puisqu'il est à la fois chaleur et lumière, le feu symbolise surtout la purification et la flamme l'impermanence dans le devenir et le changement. Dans un pays où le bois est assez rare, le bûcher mortuaire était généralement réservé aux grands maîtres accomplis, seuls les plus révérés d'entre eux étant embaumés. Le Bouddha lui-même a été incinéré, et bien que son corps physique n'ait laissé aucune cendre, quelques fragments d'os ont été récupérés par les fidèles pour être enchâssés dans huit grands *stûpas*. Parfois, les grands mystiques laissent derrière eux comme traces de leur passage des sortes de perles multicolores, appelées *ringsel*, témoignant de leurs accomplissements, et considérés comme de précieux talismans.

Aujourd'hui encore, comme au fil des siècles, le feu demeure le purificateur par excellence. En cas de maladie, quelquefois pour libérer un lieu ou un être d'une influence néfaste, pour s'assurer qu'un endroit est propice à bâtir, un lama est convié à accomplir le rituel du feu, soigneusement codifié et consciencieusement exécuté. Sinon, la force perverse peut prendre inopinément le dessus et exercer des ravages dont seule une puissance supérieure serait en demeure de venir à bout. C'est aussi pourquoi avant d'entamer la cérémonie, son exécutant doit être lui-même soumis à des exercices préalables de purification complète.

Le genévrier, l'encens ou tout bois parfumé peut faire l'affaire. Selon l'importance du mal à contrecarrer ou à combattre, un ou plusieurs moines seront appelés à exercer leurs talents conjugués, généralement accompagnés de récitation de *mantras* ou de *dhâranis*, de gestes spécifiques (*mudrâs*) et de l'intervention du tambourin rituel (*damarû*) afin de renforcer l'efficacité de l'ensemble de la pratique.

Pour la petite histoire, il vaut peut-être de relever – mais saurait-on vraiment s'en étonner ? – les correspondances frappantes entre le rituel tibétain du feu et des cérémonies visant un but analogue dans la tradition amérindienne hopie. C'est une passerelle jetée par-dessus le Pacifique, par-delà le temps et les mémoires des hommes, comme illustration malicieuse d'une fraternité profonde qu'il leur arrive d'oublier.

MOINES ET LAÏCS

UN TISSU SOCIAL ÉTROITEMENT IMBRIQUÉ

Jusqu'à l'invasion chinoise de 1950, le Tibet a sans doute constitué un monde à part sur une planète où les soubresauts sociaux engendraient de profondes mutations. Société encore féodale mâtinée de théocratie à l'écart et au-dessus des autres, le Haut-Pays avait gardé des structures d'un autre temps. Pourtant, les rares témoins oculaires qui s'y sont rendus s'accordent tous à porter témoignage d'une société rude sans être dénuée de raffinement, et surtout harmonieuse, avec une population frugale, mais souriante et heureuse de vivre.

En tout cas, moines et laïcs vivaient en symbiose. Les premiers dépendaient des seconds pour la nourriture et le gîte, ces derniers cultivant les terres et s'occupant des récoltes, les premiers devant en quelque sorte assurer le bien-être spirituel de tous. La tradition voulait qu'un enfant par famille devienne moine, et c'était un honneur. Le noviciat commençait d'ordinaire à environ 8 ans, les vœux monastiques n'étaient possibles qu'à partir de 20 ans.

L'ensemble de la population laïque respectait généralement cinq préceptes de base communs à tous les bouddhistes (ne pas tuer ; ne pas voler ; éviter l'inconduite verbale et sexuelle, ainsi que l'usage de produits intoxicants). Les obligations des novices sont déjà plus contraignantes : s'abstenir de détruire toute créature vivante ; de prendre ce qui n'est pas donné ; de conduite érotique ; de liqueurs et de drogues qui mènent à l'insouciance ; de manger à des heures indues ; de danser, chanter, aller au spectacle ; de porter des guirlandes ; de se parer de parfums ; de se coucher haut ou dans le luxe ; d'accepter de l'argent. Les laïcs ont aussi la possibilité de prendre de temps à autre une ordination dite journalière des huit préceptes du *Mahâyâna*, soit les vœux de base des novices, à condition toutefois de les répéter à chaque fois qu'ils entendent les mettre en pratique.

Les moines tibétains, comme tous les *bhikshus* de toutes les écoles bouddhistes, sont tenus de pratiquer la discipline monastique codifiée dans le *Vinaya* élaboré du temps du Bouddha. Les règles en sont strictes et contraignantes, même si elles se sont relâchées parfois : il s'est toujours trouvé un maître respecté pour prêcher par l'exemple et en rétablir la rigueur. Si la cérémonie d'ordination, qui marque l'entrée dans le *sangha*, est apparemment simple, elle est synonyme d'engagement profond et donne lieu à des réjouissances.

LE MÉDITANT

LA MÉMOIRE DES SIÈCLES

L'ermite et l'ascète, souvent errant, font partie de la tradition religieuse de l'Asie depuis la nuit des temps. Le bouddhisme tibétain ne fait pas exception, d'autant que les vastes étendues du haut plateau sont particulièrement propices à la réflexion solitaire si chère aux grands maîtres.

Au-delà des enceintes monastiques, cabanes ou grottes étaient naguère aménagées afin de permettre aux aspirants de méditer dans la solitude.

La retraite classique commune à tous les ordres est traditionnellement de trois ans trois mois en solitaire, et peut être pratiquée à plusieurs reprises dans la vie. Mais elle ne peut se faire sans l'assentiment ni la direction éclairée d'un maître, qui en partage en quelque sorte la responsabilité avec le disciple en formation. Elle avait cours dans tous les grands monastères du Tibet, et aujourd'hui elle se perpétue dans les centres d'études bouddhiques tibétaines qui ont essaimé à travers le monde depuis l'exil.

D'aucuns estiment que cette tradition formatrice rigoureuse trouve sa source dans la retraite annuelle qu'effectuaient les membres du *sangha* du temps du Bouddha lors des trois mois de la saison des pluies, et qui est toujours coutumière dans les pays bouddhistes du Sud-Est asiatique.

Néanmoins, le méditant à temps plein, s'il est en retrait par rapport au monde, n'est pas totalement retiré du monde – à quelques exceptions près bien entendu. En se façonnant lui-même, il se prépare à mettre les connaissances ainsi acquises au service des autres et de la société lorsqu'il reviendra parmi les hommes. Trempé(e) à l'épreuve d'une discipline rigoureuse, il (ou elle) est censé(e) avoir surmonté la majeure partie des obstacles de la vie courante (notamment les trois poisons que sont l'ignorance, la haine et la cupidité) et être ainsi à même de jouer un rôle bénéfique pour tous.

Au quotidien, celui qui médite régulièrement, sans pour autant renoncer à assumer ses obligations courantes, cherche surtout à mieux harmoniser sa vie intérieure avec l'existence qu'il mène. Mais chez les uns comme chez les autres, à l'échelle qui leur est propre, c'est une participation pleine et consciente à une chaîne multiséculaire de transmission ininterrompue d'une sagesse essentielle qui permet, dans ses expressions les plus achevées, d'être pleinement détaché tout en demeurant relié à tout.

LES PÈLERINAGES

REPÉRAGES SUR LE TERRITOIRE DU SACRÉ

Toutes les religions, des plus modestes aux plus conquérantes, ont en commun d'avoir des lieux précis de références. Cette aura singulière balise pour les fidèles un territoire qu'ils parcourent physiquement ou intellectuellement autant de fois qu'il leur est possible et, selon les conditions, au moins une fois dans la vie réelle. C'est l'occasion d'une parenthèse, sinon d'une rupture, de durée variable afin de faire le point et de se consacrer à la réflexion.

Peuple nomade dans l'âme, les Tibétains ne font pas exception. Marcheurs nés, ils n'hésitent pas à rompre avec le quotidien pour partir en solitaire, en famille ou même par villages ou clans entiers sur les chemins du vagabondage sacré. Naturellement, les endroits directement liés à la vie de l'Éveillé tiennent une place à part dans leur cœur. Souvent cependant, ces lieux n'étaient pas d'accès facile. En fait, seuls les ascètes errants ou les chercheurs d'absolu les plus exigeants prenaient le temps d'entreprendre un voyage hasardeux dont ils savaient qu'ils pouvaient fort bien ne jamais revenir.

Bodh Gayâ est fréquenté depuis plus de deux millénaires par des adeptes de tous les horizons bouddhistes venus s'incliner au pied de l'arbre de la *bodhi* où le Bouddha historique franchit le seuil de l'Éveil plénier. Aujourd'hui petite bourgade somnolente souvent écrasée de chaleur, elle garde vive la mémoire de l'instant exceptionnel et bruisse des activités sereines des moines de toutes les écoles installées sur place, à demeure, dans les monastères où l'étude et la prière suffisent à remplir des vies. Parfois, à l'occasion d'un événement marquant ou d'une initiation particulière, la cité sacrée gonfle d'une présence humaine inaccoutumée et devient pour quelques heures ou quelques jours un centre spirituel vibrant d'une énergie multidimensionnelle : une expérience inoubliable pour ceux qui la vivent.

Sarnâth, non loin de l'immémoriale cité sainte de Varanasi, témoigne par le vénérable *stûpa* de l'empereur Ashoka du premier enseignement de l'Éveillé, et ses daims du parc rappellent ses premiers adeptes. Une douceur rémanente imprègne ce lieu où, sur les vestiges d'anciens monastères, d'autres ont repoussé afin de sauvegarder un héritage qui, malgré toutes les vicissitudes, résiste à l'épreuve du temps.

À Lumbini, aujourd'hui en terres basses népalaises, près de Kapilavastu, capitale du royaume des Çakya dont il ne reste plus rien, on vient d'apporter la preuve irrécusable que le prince Siddharta était bien né là : Ashoka y avait fait ériger un *stûpa* contenant des tablettes aux indications précises, mises au jour en 1995 et dont une année d'études a permis de se convaincre de l'authenticité. À Kushinagar enfin, autrefois un petit village que rien ne distinguait de milliers de ses semblables, le Bouddha s'étendit sur le flanc et avant d'entrer dans le *nirvâna* légua à ses disciples éplorés un ultime avis : "Soyez à vous-même votre propre flambeau".

Voilà pour les lieux historiques. Les autres, et ils sont nombreux, parsèment le vaste territoire où la lumière bouddhiste a passé et s'est parfois momentanément éteinte. En Inde même, Sanchi s'enorgueillit d'un magnifique *stûpa*, tandis que les grottes d'Ajanta et d'Ellora témoignent du sacré par la beauté. Borobudur à Java atteste la foi de bâtisseurs inspirés d'un *mandala* de pierre sans égal ; les colossales statures de Gal Vihara près de Polonaruwa à Sri Lanka frappent par leur harmonie au-delà des siècles ; l'ancien Siam, la Birmanie, l'Afghanistan, le Japon, la Corée, la Chine, la Mongolie ont tous apporté, chacun à leur manière, leurs joyaux à l'édification de l'art bouddhique, faisant de lieux choisis des sources inépuisables de ressourcement. Et le Tibet n'est pas demeuré en reste.

Ayant métamorphosé des divinités de croyances antérieures en expressions de la Bonne Loi, il n'est guère étonnant de trouver sur l'immensité solitaire lacs et monts sacrés : c'est la rançon d'une beauté naturelle à en perdre le souffle. Ainsi, l'Amnye Machen à l'est répond à la grandeur encore plus royale du Kaïlash, mythique mont Mérou et axe du monde de la tradition indienne, devenu Kang Rimpoché (Précieux Vénérable) pour ses fidèles. C'est l'un des grands pèlerinages du Tibet, l'un des plus difficiles sans doute avec le passage du col de Dolma à 6670 m d'altitude, mais aussi l'un des plus impressionnants et des plus méritoires. Le panorama himalayen s'y révèle dans une sereine splendeur qui induit le pèlerin à prendre physiquement conscience de ses liens naturels avec un monde marqué au sceau d'une indéracinable spiritualité.

Au demeurant, même façonné par le labeur des hommes, un endroit peut devenir sacré. Ainsi en va-t-il de Lhassa, la capitale du Tibet, qui veut dire "lieu du divin". Et le Potala, le formidable palais rouge et blanc qui domine la cité de sa colline et était jusqu'à naguère la demeure d'hiver des dalaï-lamas et le siège du gouvernement, est le nom du séjour céleste d'Avalokiteshvara, divinité tutélaire du Haut-Pays, dont l'incarnation toujours présente sur Terre est le dalaï-lama : symboles-gigognes qui s'emboîtent l'un dans l'autre, facettes multiples et démultipliées d'une légende vivante qui n'en finit pas de durer, et points d'ancrage d'une géographie particulière du sacré.

LE PASSAGE DE LA MORT

IL N'EST NI COMMENCEMENT NI FIN.
IL N'EST DE SUBSTANCE INVARIABLE QUI NE NAISSE NI NE MEURE

Intégrer la mort à la vie fait partie du quotidien tibétain, du moins pour nombre d'entre eux. L'une n'existe pas sans l'autre, et la notion cardinale d'impermanence, ou de devenir, autorise à y percevoir la pierre de touche d'une manière d'être. "Tôt ou tard, dit le dalaï-lama, la mort viendra. Y penser et s'y préparer peut se révéler utile quand elle arrive. Si vous croyez juste en cette vie, et n'acceptez pas qu'elle se poursuive, il n'est guère important d'être ou non conscient de la mort. S'il existe une autre vie, il peut être utile d'être prêt à la mort, car ainsi on est moins effrayé par son processus et l'on ne complique pas la situation par ses propres pensées." Pour le sage tibétain, méditer la mort revient à reconnaître un territoire aux repères incertains.

Dans la tradition tibétaine, le maître de la mort est une divinité farouche, à l'aspect terrible. Il est "Celui qui délie des entraves", porte le nom de Yamantaka, et n'est autre que l'autre visage de Manjushri, *bodhisattva* de la sagesse, dont les attributs sont le livre et le glaive qui tranchent les liens de l'ignorance. Il est représenté avec une ou plusieurs têtes de taureau, avec ou sans parèdre féminine, avec une ou plusieurs paires de bras. Cette ambivalence exprime la conception bouddhiste de métamorphose perpétuelle qui régit l'existence elle-même. Le sentiment profondément conscient que la mort s'inscrit dans l'ordre naturel des choses n'exclut pas qu'elle soit marquée par des rites. Au contraire, l'agonisant est accompagné afin de franchir sereinement les étapes de ce bout de chemin, et une fois que le principe de vie a quitté le corps, prières et cérémonies se poursuivent pour le mener à bon port sur les sentiers tortueux de l'entremonde du *bardo*. Le lama officiant ou un astrologue est consulté afin de déterminer l'ordonnance des rites et le moment le plus favorable à leur accomplissement.

Le monde au-delà de la vie est peuplé pour les Tibétains de créatures singulières, qui ne sont en fait que les projections de l'esprit humain, et dont la symbolique reflète simplement ses peurs et ses angoisses. Ainsi, les *citipati*, ou maîtres des bûchers, sont des acolytes de Yama, et leur représentation, généralement en paire ou couple, en squelettes dansants est relativement courante en compagnie des divinités farouches. Aux yeux des fidèles, ils illustrent la nature éphémère de l'existence et sont emblématiques de la cessation des attachements ou des souffrances terrestres.

Les énergies féminines sont personnifiées par les *dakîni* (*khandroma*) et jouent toujours un rôle actif auprès des déités masculines, qu'elles soient bienveillantes ou terribles. Elles guident le chercheur dans sa quête, ainsi que l'être médian dans sa traversée de l'entremonde. Souvent représentées par de belles figures féminines bien proportionnées, mais à l'expression du visage parfois légèrement menaçante, seuls leurs attributs – *kâpâla*, collier de crânes ou glaive – indiquent leur nature, incitant les fidèles à s'en faire des alliées plutôt que des adversaires.

Une fois abandonné par le souffle vital, dont le meilleur point de sortie est le sommet du crâne, le cadavre doit retourner à l'un de ses éléments constitutifs : feu, eau, terre, air. L'enterrement était généralement pratiqué pour les victimes de maladies infectieuses, lèpre ou variole. L'inhumation est réservée aux grands de ce monde (le roi au tombeau, le sage au *chorten*), après embaumement et habillage pour ces derniers de vêtements précieux. Certains grands sages parfaitement accomplis auraient le don, le moment venu, de se "dissoudre" littéralement en ce que l'on appelle "un corps d'arc-en-ciel".

La crémation n'avait lieu qu'exceptionnellement, faute de bois en suffisance. Enfin, la coutume des "funérailles célestes" (*jagor*) est la plus répandue et se pratique, en un lieu réservé souvent à proximité d'un monastère, par des membres de la corporation des *ragyapa*. Ils sont chargés de découper rituellement les cadavres, en présence de lamas officiants et d'une poignée de proches du défunt, dont les morceaux sont ensuite jetés en pâture aux oiseaux de proie. Pour les Tibétains, il s'agit d'un ultime témoignage de non-attachement à un corps passager et de solidarité envers d'autres créatures qui se nourrissent de ses restes.

Comme il y avait au Moyen Âge en Europe des *artes moriendi*, il existe chez les Tibétains un guide pour éviter les écueils sur l'étroit sentier menant d'une vie à l'autre, puisque la réincarnation ne fait pas de doute pour les bouddhistes. Il s'agit du fameux *Bardo Thôdol*, ou *Livre tibétain des morts*, dont la première traduction occidentale au début du siècle avait fait sensation. L'ouvrage est lu par l'officiant à l'oreille de l'agonisant lui expliquant les étapes de son cheminement et l'engageant à ne pas succomber à la peur en traversant des lieux inconnus, à se défaire de ses attaches sans revenir effrayer les vivants et à saisir l'occasion qui se présente d'appréhender la lumineuse clarté quand il la rencontre. C'est justement pour réussir ce passage délicat entre tous que les pratiquants s'efforcent, dans la méditation, de dresser la carte de ce territoire semé d'embûches, afin de vivre consciemment leur mort, gage essentiel d'une bonne renaissance. Sauf à reconnaître la signification profonde et réelle de la Grande Lumière, auquel cas se brise définitivement la ronde des réincarnations : l'être ainsi libéré des chaînes de l'ignorance accède à l'Éveil.

LE DALAÏ-LAMA

INCARNATION DE LA DIVINITÉ SUR TERRE, OU L'ACCOMPLISSEMENT DE L'ÊTRE

Océan de sagesse, Incomparable Maître, Yéshé Norbû ou Joyau-qui-exauce-tous-les-désirs, Précieux Victorieux ou Gyalwa Rimpoché, Seigneur du Lotus Blanc, ou tout simplement Kundûn, la Présence : autant de titres parmi beaucoup d'autres évoquant à la fois la puissance, la connaissance, la bienveillance et la compassion, dont les Tibétains se servent pour désigner le plus illustre d'entre eux, le plus révéré aussi, le dalaï-lama.

Être d'exception longtemps entouré de légendes et de mystères, le quatorzième de la lignée, actuellement titulaire reconnu mais exilé du Trône du Lion, Tenzin Gyatso aura eu la lourde tâche d'être, pour son peuple, le guide spirituel à une époque d'épaisses ténèbres et le chef temporel à un tournant de l'histoire marqué tant par la dure épreuve de l'occupation étrangère que par la nécessité de l'ouverture du pays à l'extérieur et à la modernité. Et s'il est aujourd'hui un symbole particulièrement connu du bouddhisme tibétain à travers le monde, c'est bien ce moine au regard perçant et au sourire contagieux qui représente, aux yeux de l'opinion internationale, aussi bien sa foi vivante que le Tibet lui-même menacé dans sa survie. Quoi qu'il en soit, les Tibétains de l'exil comme de l'intérieur du pays persistent à reconnaître en lui leur seule autorité spirituelle et temporelle. L'institution historique du dalaï-lama s'enracine dans la notion, fondamentale pour le bouddhisme, de réincarnation : tout être, quel qu'il soit, porte en lui le germe de l'Éveil et finira par y accéder, même si son cheminement doit se prolonger dans le temps. D'où l'impérative nécessité de la ronde des naissances pour y parvenir. Certains cependant sont plus habiles que d'autres, et à force de travail assidu sur eux-mêmes, y arrivent plus rapidement. Au fil de vies successives, ils s'affirment, devenant ainsi capables de choisir sous quelle forme revenir parachever ce devenir. C'est l'apanage d'un petit nombre, que les Tibétains appellent des *tulkus* (littéralement "corps de transformation"), soit des réincarnations de maîtres qui reviennent dans un corps renouvelé afin de mener à terme la tâche qu'ils se sont assignée antérieurement.

Cette tradition s'est affirmée au Tibet au XIIIe siècle avec la découverte du deuxième *karmapa*, chef de l'école *kagyü*, et s'est ensuite confirmée pour d'autres grands maîtres, assurant ainsi la pérennité de la transmission des savoirs de génération en génération, mais aussi une continuité politique souvent mise à l'épreuve. La lignée proprement dite des dalaï-lamas est plus tardive. Elle remonte au XVIe siècle, dans la foulée de l'affirmation de l'ordre des *Geloug-pa* fondée par le réformateur Tsong-Khapa. Mais le titre lui-même, qui signifie "Maître à la sagesse plus grande que l'océan" (ou Océan de sagesse), vient de *talèlama*, attribué par le prince mongol Altan Khan à son maître spirituel Sonam Gyatso. Ce dernier, alors à la tête de l'école des bonnets jaunes, l'accorda rétrospectivement à ses deux prédécesseurs dont le premier, Gedun Drup (1391-1475), avait été l'un des plus proches disciples de Tsong-Khapa.

C'est avec le Grand Cinquième Lobsang Gyatso (1617-1682) que se combineront inextricablement les pouvoirs spirituel et temporel afin de s'imposer sur la scène nationale tibétaine jusqu'à l'invasion chinoise de 1949-1950. La tradition des *tulkus* perdure dans l'exil, en dépit d'obstacles engendrés par les conditions particulières du moment, comme en a témoigné le différend qui a éclaté en 1955 entre le dalaï-lama et le gouvernement de Pékin à propos de la réincarnation du panchen-lama, deuxième hiérarque religieux du bouddhisme tibétain, dont le sort est étroitement lié à celui du dalaï-lama, donc à l'avenir même du Tibet.

Nul doute qu'aux yeux des Tibétains le dalaï-lama est un être tout à fait à part. La tradition, son éducation, son charisme, son pouvoir, son érudition et la vénération dont il est entouré en font certes un être d'exception, mais il y a aussi autre chose : cette subtile alchimie d'un échange ininterrompu entre les siens et lui. Pour eux, non seulement il est le Protecteur, incarnation du *bodhisattva* de la compassion infinie, il est également la personnification d'un pays perdu et le gage de sa pérennité, la promesse d'un retour.

Force est d'ailleurs de constater que la vie de Tenzin Gyatso, reconnu quatorzième dalaï-lama à l'âge tendre de deux ans et demi dans une modeste ferme d'un village de l'Amdo (à l'est du Tibet, aujourd'hui incorporé à la province chinoise du Qinghai), n'a rien de banal. "Simple moine bouddhiste" comme il se définit lui-même, il n'en est pas moins un personnage charnière de l'histoire contemporaine dont le rôle sur la scène internationale a été reconnu par la consécration en 1989 du prix Nobel de la paix.

Né le cinquième jour du cinquième mois de l'an du Cochon-de-Bois selon le calendrier lunaire (6 juillet 1935) au village de Takster, le quatorzième dalaï-lama a été reconnu par une mission de hauts dignitaires religieux, puis ramené à Lhassa en octobre 1938 et intronisé en février 1939 sur le Trône du Lion. Le bambin turbulent à l'esprit vif commence alors une formation rigoureuse et quasiment solitaire sous le regard vigilant de ses deux tuteurs, exceptionnels érudits. Mais au-delà du formidable rempart himalayen, les événements se précipitent, la lutte est acharnée pendant la Seconde Guerre mondiale. Des empires meurent, des pays naissent et la Chine est déchirée entre nationalistes et communistes. Mao et ses troupes prennent finalement le dessus et le nouveau pouvoir qui s'installe à Pékin en 1949 annonce aussitôt son intention de "libérer le Tibet". Ce qui se traduit rapidement par l'invasion et l'occupation militaires, une mainmise qui dure encore, marquée en 1959 par une révolte populaire antichinoise noyée dans le sang. De là date également l'exil du dalaï-lama et d'une centaine de milliers de Tibétains essentiellement réfugiés en Inde, mais aussi disséminés sur tous les autres continents.

Pour Tenzin Gyatso, ces années d'épreuves lui ouvrent le monde sans qu'il oublie un seul instant ce qu'il considère comme sa mission essentielle en ces temps difficiles pour son peuple et son pays :

sauver le Tibet et sa grande civilisation, veiller à sauvegarder ses richesses spirituelles et son patrimoine singulier. Ayant renoué en quelque sorte avec la séculaire tradition du moine errant, le dalaï-lama n'est sans doute pas un pèlerin tout à fait comme les autres. Certes, il est conscient qu'il y a encore bien des pierres à ôter du chemin, mais l'attention qu'il éveille chez ses interlocuteurs, l'écoute qu'il suscite et les réponses qu'il propose aux questions qui se posent à notre monde l'encouragent à persévérer dans son espoir de rentrer un jour chez lui et dans sa non-violence déterminée.

Interrogé sur son propre avenir, le dalaï-lama répète à l'envi qu'il n'est qu'un homme, comme l'était le Bouddha, et que c'est vers ses semblables, les autres humains, vers leurs souffrances, que vont sa compassion et sa compréhension profonde. "Nous sommes en visite, dit-il, des touristes qui font des expériences, nous ne faisons que passer. Sans tolérance ni dialogue, nous nous rendons nous-mêmes la vie invivable, et de plus nous dénaturons notre environnement. Alors que nous aurions juste un petit effort à accomplir pour rendre notre monde plus vivable à tous, libéré enfin de la violence qui le ronge et détruit tout."

Et de poursuivre : "Le Tibet peut parfaitement se concevoir sans dalaï-lama : il a fort bien vécu longtemps avant que l'institution n'existe en tant que telle, et en théorie c'est tout à fait possible. Les institutions humaines passent, qu'elles continuent ou non est affaire de circonstances. Dans l'absolu, le Tibet, sa nation, sa culture et même le bouddhisme sont tout à fait pensables sans dalaï-lama. Pour l'instant, le dalaï-lama est un symbole, un symbole du Tibet. C'est pourquoi il est important. Plus tard, dans trente ou quarante ans, je ne sais pas : tout change.

Au demeurant, des êtres possédant toutes les qualités requises pour être dalaï-lama, il y en a toujours. L'incarnation d'un Bouddha ou d'un *bodhisattva* continue de se manifester quoi qu'il arrive, et pas seulement sous forme humaine…"

LE LOTUS

D'OMBRE ET DE LUMIÈRE

Omniprésente dans les représentations bouddhiques, la fleur de lotus semble indissociable des divinités qui peuplent ce monde où, étroitement mêlées, ombres et lumières n'en finissent pas de jouer à cache-cache sur l'Octuple Sentier de l'Éveil. Symbole cardinal, le lotus l'est depuis la nuit des temps védiques indiens : qu'il soit ouvert ou en bouton, blanc, rose, rouge ou bleu, il est associé à un aspect déterminé de l'enseignement, ou de la sagesse, et il en traduit un trait révélateur.

Rappel implicite de la vraie nature de l'homme, le lotus y renvoie par analogie : il a beau naître dans la fange boueuse des étangs assoupis, une fois qu'il a traversé la perfide douceur de l'eau, il jaillit et s'épanouit dans l'air ou à sa surface comme un miracle d'harmonie perpétuellement renouvelé. La fascination qu'il exerce depuis si longtemps sur l'esprit des hommes a conduit les artistes d'Asie à le choisir comme assise privilégiée des Bouddhas et des *bodhisattvas,* tandis qu'il est dans le même temps l'un des attributs les plus fréquents des divinités protectrices ou bienveillantes. Le Protecteur attitré du Haut-Pays, Chenrésig, est incarné parmi les hommes par son émanation le dalaï-lama, qui porte le titre de Seigneur du Lotus Blanc, cette couleur qui résume en elle toutes les autres symbolisant la perfection spirituelle du Bouddha.

Rose, le lotus est l'apanage de Siddhãrta, le Bouddha historique. Rouge, la fleur représente la compassion, ou encore la nature originelle des *bodhisattvas*, et est alors directement associée à Avalokiteshvara-Chenrésig, tandis que le lotus bleu, toujours figuré en bouton, est un emblème distinctif de Manjushri, *bodhisattva* de la connaissance, celui qui est l'image de la victoire de l'esprit sur les sens.

Sa double nature fait parallèlement du lotus un symbole solaire, dans la mesure où les variations de sa floraison se déclinent en fonction de la puissance de l'astre. Ses huit pétales stylisés renvoient naturellement à l'Octuple Sentier, et il accompagne les Tibétains dans la psalmodie en solitaire, il peut symboliser le Bouddha lui-même, voire le double aspect, masculin et féminin, de la divinité : entre la corolle et la tige, il y a une complicité qui est aussi complémentarité, comme sont complémentaires l'ombre et la lumière qui sculptent les creux et les bosses de l'existence quotidienne.

Symboles de l'islam

PAR MALEK CHEBEL

ALLAH

AL-LAH, AL-ILAH, AR-RAB, DIFFÉRENTES APPELLATIONS POUR LE DIEU UNIQUE DE L'ISLAM

Dans la conception islamique, Allah est le Créateur du monde et l'Ordonnateur principal de sa marche. En tant que Dieu du monothéisme, il est cité quelque deux mille sept cents fois dans le Coran : "Dis : Lui, Dieu est Un ! Dieu… L'Impénétrable. Il n'engendre pas ; il n'est pas engendré ; nul n'est égal à lui !" (*Le Culte pur*, CXII, 1-4).

Historiquement, le concept d'*Al-Ilah* ("le Dieu"), ainsi qu'il est désigné dans toute l'aire sémitique, existait au sein du panthéon de La Mecque bien avant l'islam, mais il était loin d'occuper la place qu'il allait prendre dans la prédication mohamédienne. Le Coran en effet renforce et consacre sa primauté et son excellence. La toute-puissance d'Allah (notion citée dans pas moins de cent quarante-deux versets) et sa miséricorde (évoquée dans cent quatre-vingt-quatorze versets répartis sur soixante-douze sourates) ont éclipsé les autres dieux de la péninsule.

Comment Allah se présente-t-il dans le Coran ? La question est très importante car l'islam se détermine à la fois par sa rupture radicale avec le panthéon préislamique, mais également par sa vision de l'avenir. L'au-delà et la résurrection des morts y ont leur place. Le Coran et la tradition admettent l'existence d'un jour du Jugement dernier durant lequel les mécréants sont châtiés. Enfin, de même qu'ils sont déterminants dans le judaïsme, le paradis et l'enfer sont des données fondamentales de l'eschatologie et de la pensée islamique.

Le Coran est riche en définitions de Dieu. L'une des plus mystérieuses, la plus poétique aussi, est celle de la vingt-quatrième sourate où il est dit que : "Dieu est la lumière des cieux et de la Terre. Sa Lumière est semblable à une niche où se trouve une lampe. La lampe est dans un verre pareil à un astre étincelant qui s'allume grâce à un arbre béni : un olivier qui n'est ni de l'orient, ni de l'occident et dont l'huile brillerait sans qu'un feu la touche ou peu s'en faut. Lumière sur Lumière[1]" (*La Lumière*, XXIV, 35).

Transcendant et omniscient, sachant tout à tout moment, Allah est à la fois le dépositaire et le garant de la mansuétude, de la clémence (ou pardon, *ghoufrân*) et de la miséricorde, comme l'illustre ce passage : "Il est Dieu ! Il n'y a de Dieu que lui. Il est celui qui connaît ce qui est caché et ce qui est apparent. Il est celui qui fait miséricorde, le Miséricordieux. Il est Dieu ! Il n'y a de Dieu que Lui ! Il est le Roi, le Saint, la Paix, celui qui témoigne de sa propre véridicité. Le Vigilant, le Tout-Puissant, le Très-Fort, le Très-Grand. [...] Il est Dieu ! Le Créateur ; celui qui donne un commencement à toute chose ; Celui qui façonne. Les Noms les plus beaux lui appartiennent. Ce qui est dans les cieux et sur la Terre célèbre ses louanges. Il est le Tout-Puissant, le Sage" (*Le Rassemblement*, LIX, 22-24).

Les quatre-vingt-dix-neuf noms de Dieu évoqués dans ces versets ont pour vocation de purifier les âmes des femmes et des hommes pieux et d'en éloigner le démon.

Préconisée par le Coran, leur récitation tient une place importante dans la méditation, notamment chez les mystiques. En tout temps et en tout lieu, ils préservent du mal en le circonscrivant à ses frontières extérieures. Sept noms jouissent d'un symbolisme particulièrement évocateur : *Allah*, bien sûr ; *Houwa* : "Lui" ; *Al-Haqq* : "La Vérité" ; *Al-Hayy* : "Le Vivant" ; *Al-Qayyoum* : "Le Subsistant" ; *Al-Qahhar* : "L'Invincible, le Victorieux" ou encore, *Ar-Rabb* : "Le Seigneur". Mais il n'est pas rare d'entendre les qualificatifs suivants : *Ar-Rahman* : "Le Clément", *Ar-Rahim* : "Le Miséricordieux", *Al-Karim* : "Le Très Noble", et *At-Tawwab*, signifiant très exactement : "Celui qui se rapproche de sa Création (*tâb*)". Enfin, dans une dernière catégorie de noms divins, les fidèles égrènent quelques attributs d'Allah : *Al-Wahab* : "Le Donateur généreux" ; *Al-Majid* : "Le Glorieux" ; *Al-Fattah* : "Celui qui ouvre" ; *Al-Razzaq* : "Le Dispensateur de richesse", etc. À ce sujet, Ibn-'Abbas aurait entendu le Prophète dire : "Dieu a quatre-vingt-dix-neuf noms ou cent moins un ; celui qui les retiendra dans sa mémoire entrera au paradis[2]".

La qualité principale de Dieu, aux yeux des musulmans, est sa bonté et son amour. Dieu est amour, Dieu est bon, Dieu est miséricordieux : tels sont les attributs qui réunissent le plus de témoignages coraniques et prophétiques. Allah est le donateur (*al-mou'îz*), celui qui pourvoit (*ar-razzaq*) aux besoins des hommes.

Des expressions comme : "Dieu est, en vérité, bienveillant et miséricordieux" (*inna Allaha lara'oufoun rahimoun*) (*La Vache*, II, 143) ou encore "Mon Seigneur est miséricordieux et aimant" (*inna rabbi rahimoun wadoudoun*) (*Houd*, XI, 90) ponctuent un grand nombre de sourates où, déjà, la bienfaisance divine est rappelée. Si le Coran est entièrement dédié à la grandeur et à la souveraineté d'Allah (*jalalâti Allahwa 'oudhmatihi*), mais aussi à ses colères (*ghadâbihi*), la tradition orale du Prophète égrène et dissèque une à une les caractéristiques de Sa Majesté, parmi lesquelles la "proximité" (*al-qourb*), qui reste l'un des gages les plus sensibles de l'humanité intrinsèque de l'islam.

Or, sur la distance que les croyants auront avec Dieu, lorsqu'ils seront au paradis, peu de choses ont été explicitement dites. On trouve cependant quelques témoignages suggestifs comme celui-ci. Selon Djarîr ben 'Abdallah, un musulman qui vivait au VIIe siècle, le Prophète aurait dit à quelques personnes qui, une nuit de pleine Lune, s'étaient réunies autour de lui : "Vous verrez le Seigneur comme vous voyez cette Lune sans être obligés de vous bousculer pour la voir" ou encore, du même témoin, "Vous verrez le Seigneur de vos yeux"[3].

La formule par laquelle on invoque Dieu en vue d'obtenir sa bénédiction s'appelle *basmala* : "Au nom de Dieu [le] Clément et [le] Miséricordieux" (*Bismi al-Lahi ar-Rahmani ar-Rahim*). Toutes les sourates du Coran, à l'exception de la neuvième, débutent par la *basmala*. Contrairement à la "bonne intention" (*niyya*), qui est une pensée intime, la *basmala* est une formule que l'on prononce ou que l'on écrit. Son importance est telle que le Prophète a dû rappeler ceci : "Tout ce qui est dans les Livres révélés se trouve dans le Coran, tout ce qui est dans le Coran se trouve dans la sourate d'ouverture (*fatiha*) tout ce qui est dans la *fatiha* se trouve dans la *basmala*[4]."

Pendant de la *basmala*, la formule suivante "La louange est à Allah" (*Al-hamdou lil-Lah*) sert à rendre hommage à Dieu. C'est une formule que les enfants apprennent dès leur plus jeune âge. Après chaque repas, ils la prononcent en chœur afin d'exprimer leur contentement, comme ils le font d'ailleurs aussi pour la *basmala*. Enfin, des expressions comme *Soubhana Allah* (Gloire à Dieu) ou encore *Istaghfirou Allah* (Je demande pardon à Allah) ponctuent un grand nombre d'actes de la vie quotidienne.

La liste actuelle des quatre-vingt-dix-neuf appellations s'est progressivement imposée à des listes concurrentes qui comportaient trente-six, soixante-douze ou cinq cents noms. On estime enfin qu'un nom secret, le centième, réservé au Prophète et aux hommes pénétrés de savoir religieux, parachève ce prestigieux ensemble.

Outre ces noms divins, et celui du Prophète Mohamed, les noms des quatre premiers califes, dits "Califes bien-guidés" (*al-Khoulafa ar-Rachidoun*) car ils sont eux aussi des modèles de vertu, sont tenus en très haute estime : Abou Bakr (mort en 634), Omar (mort en 644), Othman (mort en 656) et Ali (mort en 661). Il en va de même pour Khadidja et 'Aïcha (femmes du Prophète), ainsi que pour sa fille Fatima, la femme de 'Ali. Les musulmans s'inspirent de ces "beaux noms" pour appeler leurs enfants, en y ajoutant le préfixe, *'abd* (serviteur) pour les garçons, ce qui donne par exemple *'Abd al-Wahab* (littéralement, "Le Serviteur du Donateur").

Les prénoms féminins, bien qu'étant dépourvus de préfixes, se construisent sur les mêmes racines : Rahima, Malika, Karima, etc.

1. Traduction de Hamza Boubakeur, Paris, Maisonneuve et Larose, 1995.

2. *Hadith* du Prophète.

3. El-Bokhari, *Les Traditions islamiques*, t. 4, p. 598, Paris, Adrien Maisonneuve, 1984.

4. *Hadith* du Prophète.

MOHAMED

ABOU AL-QASIM MOHAMED
IBN 'ABD ALLAH IBN 'ABD AL-MOUTTALIB,
PATRONYME COMPLET
DU PROPHÈTE DE L'ISLAM, MOHAMED

Le nom *Mohamed* dérive du verbe *hamada*, qui signifie "louer", "glorifier". L'hagiographie musulmane lui en donne un autre, *Ahmed*[1]. Elle s'appuie sur un verset coranique où Mohamed est annoncé par Jésus comme un futur prophète. Dans les langues européennes, on entend souvent d'autres noms : ainsi, Mahomet est l'altération de Mohamed et on a vu aussi Mahommed, Mahound, Mehemet, Mahowne et Machomet.

Le Coran détaille ses autres attributs. Il est l'"Avertisseur" de la religion[2]. Il n'est le Père d'aucun homme en particulier, mais le messager de Dieu[3]. On dit de lui qu'il est le "Beau Modèle" ou un "Bel Exemple" ainsi qu'il est rappelé dans ce verset de la sourate XXXIII, *al-Ahzab*, qui nous livre le portrait le plus complet du Prophète Mohamed : "Vous avez, dans le Prophète de Dieu, un bel exemple pour celui qui espère en Dieu et au Jour dernier et qui invoque souvent le nom de Dieu" (*Les Factions*, XXXIII, 21). La tradition orale des Arabes l'appelle parfois par l'ethnotype Qoraïchite, puisque le Prophète est issu de Qoraïche, la puissante tribu païenne qui gouvernait La Mecque. Il est à cet égard celui qui aura mis fin à l'"Ère du paganisme" (*'Ahd al-jahilia*), rétabli la "Vérité" transcendantale de Dieu et, de plus, organisé la communauté des musulmans (*Al-Oumma al-islamiyya*, appelée parfois la communauté mohamédienne), il en est le guide, le législateur et le plus grand stratège. Mohamed fait partie du clan des Banou Hachîm qui formera par la suite le tronc des Hachémite dont se réclament aujourd'hui encore certains souverains arabes. Sa date de naissance est imprécise. Elle est située durant l'"année de l'Éléphant", soit entre 569 et 571 après J.-C.

Il s'agit d'une année noire marquée par une attaque contre La Mecque menée par le général yamanito-éthiopien Abraha, vice-roi chrétien, dont l'armée était précisément montée sur des éléphants[4]. Mohamed est le fils de 'Abd Allah et de Amina bint Wahb. Son père meurt avant sa naissance, et sa mère, Amina, est rappelée à Dieu peu de temps après l'avoir confié à une nourrice de la tribu nomade des *Banou Saad, Halima*[5].

Orphelin à 5 ou 6 ans, Mohamed est pauvre et démuni, ses parents ne lui ayant rien laissé en héritage. Cette particularité le rattache déjà, symboliquement, à la lignée des grands prophètes qui, tous, étaient assez pauvres. C'est son grand-père, 'Abd al-Mouttalib, alors à la tête du clan des Banou Hachîm, qui le recueille jusqu'à sa mort. C'est ensuite à Abou Talib, son oncle paternel, qu'échoit le privilège de l'élever. Autant dire l'obligation, car on ne peut encore déroger aux coutumes, très contraignantes, d'entraide familiale. Voici comment cette enfance décousue est rapportée par le Coran : "Ne t'a-t-il pas trouvé orphelin et il t'a procuré un refuge. Il t'a trouvé errant et il t'a guidé. Il t'a trouvé pauvre et il t'a enrichi..." (*La Clarté du jour*, XCIII, 6-8). Cependant, très tôt, les Mecquois reconnaissent en lui l'homme le plus pieux et le plus accompli de sa génération; ils le surnomment *al-Amin*, l'"homme droit", "l'honnête homme". À 20 ans, fort de sa réputation d'intégrité, Mohamed entre au service d'une riche commerçante qoraïchite du nom de Khadija, fille de Khawaïlid, une parente au quatrième degré. Pour elle, il conduit les caravanes jusqu'en Syrie.

À force de ténacité et de probité, il devient son homme de confiance, dirige ses biens et l'épouse en 596. Mohamed a alors 25 ans et Khadija frise la quarantaine. De ce premier mariage naissent six enfants, dont deux garçons qui meurent en bas âge. Parmi les filles, la tradition retiendra surtout Fatima, la bien-aimée, future épouse de 'Ali, quatrième calife, et mère de Hassan et Houssaïn. Mohamed s'éteint à Médine, le 8 juin 632. Durant toute sa prédication, Mohamed aura été combattu par les maîtres païens de La Mecque, issus de sa propre tribu. Il est pourchassé sans répit jusqu'en septembre 622, date de son expatriation à Médine et an I du calendrier hégirien (de *hijra*, qui signifie "exil", "émigration"). Réfugié à Yathrîb, appelée depuis lors Madinat an-Nabi, Médine ("La Ville du Prophète"), il crée la première cité-État de l'islam et sa première constitution. C'est aussi dans cette ville que naîtront les principaux rituels.

Deux ans après l'hégire, la direction canonique de la Kaaba, appelée *qibla*, y est décidée. La maison du Prophète devient alors la première mosquée, tandis que Bilal, l'esclave noir affranchi, est chargé d'appeler les musulmans à la prière.

Dès le VIIIe siècle, les hagiographes musulmans rapportent des faits troublants qui tendent à montrer qu'une grande *baraka* illuminait les faits et gestes de Mohamed, bien avant qu'il ne perçoive le *wahyi*, cette inspiration suprasensible à caractère divin, base de la Révélation.

Les musulmans disposent d'un immense corpus apologétique qui détaille la vie et l'œuvre du Prophète. La rédaction en a été confiée aux proches compagnons et, plus tard, aux meilleurs biographes. Appelée *Sira*, diminutif de l'expression arabe *Sirat ar-rassoul*, qui signifie "La Conduite/Vie du Prophète", cette apologétique est également la base logique de la *sounna* (Tradition), autrement dit la "voie médiane" et consensuelle de l'orthodoxie. De quoi s'agit-il exactement ? La question est d'importance, car, tout de suite après le Coran, la *sounna* est, aux yeux de la plupart des musulmans, une source non négligeable du droit. Le *hadith* est toute parole, réflexion, attitude ou remarque émanant du Prophète et authentifiée comme telle par une chaîne de témoins auditifs directs. C'est à la fin du VIIIe et dans le courant du IXe siècle que six recueils de *hadith*, considérés comme "authentiques", furent consignés. Deux d'entre eux, le *Sahih* de Bokhari (810-870) et le *Sahih* de Mouslim ibn Hajjaj (816-875), ont un prestige supérieur à tous les autres. Enfin, les musulmans tiennent en très haute estime des théologiens érudits comme Abou Hanifa, l'imam ach-Chafi'i, Ibn Hanbal, At-Tirmidhi, Abou Dawoud, Ibn Maja, An-Nasa'î, an-Nawawi et Malik ibn Anas, qui ont vécu entre le VIIe et le XIIIe siècle, et ont laissé de précieux écrits comme le célèbre ouvrage intitulé *al-Mouwatta* de Malik ibn Anas.

En tant que "messager de Dieu" (*rassoul Allah*), Mohamed est, aux yeux des musulmans, le "sceau des prophètes". En effet il parachève la tradition monothéiste inaugurée par ses grands prédécesseurs, Adam, Abraham, Moïse et Jésus : "Muhamed n'est le père d'aucun homme parmi vous, mais il est le Prophète de Dieu ; le sceau des prophètes[5]" (*Les Factions*, XXXIII, 40).

Fondateur de l'islam, Mohamed est un prophète universel et un législateur. Son paraphe c'est le Coran, la révélation dont il a été chargé ; son message, c'est la fidélité à une Parole divine inaltérable ; sa mission, c'est l'établissement de la paix sur le monde.

Chef de guerre et fin stratège, il met un terme à sa mission quelques semaines seulement avant sa mort après avoir combattu plus de vingt années durant le polythéisme de ses ennemis, essuyé nombre de trahisons et revers, converti un grand nombre de païens et affranchi des dizaines d'esclaves. Dans le souvenir des musulmans cependant, la bataille de Badr, du nom d'un lieu-dit du sud de Médine, qui a eu lieu le 17 mars 624, sonne le glas de l'Arabie païenne, car pour la première fois une poignée de musulmans allait défaire l'armée de Qoraïche, forte de plusieurs centaines de soldats bien entraînés. Le 4 décembre 656, une autre bataille mémorable, la bataille dite du "Chameau", se déroula entre 'Ali, futur quatrième calife et deux grands chefs ennemis, soutenus par 'Aïcha. Elle fut remportée par 'Ali.

Mohamed prononça ses dernières paroles publiques sur le mont 'Arafat, lors d'un pèlerinage d'adieu, à l'endroit même où, tous les ans, les musulmans se rendent en masse pour remplir l'une des cinq conditions de leur foi, le *hajj*.

1. "[Évoque] Jésus, fils de Marie, quand il dit aux fils d'Israël : 'Je suis l'envoyé de Dieu auprès de vous [venant] confirmer ce qui, de la Thora, est antérieur à moi et annoncer un messager qui viendra après moi, dont le nom sera Ahmed'" (sourate *as-Saff*, LXI, 6 ; trad. H. Boubakeur).

2. Dis à celui qui s'égare : "Je suis seulement chargé de vous avertir" (*Les Fourmis*, XXVII, 92).

3. "Muhamed n'est le père d'aucun homme parmi vous, mais il est le Prophète de Dieu" (*Les Factions*, XXXIII, 40).

4. "N'as-tu pas vu comment ton Seigneur a traité les hommes de l'éléphant ?" (*L'Éléphant*, CV, 1).

5. Voici l'arbre généalogique traditionnel du Prophète Mohamed tel qu'il est donné par Abou'l-Feda : Abou'l-Qaçim Mohamed était fils d'Abdallah, fils d'Abd al-Mouttalib, fils de Hachîm, fils d'Abd-Menaf, fils de Kossaï, fils de Kaleb, fils de Morrah, fils de Ka'b, fils de Louwaï, fils de Ghaleb, fils de Fakhr ou Qoraïche, fils de

Malek, fils de Nadhr, fils de Kenana, fils de Khozaïma, fils de Moudraka, fils d'Ilyâs, fils de Modhar, fils de Nezar, fils de Ma'd, fils d'Adnân lequel est un descendant direct d'Ismaïl, fils d'Abraham. Par ailleurs, Mohamed est le nom donné à la quarante-septième sourate du Coran (XLVII).

LE CORAN

PAROLE INCRÉÉE, VERBE INCARNÉ ET SOUFFLE DIVIN

C'est dans une caverne proche de La Mecque, Ghâr Hira, que vers l'an 610 ou 611 le prophète Mohamed entendit lors de l'une de ses retraites l'ange Gabriel, *Jibrîl*, lui dire : "Récite, lis, annonce (*iqrâ'*)". Surpris, le Prophète répondit : "Mais je ne sais pas lire". L'ange Gabriel lui demanda alors de répéter la Parole : "Lis au Nom de ton Seigneur qui a créé ! Il a créé l'homme d'un caillot de sang. Lis ! Car ton Seigneur est le Très-Généreux qui a instruit l'homme au moyen du calame et lui a appris ce qu'il ignorait" (*Le Caillot de sang*, XCVI, 1-5).

Ce sont là les premiers mots de cette "Parole" incréée et sublime, énoncée par l'ange Gabriel, annoncée par le Prophète et transmise aux hommes par le truchement de récitateurs (*houffaz*) dont la mémoire prodigieuse a permis de la préserver de l'oubli.

Révélé dans sa totalité en une langue arabe "claire[1]", la langue du Hidjaz, et n'acceptant aucun aménagement, ni ajout, ni suppression, le Coran est le Livre par excellence, le Livre sur lequel aucun doute n'est permis (la *rayba fihi*), car le doute en cette matière relève de l'incroyance. "Voici le Livre ! Il ne renferme aucun doute ; il est une direction pour ceux qui craignent Dieu. [...] Quant aux incrédules : il est vraiment indifférent pour eux que tu les avertisses ou que tu ne les avertisses pas ; ils ne croient pas. Dieu a mis un sceau sur leurs cœurs et sur leurs oreilles ; un voile est sur leurs yeux et un châtiment terrible les attend" (*La Vache*, II, 1-6).

Du reste, le *moushaf*, le Coran physique que nous pouvons consulter et toucher, n'est, aux yeux des ésotéristes musulmans, que la copie visible, l'archétype divin, de cette *materia prima* qui est préservée de toute éternité sur une Table gardée[2]. Le terme *Cor'ân* vient du verbe *qaraa* et du substantif *qirâ'a*, qui signifie "lecture" ou "récitation", rappelant ainsi la dictée de l'archange au Prophète qui commença vers l'année 610-611 pour s'achever en l'an 632 après J.-C.

Le Coran fut successivement révélé à La Mecque – cette révélation est dite de la "première période" (611-622) – et à Médine – "seconde période" (622-632). Il regroupe cent quatorze chapitres appelés sourates et six mille deux cent dix-neuf versets, les *ayat*. Le verset, élément de base du Coran, est un signe puissant qui garantit la présence divine. Étymologiquement, il constitue un "miracle" et l'actualisation d'une volonté infiniment supérieure.

Les sourates sont regroupées en soixante sections distinctes appelées *ahzab* et de longueur variable. Les plus longues, de la sourate II (*La Vache*) à la sourate LXXI (*Noé*), peuvent comprendre jusqu'à plusieurs centaines de versets. La plus longue sourate du Coran qui est *La Vache* en compte deux cent quatre-vingt-six. Les chapitres de taille moyenne vont de la sourate LXXX (*Il s'est renfrogné*) à la sourate XCII (*La Nuit*). Les chapitres les plus courts comptent parfois seulement trois versets. Ils vont de la sourate XCIII (*La Clarté du jour*) à la sourate CXIV (*Les Hommes*), la dernière du Livre saint, qui compte six versets. Chaque section, la neuvième exceptée[3], est précédée d'une invocation à Allah, une *basmala*, clé symbolique introduisant au mystère coranique. Inaugurant l'ensemble, la *fatiha* (qui signifie "l'Ouvrante", la "Liminaire") est l'une des sourates les plus récitées. Ses sept versets portent le titre prestigieux de "Mère du Livre", car selon une tradition prophétique elle en résume la richesse et la complexité.

On considère que c'est Zayd ibn Thabit, le secrétaire du Prophète, qui aurait lancé, sur ordre du calife Othman, entre 644 et 656, les bases de la future vulgate du Coran. Depuis lors, s'il est chanté et psalmodié dans les mosquées, le Coran est surtout recopié, médité, interprété et appris dans des écoles coraniques (*madâris*). Enfin, il est énormément traduit[4]. Apprendre le Coran est un acte de grande bénédiction pour tous les musulmans. Il est souvent un préalable à l'exégèse coranique, à la théologie et à la jurisprudence islamiques.

Texte puissant, donné sous forme d'une prise de conscience continue et d'une explication ininterrompue, ce "grand miracle" a pour fondement un argument esthétique incontournable : "Si vous êtes dans le doute au sujet de ce que nous avons révélé à notre serviteur, apportez-nous une sourate semblable à ceci ; appelez vos témoins autres que Dieu si vous êtes véridiques" (*La Vache*, II, 23).

1. "Mais celui auquel ils pensent parle une langue étrangère, alors que ceci est une langue arabe claire" (*Les Abeilles*, XVI, 103).

2. "Ceci est au contraire un Coran glorieux écrit sur une Table gardée !" (*Les Constellations*, LXXXV, 22).

3. Il s'agit de la sourate intitulée *L'Immunité*.

4. Traduit en latin dès l'époque médiévale, le Coran n'a pas cessé de progresser dans toutes les langues connues de l'humanité. Mais c'est à la fin du siècle dernier et dans le courant de celui-ci que les traductions ont été les plus nombreuses et les plus achevées. Outre le français (pas moins de douze traductions importantes), l'allemand et l'anglais, il faut signaler, pour mémoire, le finnois (dès 1942), l'afrikaans (1950), le basque (1952), le gaélique, le lowlandais d'Écosse (1948) ou le yiddish, avec des caractères hébraïques (1950). Il y a aussi le platt-deutsch dès 1698, le suisse romanche (1949), le volapük (langue universelle inventée en 1879 par Johann Martin Schleyer), dès 1951. Enfin, l'hindoustani, l'uzbek, le chinois, le malinké, le swahili, le peuhl, etc.

LA PROFESSION DE FOI

ACTE FONDATEUR DE TOUTE CROYANCE EN ISLAM, LA *CHAHADA* EST ÉGALEMENT LE POINT INITIAL DU DOGME

Véritable joyau de la foi, la *chahada* est au plan spirituel l'apport principal de Mohamed. Elle consiste à prononcer la formule suivante : "Je témoigne qu'il n'y a aucun autre dieu que Dieu et je témoigne que Mohamed est l'Envoyé de Dieu".

Chahada veut dire "affirmer", "attester" mais aussi "témoigner de l'existence et de l'unicité divines". C'est l'acte de piété le plus intime du musulman, le signe manifeste de son adhésion à la foi du Dieu unique, le moyen de greffer la croyance individuelle sur le rameau de la foi commune et d'affranchir le croyant de ses penchants égotistes, du narcissisme qui l'assaille[1].

Elle requiert un préalable que les musulmans désignent par "bonne intention" ou "intention louable" (*niyya*). Un propos du Prophète le rappelle avec force : "Il n'est aucun acte qui n'ait sa validité sans bonne intention et chaque être est jugé selon cette intention[2]."

L'édifice de la foi lui-même est bâti sur cette *niyya*, intention primordiale que l'on peut définir par une expression imprégnée de psychologie : "disposition de sincérité" ou *sidq*. La *niyya*, comme la *chahada* qui la couronne, exclut évidemment toute ostentation et toute action blâmable. Aujourd'hui encore, tout être humain adulte et sain d'esprit qui prononce cette formule avec conviction devient musulman aux yeux de la loi divine car : "Seuls sont vraiment croyants ceux qui croient en Dieu et en son Prophète, sans plus jamais en douter ensuite" (*Les Appartements privés*, XLIX, 15).

Si la *chahada* est l'acte le plus simple de la religion musulmane, il en est aussi le plus important. Il conditionne le dogme sur lequel repose la foi, étant entendu que celle-ci débute par la récitation de cette formule. Il est notamment la manifestation des attributs divins car tout ce qui concerne le Créateur se trouve revivifié par l'amour que les croyants lui donnent. On rapporte que, selon Abou Sa'îd El-Khodri, un musulman est venu voir le Prophète et lui demanda s'il était suffisant de réciter la formule coranique : "Dis : Lui Dieu est Un" (*Le Culte pur*, CXII, 1). Ayant compris que le requérant avait peur de ne pas satisfaire aux conditions du dogme, le Prophète Mohamed aurait répondu : "Par celui qui tient mon âme en sa main, ces quelques mots équivalent au tiers du Coran[3]."

Or, le fait de témoigner tant de l'unicité divine (première *chahada*) que de l'authenticité du message prophétique (deuxième *chahada*) sont des gestes qui impliquent d'un côté la conscience profonde du croyant et, de l'autre, sa responsabilité. Ces témoignages n'ont aucun sens s'ils sont arrachés par la contrainte, suite à une manipulation mentale ou à un quelconque subterfuge : "Ô vous qui croyez ! Croyez en Dieu et en son Prophète, au Livre qu'il a révélé à son Prophète et au Livre qu'il a révélé auparavant. Quiconque ne croit pas en Dieu, à ses Anges, à ses Livres, à ses prophètes et au Jour dernier, se trouve dans un profond égarement" (*Les Femmes*, IV, 136).

Formule bénie, la *chahada* est en outre l'une des voies d'accès, sans doute la plus sûre, vers plus de sincérité dans l'exercice de sa religion. On passe ici de la simple formule qui consiste à prononcer avec conviction les noms d'Allah et du Prophète au contenu même de cette prononciation, à sa signification spirituelle. Car pour les musulmans tout acte humain peut conduire le fidèle soit dans la direction du bien, soit dans celle du mal. Seule la foi est suffisante pour le maintenir dans la bénédiction d'Allah.

Et cette foi est multiple. S'acquitter des conditions de la foi prend des formes différentes : ne pas être médisant, ni menteur ou envieux constitue un acte de foi; rechercher la paix et la concorde, prêcher la justice entre les hommes, manifester de la tolérance pour autrui sont des actes de foi. Désirer sincèrement la présence de son prochain, secourir le plus faible, faire l'aumône le sont aussi. Un *hadith* rappelle en fait que "la foi comporte soixante et quelques branches[4]."

Au fond, la profession de foi est la synthèse de toute la vie de l'individu. Tout en symbolisant sa conviction à un moment donné, elle fait de lui un acteur agissant de la communauté des fidèles. Ce qui explique que tout en étant la première condition de l'islam, la *chahada* est également la formule que le croyant doit prononcer lorsqu'il sent que son heure est venue, sur son lit de mort : clé de la vie terrestre, elle se révèle aussi formule de passage dans l'autre monde.

Une tradition autorisée prétend que cette phrase est la répétition d'une phrase initiatique prononcée par l'ange Gabriel et apprise par le Prophète.

1. Points communs du Coran avec le christianisme et le judaïsme : même Dieu, même ange intercesseur, Gabriel (Jibrîl), Adam et Ève (Hawa). L'islam a un respect sincère pour les prophètes qui ont précédé Mohamed, dont certains sont nommément cités dans le Coran : Abraham (Ibrahîm), l'Ancêtre, père d'Ismaël (Ismaïl) et d'Isaac (Ishaq), Jésus ('Isa), David (Dawoud), Joseph (Youssef) et Marie (Mériem). D'autres sont juste évoqués : Élie, Jean, Job, Jonas, Saül, Zacharie... L'islam reconnaît l'authenticité des Livres saints, surtout Bible et Tora. En revanche, la trilogie Père, Fils et Saint-Esprit est récusée, car Allah, l'Unique, ne peut accepter de se multiplier ni d'avoir de progéniture. Ce serait pour les musulmans comme un anthropomorphisme et une hérésie.

2. *Hadith* du Prophète.

3. *Ibid.*

4. *Ibid.*

LA PRIÈRE

PRIER C'EST ACCEPTER L'ISLAM COMME RELIGION DU DIEU UNIQUE ET MOHAMED SON PROPHÈTE

La prière constitue l'un des cinq fondements de l'islam, tout de suite après la profession de foi. Quotidienne, répétée cinq fois, la prière représente la forme la plus visible de l'attachement du croyant à son culte.

En principe, la prière collective est plus méritoire que la prière individuelle, la première ayant, dit-on, vingt-sept fois la valeur spirituelle de la seconde. De là l'importance qu'acquiert la prière du vendredi, *al-djoumou'a*, le jour de la (grande) réunion de la communauté.

Le Coran rappelle que l'observation de ce rite ne peut avoir lieu que lorsque la sécurité de l'âme et du corps est assurée : "Acquittez-vous de la prière, quand vous êtes en sécurité. La prière est prescrite aux croyants à des moments déterminés" (*Les Femmes*, IV, 103).

Le cycle journalier débute au coucher du soleil et s'achève à la même heure le jour suivant. Le moment des prières quotidiennes est de ce fait établi en fonction du lever, de l'apogée et du coucher du soleil. Les prières rituelles sont au nombre de cinq :
– *As-soubh* entre l'aube et le lever du jour ;
– *Az-zouhr* lorsque le soleil est au zénith ;
– *Al-'asr* s'exécute dans l'après-midi ;
– *Al-maghrib* au coucher du soleil ;
– *Al-'icha* a lieu dans le courant de la soirée, avant de se coucher.

Lors de la prière, les croyants des deux sexes sont tenus à une décence parfaite. Si la prière est effectuée chez soi, le tapis et les abords de l'endroit où elle se déroule doivent être exempts de toute souillure. Plus encore, la prière musulmane n'est valable que lorsque le fidèle s'est entouré de conditions précises de purification, qui impliquent une série d'ablutions : "Ô vous qui croyez ! Lorsque vous vous disposez à la prière : lavez vos visages et vos mains jusqu'aux coudes ; passez les mains sur vos têtes et sur vos pieds, jusqu'aux chevilles" (*La Table servie*, V, 6).

L'actuel rite d'ablution se déroule selon un ordre précis. Le fidèle doit d'abord décider en conscience de procéder aux ablutions en vue d'une prière. Il doit ensuite prononcer la *basmala*, "Au nom d'Allah", la formule de dévotion à Dieu. Alors seulement les lavements eux-mêmes peuvent commencer. Ils concernent les mains, la bouche, le nez, le visage, les oreilles, les avant-bras, la tête et les pieds.

Chaque geste est répété trois fois, en commençant par le côté droit qui est bénéfique dans toute l'aire sémético-orientale. Une telle lustration montre clairement que l'eau jouit d'un statut symbolique qui excède sa simple fonction d'hygiène. Il existe aussi une "ablution sèche", une purification par la terre ou par le sable. En effet, lorsque le musulman manque d'eau, il lui est permis d'utiliser, en substitution, un galet ou une poignée de sable : "Si vous êtes en état d'impureté légale [...] et que vous ne trouviez pas d'eau, recourez à du bon sable que vous passerez sur vos visages et sur vos mains" (*La Table servie*, V, 6).

Mais la pureté rituelle a son envers : elle est compromise chaque fois que le fidèle s'est souillé consciemment ou inconsciemment. Dans certains cas, contact sexuel, accouchement ou règles, il est appelé à se laver entièrement, selon un usage appelé *ghousl*, tout aussi codifié que celui des ablutions.

Mais la prière est un acte de foi chaque fois qu'elle est observée non pas seulement selon les dispositions canoniques de purification, de temps et de lieu, mais surtout lorsqu'elle répond à un désir ardent du fidèle. Chaque prière est composée de plusieurs cycles (*raq'a*, pl. *riqa'*), qui se succèdent d'une même façon :
– position verticale initiale, les mains levées au niveau du visage ;
– inclinaison du buste, les mains à plat sur les genoux ;
– double prosternation, les mains posées sur le tapis de prière ;
– retour à la position verticale.

Après deux, trois ou quatre *riqa'*, la prière s'achève par une *jalsâ* ou position assise. Ainsi, après que le fidèle s'est mis sous la protection divine et a réaffirmé sa puissance par une formule appelée *takbir* ("Allah est le plus grand"), il poursuit ses louanges par la récitation de la *fatiha*, sourate inaugurale du Coran, et par une autre sourate, courte ou longue selon le moment. Viennent enfin plusieurs formules de bénédiction et de grâce. La glorification de Dieu (*tasbih*) est courte : "Gloire à notre Seigneur le Tout-Puissant, gloire à notre Seigneur le Très-Haut", ainsi que la formule de remerciement : "Allah entend celui qui le remercie, Notre Seigneur, à Toi la louange". Enfin, viennent la *chahada* et le *taslim*, qui est une salutation finale.

Outre les cinq prières quotidiennes, des prières supplémentaires en nombre limité sont recommandées. L'appel à la prière (*adhan*) est lui aussi répété cinq fois par jour. Inauguré au temps même du Prophète, cet appel a été lancé pour la première fois par un Abyssinien affranchi du nom de Bilal. Celui-ci est donc le premier *muezzin (mou'adhin)* de l'histoire musulmane.

En marge de la prière canonique, que le Prophète aurait préférée parmi tous les biens de ce monde, il faut signaler le rôle joué par la méditation, qu'elle soit individuelle (*dou'a*) ou de groupe (*zikr*).

L'AUMÔNE

THÉORIE ET PRATIQUE ISLAMIQUES DU DON

Mise en œuvre du partage des biens acquis ici-bas et considérés comme des faveurs divines, l'aumône légale fait partie des perfections exigées par l'islam, dont elle est aussi l'une des cinq conditions de validité.

Il existe deux catégories d'aumônes. La première est obligatoire, c'est la *zakat*[1]. Elle est mentionnée dans le Coran : "Prélève une aumône sur leurs biens pour les purifier et les rendre propres" (*L'Immunité*, IX, 103) et traduit le plus nettement le lien entre aumône et purification. Elle est calculée sur la base des possessions réelles, biens immobiliers, capital et revenus susceptibles de donner lieu au don et au partage.

C'est une aumône annuelle légale, codifiée et imposée à chaque musulman majeur, indépendamment de son sexe ou de son origine. Cette première catégorie d'aumône équivaut donc à un véritable impôt que versent tous les musulmans à la communauté ou au Trésor public en vue de garantir la solidarité entre classes sociales.

Le Coran précise : "Les aumônes sont destinées : aux pauvres et aux nécessiteux ; à ceux qui sont chargés de les recueillir et de les répartir ; à ceux dont les cœurs sont à rallier ; au rachat des captifs ; à ceux qui sont chargés de dettes ; à la lutte dans le chemin de Dieu et au voyageur" (*L'Immunité*, IX, 60). L'aumône a évolué avec la société et s'est adaptée aux conditions historiques et économiques qui caractérisent la religion islamique. Il n'est plus question aujourd'hui de captifs à racheter ni de voyageurs à secourir. En revanche, la population musulmane ayant décuplé, la nouvelle pauvreté, surtout urbaine, est devenue visible. La dépense se fait désormais au profit des classes sociales défavorisées. La meilleure aumône n'est pas celle qui "coûte" le plus matériellement, mais celle qui est donnée avec ferveur et conviction.

Au premier temps de l'islam, un petit groupe de musulmans très pauvres est venu voir le Prophète pour lui soumettre le cas des riches dignitaires qui observaient scrupuleusement leurs engagements vis-à-vis de l'islam, mais qui, de plus, consacraient une partie de leurs biens à faire des aumônes substantielles. Le Prophète leur répondit en ces termes : "Est-ce qu'Allah ne vous a pas donné de quoi faire l'aumône ? En vérité chaque *tasbih* est une aumône, chaque *takbir* est une aumône, chaque *tahmid* est une aumône, chaque *tahlil* est une aumône. Ordonner le bien est une aumône. Et dans l'œuvre de chair de chacun de vous il y a une aumône[2]." Le *tasbih*, le *takbir*, le *tahmid* et le *tahlil* sont des formules courantes de louange qui font partie de la prière musulmane et qui, à ce titre, sont régulièrement récitées par les croyants. Des théologiens de renom, El-Bokhari (810-870), Razi (1149-1209), Qortoubi (mort en 1273), etc., considèrent que la *zakat* a pour vertu de démultiplier les biens de celui qui la donne avec sincérité.

Le Livre saint rappelle de plus que l'on peut "racheter" ses péchés en versant sa dîme annuelle, car celle-ci a la même valeur que le repentir : "Mais s'ils se repentent, s'ils s'acquittent de la prière, s'ils font l'aumône, ils deviennent vos frères en religion" (*L'Immunité*, IX, 11). Enfin, une tradition prophétique rapportée par El-Bokhari montre l'importance de la *zakat* dans les représentations populaires de l'au-delà : "Celui à qui Dieu aura donné des biens et qui n'en aura pas payé la dîme, Dieu au jour de la Résurrection fera apparaître ces biens sous la forme d'un python à la tête chauve, avec deux excroissances de chair. Le jour de la Résurrection, ce python s'enroulera autour du cou de cet homme ; il le prendra dans ses mâchoires et dira : 'Je suis ton bien, je suis ton trésor'[3]."

La seconde catégorie d'aumône, la *çadaqa*, est un don spontané que l'on fait aussi bien à un pauvre qui tend la main dans un souk qu'à une branche de la famille dans le besoin. Là encore, pour être considérée comme une œuvre pieuse, la *çadaqa* doit provenir de biens légitimes et de gains honnêtes. Elle doit être concédée sans ostentation, si discrètement d'ailleurs que la main gauche doit ignorer totalement le don que fait la main droite. De plus le Coran précise que "vous n'atteindrez pas à la piété vraie tant que vous ne donnerez pas en aumône ce que vous aimez. Quoi que vous donniez en aumône, Dieu le sait" (*La Famille de 'Imran*, III, 92).

Associées à la prière, et la valant en tout, y compris dans le mérite auprès de Dieu comme l'a certifié le Prophète, ces deux aumônes sont évoquées dans plus de quatre-vingts versets du Coran, répartis sur trente-quatre sourates. Cette profusion prouve le caractère central de l'aumône dans le dogme musulman.

Si l'aumône facilite l'entrée au paradis, sans toutefois la garantir, tous les musulmans espèrent cependant que leur aumône sera suffisante pour leur réserver une place de choix dans l'au-delà.

1. Étymologie la plus probable : "Se purifier", de la racine *z-k-a*, *zakka* ou *tazakka* signifiant à la fois "s'acquitter de son aumône" et "se purifier", en conformité d'ailleurs avec le verset coranique qui dit : "Heureux celui qui se purifie, celui qui invoque le nom de son Seigneur, celui qui prie" (*Le Très-Haut*, LXXX-VII, 14-15).

2. *Hadith* du Prophète.

3. El-Bokhari, *Les Traditions islamiques*, t. 1, p. 455, Paris, Adrien Maisonneuve.

LE JEÛNE

S'ABSTENIR DE MANGER ET DE BOIRE POUR ÊTRE EN HARMONIE AVEC L'ESPRIT DE L'ISLAM ET PARTAGER LA PEINE DES PLUS DÉMUNIS

Le jeûne du mois de ramadan, neuvième du calendrier musulman, est conçu comme une privation de nourriture, mais il s'agit d'une privation voulue et acceptée. Il est le mois sacré, celui de la révélation coranique : "Le Coran a été révélé durant le mois de Ramadan. C'est une Direction pour les hommes ; une manifestation claire de la Direction et de la Loi" (*La Vache*, II, 185).

Selon un usage très ancien, le mot *ramadan* désigne aussi la pratique du jeûne en elle-même, de sorte qu'il remplace souvent, et improprement, celui de *çawm* qui signifie "abstention" : "Ô vous qui croyez ! Le jeûne vous est prescrit comme il a été prescrit aux générations qui vous ont précédés – Ainsi craindrez-vous Dieu" (*La Vache*, II, 183).

Quatrième "pilier" de l'islam, le mois de ramadan est obligatoire pour tous les croyants, hommes ou femmes, à partir de la puberté. Les malades, les nourrices, les femmes enceintes et les voyageurs en sont exemptés. Les fous et les jeunes enfants n'y sont pas tenus. En revanche, ceux dont l'impossibilité n'est que temporaire, comme la femme indisposée, ou qui sont empêchés de manière valable (un traitement médical) doivent remplacer, dans l'année, les jours non jeûnés. Le début du jeûne légal est établi dès lors qu'un fidèle digne de foi aperçoit la formation du croissant de Lune. Il est postulé en effet que : "Quiconque d'entre vous verra la nouvelle Lune jeûnera le mois entier" (*La Vache*, II, 185).

Vieil emblème sassanide, le croissant de Lune est devenu progressivement le symbole distinctif de l'islam. Bien qu'il figure depuis longtemps dans les armoiries de l'empire ottoman, c'est seulement au XIXe siècle qu'il fut associé aux emblèmes des autres pays musulmans. La tradition s'est ainsi perpétuée jusqu'à présent, mais depuis que la science astronomique a permis aux Arabes de calculer avec une certaine fiabilité l'apparition de la Lune (le premier observatoire astronomique fut construit à Bagdad en 820), on accepte l'apport des savants. Cependant, chaque fois qu'il s'agit de revenir à la lettre du Coran, l'observation directe de la nouvelle Lune mobilise fortement les fidèles, ce qui augure d'un mois de privation bénéfique. De nos jours, bien sûr cette pratique est naturellement davantage répandue dans les régions désertiques, dans les campagnes et dans le Sahel que dans les villes.

Le jeûne effectif débute un peu avant l'aube (*fajr*) et s'achève après le coucher du soleil (*imsak*), au moment de la première prière du soir (*magh-rib*). Les fidèles peuvent prendre une collation avant le lever du jour. Des aide-mémoire, largement diffusés, donnent les horaires de début et de fin du jeûne diurne. Ils sont relayés de nos jours par les informations données par les chaînes de radio ou de télévision. Ceci est surtout le cas pour les villes, dans les pays musulmans, mais aussi pour les musulmans établis dans des pays non musulmans.

Tant que l'interruption du jeûne (*iftar*) n'est pas annoncée, le musulman s'abstient de manger, de fumer et de boire. Il lui est également interdit d'avoir des relations sexuelles, même dans le cadre d'une union légitime. Il en va de même pour toute une série d'attitudes sociales condamnées par la morale commune (médisance, envie, vol, dispute, rivalité, ou mensonge par exemple). Commettre ces actes entraîne l'annulation de la valeur spirituelle du rite.

La vingt-septième nuit du mois de ramadan, la "nuit du Destin" (*Laïlat al-Qadr*), est très importante, car la Révélation intervint lors de cette nuit particulière : "Nous l'avons révélé (fait descendre) durant la nuit du Destin. Comment te faire comprendre ce qu'est la 'nuit du Destin' ? La nuit du Destin vaut bien plus que mille mois ! Les anges et l'Esprit descendent durant cette nuit, avec la permission de leur Seigneur, pour exécuter tout décret. Elle est salut et paix jusqu'au lever du jour !" (*Le Destin*, XCVII)[1].

Le ramadan est également un mois de grâce, de grande ferveur religieuse et une occasion de pardon. L'entraide collective s'y exprime plus ouvertement et plus fréquemment. Les plus fervents parmi les jeûneurs rejoignent les mosquées et s'adonnent, une partie de la nuit, à une prière supplémentaire appelée *Salat at-tarawih* c'est-à-dire “Prière de Détente” ou “du Repos”.

Malgré ses grandes exigences, le mois du jeûne rituel est abordé par les musulmans avec joie, confiance et sérénité. D'après Abou-Horaïra (VIIe siècle), le Prophète aurait dit : “Quand le ramadan commence, les portes du ciel s'ouvrent, les portes de l'enfer se ferment, et les démons sont enchaînés[2].”

1. Traduction de Hamza Boubakeur, Paris, Maisonneuve et Larose, 1995.

2. El-Bokhari, *Les Traditions islamiques*, t. 1, p. 607, Paris, Adrien Maisonneuve, 1995.

LE PÈLERINAGE

RENCONTRE DANS LA MAISON DE DIEU AVEC LA COMMUNAUTÉ DES CROYANTS

Après la profession de foi, la prière, l'aumône et le jeûne, le pèlerinage à La Mecque est le cinquième – et dernier – pilier de l'islam. Il est obligatoire pour les adultes musulmans des deux sexes qui ont les moyens matériels de s'en acquitter, ne serait-ce qu'une fois dans leur vie[1].

Le grand pèlerinage (*al-Hajj*) se compose de plusieurs étapes réparties en plusieurs jours, habituellement du 8 au 12 *Dhou al-hijja*, douzième mois du calendrier musulman. Il est accompagné de rituels de purification parfaitement codifiés. La période dont parle le Coran est une période sacrale, c'est-à-dire soumise à des règles de purification, les plus caractéristiques étant celles qui touchent au vêtement et à la parure.

Voici un propos du Prophète que rapporte ‘Abdallah ben ‘Omar (VIIe siècle) : “L'homme en état d'*ihram* ne doit revêtir ni *qamiç*, ni turban, ni pantalon, ni burnous, ni vêtement qui ait été touché par le safran ou par le *ouers* (plante tinctoriale), ni bottines, à moins qu'il ne trouve pas de souliers ; alors, s'il n'en trouve pas, il coupera ses bottines plus bas que les chevilles[2]."

Le pèlerinage musulman comporte cinq étapes. La stricte observance de ce parcours est la seule garantie de validité du pèlerinage :

I. DÉPART POUR 'ARAFAT (8 *Dhou al-hijja*), mont sacré de l'islam situé à 21 km de La Mecque. À son arrivée à La Mecque, le croyant doit se purifier (*ihram*) en se "dépouillant" de ses vêtements habituels pour un habit blanc d'étoffe non cousu et en évitant de transgresser les interdits majeurs que sont le sang versé, le commerce sexuel et la pratique de la chasse. En outre : "Le pèlerin devra s'abstenir de toute cohabitation conjugale et de disputes..." (*La Vache*, II, 197).

Le pèlerin accomplit sept tours pédestres autour de la Kaaba (*tawaf*). Ces déambulations peuvent être réalisées en compagnie d'un guide dont c'est le métier (*moutawîf*). Il adresse alors à Dieu des prières et des invocations dont la plus connue et la plus importante est la *talbiyya*[3]. Ce cycle s'achève par une prière sur le site d'Abraham qui se trouve sur l'esplanade de la Kaaba.

Enfin, le pèlerin effectue sept fois de suite le parcours (*sa'y*) entre Safa et Marwa, deux monticules intégrés dans le déroulement du rite. Ce cheminement évoque celui de Hagar, lorsque, prise de panique, elle dut trouver de l'eau pour son fils Ismaël. Pour le préserver d'une mort certaine, Allah fit jaillir devant elle une source d'eau fraîche située non loin du *mataf*, le parcours circulaire dont un grand portique rappelant la "course" d'Hagar marque aujourd'hui l'entrée. Forte de sa *baraka*, cette eau saumâtre est appelée *Zemzem*. C'est celle que les pèlerins ramènent chez eux dans de petites fioles appelées *zemzemiyate*.

II. STATION À 'ARAFAT (9 *Dhou al-hijja*). Les pèlerins se réunissent à 'Arafat autour du mont ar-Rahma et prient Dieu pendant la journée, en récitant notamment la *talbiyya*. Cette station du 9 *Dhou al-hijja* est importante. Elle rappelle le dernier acte public du Prophète lorsque, s'acquittant de son "Pèlerinage d'Adieu", il dut monter à 'Arafat, pour prononcer son dernier discours et livrer cette

Révélation : "Aujourd'hui, j'ai rendu votre Religion parfaite ; j'ai parachevé ma grâce sur vous ; j'agrée l'islam comme étant votre Religion" (*La Table servie*, V, 3).

Après avoir prononcé les prières de l'après-midi, les pèlerins se lèvent et invoquent la miséricorde divine, car selon la tradition la station de 'Arafat est le point culminant du pèlerinage. Elle ne doit être manquée sous aucun prétexte. Après le coucher du soleil, les pèlerins quittent 'Arafat en direction de Mina, située à 5,5 km de La Mecque. À mi-parcours, les pèlerins s'arrêtent à Mouzdalifa où ils passent la nuit. Ce retour est impressionnant pour les pèlerins, notamment pour les plus âgés qui ont souvent besoin de l'aide d'une tierce personne. En effet, le *nafr* est plus qu'une dispersion ou une marche ; c'est une véritable ruée dont la signification remonte au rythme adopté par le Prophète lui-même qui accélérait ou ralentissait le pas selon les étapes du rituel.

III. Jour du Sacrifice (*yawm an-nahr*), Mouzdalifa (10 *Dhou al-hijja*). C'est le rite d'immolation de la bête sacrificielle que l'on observe d'ailleurs, le même jour, dans l'ensemble du monde musulman. Ce sacrifice honore le geste d'Abraham qui, mis à l'épreuve par Dieu, a failli sacrifier son fils aîné Ismaël. En effet, contrairement à ce qui est raconté dans la Genèse[4], c'est Ismaël, et non Isaac, qui, selon les musulmans, aurait fait l'objet du troc archangélique lors du sacrifice d'Abraham[5]. Dieu, dans sa grande mansuétude, ayant dépêché l'archange Gabriel, substitua à l'enfant chéri un mouton qui, depuis, le remplace pour cet office. C'est en tout cas ce que soutiennent la plupart des commentateurs traditionnels du Coran. Ismaël est considéré comme l'ancêtre des Arabes bédouins et le Père de leur nation. En outre, une tradition ancestrale reconnaît à Ismaël le fait d'avoir assisté son père lorsque celui-ci, voyant que le temple sacré de la Kaaba s'écroulait et tombait en ruines, avait dû le reconstruire.

IV. Séjour à Mina (11 *Dhou al-hijja*). C'est là que se déroule la journée de méditation (*tarwiya*), qui se prolonge parfois les deux jours suivants (12 et 13 *Dhou al-hijja*). Un rite ancestral – et obligatoire – accompagne cette étape. Il s'agit de la lapidation de Satan (*rajm ach-chaïtân*) au moyen de pierres ramassées la veille à Mouzdalifa. Le démon est symbolisé par trois "stèles", dont la plus grosse est en permanence recouverte d'un amoncellement de petits cailloux. Après avoir effectué scrupuleusement tout ce parcours, le pèlerin se désacralise, sacrifiant tout ou partie de sa chevelure (beaucoup se rasent complètement la tête), abolissant ainsi tous les tabous qui le retiennent encore. Ces parcours et rituels, si codifiés, ont un sens particulier. La déambulation autour de la Maison sacrée est une réplique de ce que les anges exécutent autour du trône divin car, dit Ghazali, "la Maison de Dieu est un symbole visible dans le monde du Royaume de Dieu qui est invisible aux regards[6]." L'exégèse coranique scrute ainsi toutes les étapes du pèlerinage, en donnant de chacune d'elles une signification à plusieurs niveaux : manifeste, caché, profond, extrêmement profond… Seuls quelques initiés peuvent comprendre et, *a fortiori*, interpréter ce dernier degré.

À côté du grand pèlerinage, les musulmans pratiquent également la *'omra*, dite "petit pèlerinage" ou "pèlerinage mineur", car elle se limite au Haram, à La Mecque et à ses abords immédiats. Les deux ont cependant été évoqués par le Coran, ce qui les distingue aussitôt de la simple visite aux lieux saints (*ziyara*) : "Accomplissez, pour Dieu, le grand et le petit pèlerinages. Si vous en êtes empêchés, envoyez en compensation l'offrande qui vous est facile. Ne vous rasez pas la tête avant que l'offrande n'ait atteint sa destination. Si l'un de vous est malade ; s'il souffre d'une affection de la tête, il doit se racheter par des jeûnes, par une aumône, ou par des sacrifices" (*La Vache*, II, 196).

Tout en étant importante pour les musulmans pieux, la *'omra* est laissée à la discrétion de chacun. Elle peut avoir lieu à tout moment de l'année liturgique, période du *hajj* exceptée, avec une préférence cependant pour le septième mois (*radjab*) qui fait lui aussi partie des quatre "mois sacrés"[7]. Bien que ce soit un acte de grande bénédiction et qu'il octroie un réel avantage à celui qui l'effectue, la *'omra* ne peut se substituer au *hajj* qui seul confère le titre et le prestige du musulman accompli.

La force spirituelle du pèlerinage vient du fait qu'il garantit l'immersion totale du pèlerin dans le sanctuaire sacré. Il est aussi l'occasion de rencontrer physiquement l'immense communauté musulmane, *al-oumma al-islamiyya*, celle de ces hommes et de ces femmes – ils sont des millions à affluer de tous les pays du monde – qui honorent le même dieu.

1. "Il incombe aux hommes – à celui qui en possède les moyens – d'aller, pour Dieu, en pèlerinage à la Maison" (*La Famille de 'Imran*, III, 97).

2. El-Bokhari, *Les Traditions islamiques*, t. 4, p. 99, Paris, Adrien Maisonneuve, 1984.

3. "Me voici près de toi, ô mon Dieu, me voici" (*labayka allahouma labbayk*).

4. Genèse (XXXVI, 1-14).

5. Ceux qui sont placés en rang, XXXVII, 100-113.

6. M. Hamidullah, "Le pèlerinage à La Mecque", in *Les Pèlerinages*, Paris, Seuil, 1950.

7. Cités par le Coran (*L'Immunité*, IX, 36), ces mois sont : *Moharram* (1er), *Radjab* (7e), *Dhou al-qa'da* (11e) et *Dhou al-hijja* (12e). Également appelés mois de la "Trêve de Dieu", ils impliquaient au temps de l'Arabie ancienne un certain nombre d'interdits, dont la guerre intertribale.

LA MECQUE

LIEU DE NAISSANCE DU PROPHÈTE, LIEU DE LA RÉVÉLATION DIVINE ET LIEU DU PÈLERINAGE SACRÉ

Aux yeux de tous les musulmans, La Mecque – anciennement Bakka –, ville située au cœur du plateau minéral du Hidjaz, à 21° 26' 17" de latitude et à 37° 54' 45" de longitude, symbolise le centre vital de l'islam. On lit dans le Coran : "Le premier Temple qui ait été fondé pour les hommes est, en vérité, celui de Bakka : il est béni et il sert de Direction aux mondes. Il y a là des signes manifestes, l'oratoire d'Ibrahîm (Abraham) et quiconque y entre y trouve un abri sûr. Dieu prescrit aux hommes, comme devoir envers lui, le pèlerinage à ce temple. Un devoir pour ceux qui en ont les moyens" (*La Famille de 'Imran*, III, 96-97).

Elle portait jadis le nom de "Mère des villes" ou "Métropole du monde" (*Omm al-qorâ*), ce qui équivaut à l'*Omphalos* grec, mais aussi le "Nombril du monde" comme l'appelèrent en particulier les géographes arabes médiévaux. Les musulmans lui donnent enfin le nom prestigieux de "Mecque ennoblie" (*Makka al-moukarrama*), en relation avec les quatre événements majeurs qui s'y déroulèrent : la naissance du Prophète, la Révélation coranique, l'établissement de la *qibla* et le pèlerinage annuel.

La Mecque jouit d'une histoire fort ancienne, notamment commerciale et littéraire, qui la prépara au rôle qu'elle a acquis effectivement à l'arrivée de l'islam (VIIe siècle après J.-C.). Elle est parfois désignée par des noms honorifiques comme celui de *al-Baït al-'Atîq* (Le Lieu antique), *al-Balad al-Amine* (Le Pays sûr), *al-Baït al-Harâm* (La Cité interdite/La Maison sacrée) ou tout simplement : *Al-Haram* (La Cité interdite), *Al-Mouqaddassah* (La Plus Sainte des villes), etc.

C'est dans cette ville que le Prophète est né et qu'il a vécu jusqu'au moment où il fut élu par Dieu, autour de la quarantaine. Quintessence du divin, La Mecque est considérée sur le plan théologique comme le berceau de la première Révélation coranique, la seconde étant intervenue à Médine. C'est ainsi que s'explique la division du Coran en sourates meckoises et en sourates médinoises, le lieu de la révélation étant systématiquement indiqué au début de chacune d'elles ainsi que le nombre de versets qui la composent. Si du point de vue géographique La Mecque est située dans une région extrêmement aride et dénudée, elle n'en est pas moins le centre de gravité d'un certain nombre de lieux saints comme Safa, Marwa, la caverne de Hira, Mouzdalifa, le mont de la Lumière et, plus loin, le mont 'Arafat. Tous ces lieux sont d'une grande importance pour le pèlerinage.

Théâtre des premières conversions à la religion de Mohamed, de ses victoires et de ses défaites, comme des ralliements spectaculaires et des rivalités, La Mecque est aussi la ville qui persécuta les premiers musulmans et finit par les chasser vers Médine… Plus tard, elle sera de nouveau investie par le Prophète, qui la consacrera définitivement comme le point central de l'univers islamique. La Mecque fut aussi l'épicentre de tout un réseau de villes sacrées qui, de manière concentrique, parsèment l'Empire musulman depuis son expansion (VIIIe-XIIe siècles).

Parmi celles-ci, et par ordre d'importance, La Mecque, Médine[1], ancienne Yathrîb – dite également la "Resplendissante" (*al-Mounawara*) –, et Jérusalem (*al-Qods*) sont les trois villes saintes principales de l'islam. Médine, où se trouve actuellement le tombeau du Prophète, a été la première cité-État de l'islam parce que la communauté de Mohamed s'y est organisée dès 623. À cette première trilogie sacrée il faut ajouter un deuxième cercle de villes saintes, essentiellement chi'ites :

– Qom (Iran) où se trouve le sanctuaire de Fatima (XVIe siècle), la sœur du huitième imam chi'ite ;

– Kerbala (Irak), à cent kilomètres environ au sud-ouest de Bagdad, lieu du martyre de Houssaïn, fils de Ali, tué en 680, dans une bataille tristement célèbre ;

– Nedjef (Irak), près de Koufa, dans les environs de Kerbala, où se trouve la tombe de 'Ali (600-661), le quatrième calife de l'islam et le gendre du Prophète.

Enfin, dans un espace géographique plus vaste, on trouve des villes ou des capitales qui ont joué un rôle non négligeable dans la propagation de l'islam : citons Damas, Bagdad et Le Caire, qui furent successivement le siège de quatre des plus importantes dynasties musulmanes – Omeyyades, Abbassides, Fatimides, puis Mamelouks –; citons aussi Kairouan, Tlemcen, Fez, Meknès, Marrakech, Cordoue et Grenade : chacune d'elles a illustré une période faste de l'islam et développé certains aspects de sa civilisation à un point souvent resté inégalé.

Au-delà de son importance théologique, La Mecque présente actuellement le visage urbain de l'islam, car c'est tout naturellement dans les villes que cette religion a vu s'épanouir son génie créateur et sa personnalité.

1. Deuxième ville sainte de l'islam. Elle est située à quelque 160 km de la mer Rouge et à 350 km au nord de La Mecque.

LA KAABA

DIRECTION CANONIQUE DE TOUT ACTE PIEUX, ET EN PARTICULIER DE LA PRIÈRE

La Kaaba est un temple cubique (*mouqa'ab*) situé au centre de la cour de la grande mosquée de La Mecque. Il est le point où convergent tous les croyants et le lieu d'aboutissement des méridiens spirituels.

Par sa position centrale, la Kaaba, nommée justement *Baït Allah al-Haram* (la Maison de Dieu) ou encore *Baït al-Haram* (la Maison sacrée), est le temple principal de la religion musulmane. Il incarne la présence et le souffle divins.

Érigée, dit-on, par le patriarche Abraham – et son fils Ismaël –, la Kaaba est un bâtiment drapé d'un vêtement brodé (*kiswa*). Elle renferme dans son angle est la "Pierre noire" que les pèlerins doivent toucher lors de leur pèlerinage.

De ce point de vue, la Kaaba est véritablement la *qibla* terrestre, le point de concrétisation de la foi islamique et l'aboutissement de toutes les prières que les musulmans adressent quotidiennement à leur dieu. Dans la sourate intitulée *La Vache*, il est dit : "Tourne donc ta face dans la direction de la Mosquée sacrée. Où que vous soyez, tournez votre face dans sa direction" (*La Vache*, II, 144).

Le temple mesure un peu plus de quinze mètres de haut, dix mètres de large sur le petit côté et douze mètres pour la façade. À deux mètres au-dessus du sol, incrustée dans un châssis ovoïde d'une vingtaine de centimètres, on peut voir la "Pierre noire" qui est le foyer le plus intime du sanctuaire.

La légende veut que cette pierre fût à l'origine une hyacinthe blanche, qui s'est noircie peu à peu des péchés des hommes. La Kaaba doit son pouvoir d'attraction à cette pierre noire qui passe pour être le *mithaq*, le "pacte primordial" entre le Créateur et sa créature. Son contact impressionne fortement les pèlerins. De fait, elle est censée témoigner en leur faveur au jour du Jugement dernier. Lorsque le pèlerin arrive devant le temple, il y accède par la porte de la Paix, avant d'engager la révolution dans le sens inverse des aiguilles d'une montre. La partie située entre la pierre noire et la porte du temple s'appelle *al-Moultazam* et sert d'appui aux pèlerins au moment de leurs prières.

Voici comment un grand voyageur musulman de Valence, Ibn Jobaïr (1145-1217), décrit l'émotion qu'il ressentit à son contact : "La pierre, quand on la baise, a un moelleux et une fraîcheur dont la bouche est ravie, si bien que celui qui y pose ses lèvres souhaiterait ne les en point détacher. [...] Il suffit d'ailleurs que le Prophète ait dit qu'elle est la 'Droite[1]' de Dieu sur Terre[2]." La Kaaba est recouverte d'une tenture de brocart ou de soie noire, elle-même brodée d'inscriptions coraniques en fil d'or ou d'argent et qui sont des invocations à Allah, la *Fatiha*, première sourate du Coran et d'autres versets encore.

Une fois l'an, cette tenture est changée lors d'un rituel symbolique qui se déroule pendant le pèlerinage. Autrefois on appelait *mahmal* la procession de caravaniers, haute en couleurs, qui convoyait la nouvelle tenture du Caire jusqu'à La Mecque. L'Égypte s'acquitta en effet de l'habillement du temple à partir de l'époque mamelouk (XIIIe siècle) avant que cet office ne revienne définitivement en 1924 à la dynastie wahhabite des Béni Séoud, gardiens des lieux saints, pour des raisons de souveraineté nationale.

Le temple lui-même est fait de pierre grisâtre ou gris-bleu des environs de La Mecque et de mortier provenant du Yémen. L'intérieur de la Kaaba a également retenu l'attention des pèlerins et des voyageurs.

Ibn Battuta (1304-1377) l'évoque longuement dans sa relation de voyage (*rihla*) : "L'intérieur de l'illustre *ca'bah* est pavé de marbre nuancé de blanc, de bleu et de rouge; il en est ainsi du marbre qui recouvre ses murailles. Il a trois colonnes excessivement élevées, faites avec du bois de teck, et qui sont séparées l'une de l'autre de la distance de quatre pas; elles occupent le milieu de l'espace qui constitue l'intérieur de l'illustre *ca'bah*. Celle du milieu fait face à la partie mitoyenne du côté qui est entre les deux angles de l'Irak (du Yémen) et de la Syrie[3]."

En 1956, face à l'afflux grandissant du nombre de pèlerins, les abords immédiats de la Kaaba ont été dégagés et un espace plus vaste et plus sobre a été redessiné. Des dallages ont été placés tout autour, tandis que le parcours entre Safa et Marwa, les deux petites collines saintes, a été élargi.

En définitive, la Kaaba, lieu vers lequel toutes les directions canoniques convergent, s'avère un résumé du monothéisme musulman. Incarnant l'unicité du culte, elle est aussi la marque de l'unicité d'Allah et le lien indissociable de la communauté musulmane.

1. *Yamîn*, mot difficilement traduisible, car il a la même étymologie que le terme "droite", qui, s'opposant à *chimâl*, "la gauche", renvoie à une éventuelle latéralité, donc un anthropomorphisme, de Dieu.

2. Ibn Jobaïr, *Voyages*, t. 1, p. 291, Paris, Paul Geuthner, 1982.

3. Ibn Battuta, *Voyages*, t. 1, p. 105, Paris, La Découverte, 1953-1956.

LA QIBLA

CLÉ SPIRITUELLE DE LA GÉOGRAPHIE ISLAMIQUE ET ORIENTATION VERS LA KAABA

Déterminée par le Coran suite à une controverse nourrie qui opposa les incroyants aux musulmans, la *qibla* symbolise la direction de La Mecque dont elle est la figuration abstraite, la "focalisation" intense.

En effet, l'orientation initiale de la *qibla*, établie durant la période médinoise du séjour prophétique, fut Jérusalem (622 après J.-C.), et cela jusqu'à la révélation d'un verset, deux années plus tard, qui détermina le changement définitif de direction : "Nous n'avions établi la *Qibla* vers laquelle vous vous tourniez que pour distinguer ceux qui suivent le Prophète de ceux qui retournent sur leurs pas" (*La Vache*, II, 143).

Depuis, La Mecque, la Grande Mosquée et la Kaaba – qui représente la "clé" de la géographie spirituelle de l'islam – forment le centre vivant de l'islam. C'est pourquoi les croyants vérifient d'abord l'orientation dans laquelle ils se placent avant de se prosterner devant Dieu. Une fois l'orientation de la *qibla* définie, la Terre rejoint le ciel en un lieu pur, la Kaaba, le Temple sacré de l'islam. On assiste souvent à des discussions animées entre croyants en l'absence de mosquée, donc de *mihrab* qui est le symbole architectural de la *qibla* dans une mosquée. Comment alors répondre à la prescription du Coran de se tourner vers La Mecque pour prier : "Nous te voyons souvent la face tournée vers le ciel ; nous t'orientons vers une *Qibla* qui te plaira. Tourne donc ta face dans la direction de la Mosquée sacrée. Où que vous soyez, tournez votre face dans sa direction" (*La Vache*, II, 144) ? Cette prescription est valable pour tout le cycle liturgique et pour attirer la bénédiction divine sur une immolation, un enterrement ou un mariage.

Les "Gens de la *Qibla*" (*Ahl al-Qibla*, surnom des musulmans) ne se réfèrent pourtant pas toujours à ce refuge ponctuel, aussi sacré soit-il, car, selon le Coran, "l'orient et l'occident appartiennent à Dieu" (*La Vache*, II, 115). Ce qui signifie clairement que l'orientation que l'on prend importe peu. Allah étant à l'origine et à l'aboutissement de tout, "quel que soit le côté vers lequel vous vous tournez, la face de Dieu est là" comme il est dit dans cette même sourate.

En fait, à l'image de la mosquée des Deux Qiblas de Médine, l'ancienne mosquée de Qobâ, celle-là même où intervint le changement de *qibla*, une telle orientation a un sens parce qu'elle résume l'unité du centralisme du culte d'un côté et la tolérance de l'autre : La Mecque est non seulement le centre du monde mais elle est aussi dans le monde.

LA MOSQUÉE

LIEU DE RASSEMBLEMENT DE LA COMMUNAUTÉ

Conçue à l'image de la première mosquée du prophète, bâtie à Médine en l'an I de l'hégire (622 après J.-C.), la mosquée (*al-jami'*, ou encore *masjid al-joumou'a*) est le théâtre de la prière musulmane commune. À ce titre, elle est la symbolisation matérielle de l'islam et le lieu de manifestation de la ferveur collective.

Mais la mosquée joue un rôle bien plus vaste et plus complexe : elle est notamment l'établissement où se transmet l'enseignement religieux, grâce à des collèges qui lui sont attenants, l'académie morale où des actes sociaux comme le mariage sont scellés et surtout, après la prière, l'espace où se discute la vie de la communauté. C'est à la mosquée que les litiges entre musulmans sont réglés et c'est encore là que les innovations sont évaluées, condamnées ou autorisées. Enfin, et ce n'est pas le moindre des aspects, l'autorité religieuse s'exprime et se manifeste à la mosquée. D'autre part, c'est à la grande mosquée que se déroule le prêche du vendredi (*khoutba*), l'acte religieux le plus important puisqu'il est la combinaison de talents oratoires multiples : capacité visionnaire du prédicateur, sérénité exemplaire du pédagogue et du maître, aptitude théologique du sermonnaire inspiré...

Il existe plusieurs types de mosquées, classées habituellement selon leur taille et leur fréquentation. On distingue d'une part la petite mosquée, la *moussalla* ou le *masjid*. Il s'agit d'un oratoire où a lieu "la prosternation" (*soujoud*), les musulmans étant désignés par le Coran comme étant "ceux qui s'agenouillent, ceux qui se prosternent" (*L'Immunité*, IX, 112). D'autre part, la grande mosquée est celle qui accueille la prière du vendredi. La mosquée comprend, outre une grande salle de prière et parfois une sorte de mezzanine réservée aux femmes et située à l'arrière de la salle, les éléments suivants :

– le minaret : le mot est la reprise francisée du mot arabe *manara*, mais cet appendice architectural, le plus visible de la mosquée, a différents autres noms, selon l'effet que l'orateur veut donner à sa description et selon les régions. Il y a *al-manara* comme on vient de le dire, mais aussi *al-saouma'a*, l'éminence ou *al-mi'dhana*, le lieu d'où est lancé l'appel à la prière. Le prototype du minaret est celui de "la mosquée de Bilal", à Djabal Abou Kobaïs. La forme est certes rudimentaire, mais elle présente déjà les éléments caractéristiques d'un minaret, en particulier sa surélévation. La fonction principale du minaret, outre celle qui consiste à équilibrer l'édifice sur le plan esthétique, est en effet de permettre au *muezzin* de lancer un appel (*adhân*) rappelant aux fidèles les horaires de la prière. Le minaret est aussi un symbole de médiation et de verticalité qui relie la mosquée aux sphères supérieures de la cosmologie mohamédienne, ce qui donne au rituel d'agenouillement et de prosternation le sens d'épanouissement divin dont il est la manifestation extérieure ;

– le *mihrab* : le point focal de la mosquée est la niche creusée dans le mur qui indique la direction de La Mecque (*qibla*) ;

– le *minbar* : la chaire du prédicateur fait partie du mobilier rituel de la mosquée. Dans certaines grandes mosquées comme la mosquée al-Aqsa de Jérusalem, cette chaire est extrêmement ouvragée. S'il est généralement façonné dans du bois précieux, le *minbar* est parfois modestement représenté par un tertre ou une autre surélévation. Le Prophète aurait même célébré le prône du vendredi juché sur un tronc de palmier ;

– la salle des ablutions : avant d'accéder à la salle de prière, le croyant doit se purifier en intention comme en acte. Il lui est enjoint de procéder aux ablutions d'usage (*woudou*) dans une salle attenante réservée à cet usage et indispensable à toute mosquée. La salle des ablutions est en fait un espace intermédiaire entre le monde profane, celui de la vie active, et le monde sacré de la mosquée, lieu de méditation, de ressourcement et d'union avec les principes du Dieu secourable. Le croyant s'y déleste de ses impuretés majeures ou mineures avant de se présenter, rempli d'humilité, devant le Créateur.

À côté des mosquées de La Mecque et de Médine, les plus fréquentées du monde musulman, plusieurs autres mosquées sont considérées comme de véritables joyaux architecturaux :

– la mosquée d'Omar ou mosquée al-Aqsa, et le dôme du Rocher à Jérusalem (fin du VIIe siècle) ;

– la grande mosquée de Damas (VIIIe siècle) ;
– la mosquée-université al-Azhar (Xe siècle), située dans le vieux Caire, est l'une des plus prestigieuses de l'islam sunnite, car elle abrite une Académie des sciences religieuses et un Haut Conseil de théologiens très influents dans le domaine juridico-doctrinal ;
– la mosquée du vendredi à Téhéran (IX-XIe siècles) ;
– la mosquée Qouat al-Islam à Delhi (XIIIe siècle) ;
– la Suleymaniyé à Istanbul (XIVe siècle) ;
– la Mezquita de Cordoue (VIII-Xe siècles) qui n'est plus utilisée à des fins religieuses ;
– la mosquée Sidi 'Okba (XIIe siècle) de Kairouan (Tunisie) qui occupe une place à part car elle est l'œuvre de 'Okba ibn Nafi', le général musulman qui ouvrit le champ à l'islamisation du Maghreb. En son hommage, Kairouan est parfois considérée comme la quatrième ville sainte de l'islam.

L'édification des mosquées accompagne l'évolution démographique de l'islam. Partout la mosquée vise à s'intégrer au paysage sociologique et urbain. Elle subit assez aisément, grâce à un mimétisme spontané, les influences architecturales du pays où elle est construite. Ainsi est-il possible de distinguer facilement les mosquées en terre rouge de l'Afrique subsaharienne, celles du sous-continent indien ou encore les mosquées indonésiennes, pakistanaises, afghanes, etc.

LE MIHRAB

BOUSSOLE DU MONDE MUSULMAN ET MATÉRIALISATION DE LA *QIBLA*, LE *MIHRAB* EST AUSSI UNE INNOVATION ARCHITECTURALE

D'étymologie complexe – balcon, palais, pièce –, le *mihrab* s'est peu à peu dépouillé de ses multiples attributs pour ne plus signifier que "rentrant", "niche de prière" ou "absidiole". Il fut institué au VIIIe siècle, sans doute à Damas, lorsqu'il fallut marquer sur le bâtiment de la mosquée l'orientation de La Mecque (*qibla*).

Déjà, en exil à Médine, le Prophète dut se tourner vers la ville sainte de Jérusalem, mais aucun document ne permet d'authentifier l'existence physique du *mihrab* dès cette période. Les historiens arabes quant à eux reconnaissent à ʻOthman ibn ʻAffan, troisième calife de l'islam, d'avoir pris l'initiative d'ajouter un *mihrab* à la mosquée. Pourtant le *mihrab* ne s'est imposé que progressivement dans le plan de la mosquée, car l'islam primitif, outre qu'il ne faisait pas une place de choix aux symboles "transposés visuellement", comme c'est le cas par exemple dans une église, répugnait à en créer en raison de l'épouvante que cela suscitait chez les fidèles habitués à une stricte orthodoxie religieuse.

Il est pourtant un des rares symboles de l'islam au sens plein car il exprime de manière physique l'orientation de La Mecque qui, elle, demeure une abstraction. Essentiel à la mosquée, le *mihrab* est l'une des figurations symboliques qui a essaimé. On le trouve en effet gravé dans le marbre, dans certains panneaux muraux décoratifs et même au revers de pièces de monnaies islamiques de la période la plus ancienne.

Avec le développement de l'islam, la disposition du *mihrab*, et dans le même temps de la mosquée qui l'abrite, est devenue capitale pour la validité de la prière qui y est rendue. La complexité que requiert l'établissement du *mihrab* est à la mesure des enjeux philosophiques et théologiques posés par l'islam, religion qui prêche l'unicité absolue de Dieu. Quel sens donnerait-on, en effet, à une mosquée qui ne serait pas orientée vers La Mecque ? Aussi théologiens, architectes, mathématiciens et astronomes arabes ont-ils beaucoup spéculé sur les axes possibles qui peuvent – qui doivent – gouverner l'emplacement et la matérialisation de la *qibla*. Le *mihrab* constitue la réponse architecturale admise par le collège des savants musulmans intéressés par la question. Depuis les VIII-IXe siècles, aucune entorse à la norme n'est tolérée par la doctrine musulmane et il y va de la réputation des bâtisseurs d'en respecter la lettre.

De très beaux *mihrabs* parsèment l'aire islamique. Ils constituent le summum du raffinement d'une mosquée : certains sont ainsi enrichis d'ors fastueux, de bordures de lumière et de stalactites en stucs qui donnent une impression de mouvement. D'autres sont plus sobres et ne reçoivent aucun ajout particulier. Il est même parfois fait mention de *mihrab* de bois, comme c'est le cas de celui de la mosquée Tachoun Pacha (Turquie), une mosquée dont la construction remonte au XIIIe siècle. De l'avis de nombreux architectes, les plus remarquables niches se trouvent dans les mosquées suivantes :

– la mosquée al-Aqsa à Jérusalem (VIIIe siècle) ;
– la grande mosquée de Cordoue (la Mezquita) (Xe siècle);
– les grandes mosquées d'Ispahan et de Yazd, le premier *mihrab* est enchâssé dans un décor végétal tout en stuc (vers 1310), le second, datant de 1375, est en faïence;
– le mausolée de Sayida Rukkayya au Caire (XIIe siècle);
– la mosquée de Konya (Turquie), avec son *mihrab* en faïence, située au Sedrettin Konevi (vers 1274).

Enfin, deux autres niches de prière méritent d'être signalées, car elles comptent parmi les plus originales de l'architecture islamique : la mosquée Sidi Oqba, à Kairouan (IXe siècle), dont le *mihrab* reflète un art authentiquement arabo-musulman, et la mosquée Ahmed al-Boudaïni, au Caire, où le *mihrab* date de 1628 et présente des incrustations de marbre de différentes couleurs.

Toutefois, une telle liste ne peut être considérée comme exhaustive, étant donné que le goût des experts, s'il est sûr quant à l'histoire objective de la construction des mosquées – et aussi de leurs niches de prière – ne l'est pas quant aux aspects esthétiques. Il n'est donc pas suffisant pour établir une hiérarchie entre elles. Au plan esthétique, la niche d'orientation célèbre l'art des artisans qui l'ont imaginée et conçue. Mais elle est aussi l'expression de la "personnalité" d'une mosquée, elle reste le meilleur reflet du goût d'une époque et, parfois, de celui de la région musulmane où elle se trouve.

En définitive, sans le *mihrab*, la mosquée est un bâtiment dépourvu d'aimantation et du même coup de gravité liturgique, en proie à une sorte d'aveuglement spirituel.

LE VENDREDI

JOUR SACRÉ DE LA SEMAINE MUSULMANE

Le vendredi est le "Jour de la Réunion" ou de l'"Assemblée". Il est appelé ainsi en raison de la prière commune qui a lieu à la grande mosquée et qui est célébrée dès que le soleil a dépassé le méridien. C'est un jour sacré aux yeux des musulmans. Il est le plus important de la semaine. Le Coran évoque la prière du vendredi en un seul endroit, dans la sourate intitulée *Le Vendredi* : "Ô vous les croyants ! Quand on vous appelle à la prière du vendredi, accourez à l'invocation de Dieu ! Interrompez tout négoce : c'est un bien pour vous, si vous saviez !" (*Le Vendredi*, LXII, 9).

Es-Saïb ben Yazîd, qui a transmis de nombreuses traditions orales, relate qu'"au temps du Prophète, le premier appel à la prière du vendredi avait lieu au moment où l'*imam* s'asseyait en chaire. Il en fut de même sous les califats d'Abou-Bakr et de 'Omar. Sous son califat, la population ayant augmenté, 'Othmân ordonna un troisième appel à la prière. Cet appel fut fait à Ez-Zaouira (un quartier de Médine). Cette prescription se maintint par la suite[1]."

Rappelons ici que, comme pour la plupart des éléments du dogme, cette codification de la prière du vendredi eut lieu au temps des quatre premiers califes, surnommés *al-Khoulafa ar-Rachidoun*

(Califes bien-guidés), ceux-là mêmes qui accompagnèrent le Prophète dans ses divers combats contre l'hostilité des idolâtres et leur mécréance.

La prière du vendredi (*salât al-joumou'a*), qui structure de bout en bout la signification à la fois spirituelle et ésotérique de cette journée, est un acte de grande bénédiction prescrite à tous les musulmans en mesure de se déplacer jusqu'à la grande mosquée. Un appel solennel (*adhân*) est lancé par le *muezzin*, mais un grand nombre de musulmans sont déjà sur place car ils se dirigent vers la mosquée très tôt dans la matinée.

D'après Abou-Horaïra, compagnon du Prophète, Mohamed aurait dit : "Lorsque vient le jour du vendredi, les anges se tiennent debout à la porte de la mosquée. Ils inscrivent le premier arrivé, puis le deuxième (et ainsi de suite). Celui qui vient de bonne heure est comme celui qui fait l'aumône d'une chamelle grasse, puis (successivement) comme celui qui fait l'aumône d'un bœuf, puis d'un bélier, puis d'une poule, puis d'un œuf. Quand l'*imam* sort, les anges ferment leurs registres et écoutent la mention de Dieu[2]."

Parce qu'elle est collective et qu'elle rassemble toute la communauté dans la mosquée (*djami'*), la prière du vendredi est sans aucun doute la plus importante de la semaine. Elle est accompagnée d'un prêche important (*khoutba*) à vocation pédagogique et morale, donné par l'*imam* au nom de l'autorité religieuse du pays et, partant, au nom de l'islam dans son ensemble.

Voici comment Ibn Abî Zayd al-Qayrawâni (Xe siècle) décrit le rite observé au sein du mâlikisme, l'une des quatre écoles canoniques du sunnisme, qui s'est épanouie principalement au Maghreb, en Afrique noire et dans une partie de l'Égypte : "La prière du vendredi est obligatoire dans un centre urbain et dans un groupe de fidèles formant communauté. Le prône y est obligatoire avant la prière elle-même. L'*imam* doit s'appuyer sur un arc ou un bâton, s'asseoir au début et au milieu (de la *khoutba*). On procède à la prière quand le prône est fini. [...] Ceux qui sont dans l'agglomération urbaine et ceux qui en sont à trois milles ou moins doivent se hâter vers la prière du vendredi. Elle n'est pas obligatoire pour le voyageur, ni pour les pèlerins qui se trouvent à Minâ, ni pour l'esclave, ni pour la femme, ni pour l'impubère. Mais, si un esclave ou une femme se trouvent présents à cette prière, qu'ils la fassent. Les femmes se placeront derrière les rangs des hommes. On doit écouter attentivement l'*imam* qui fait son prône et les fidèles lui feront face[3]."

Ayant pris conscience de l'influence de la prière du vendredi sur les fidèles, les grandes dynasties – et plus tard les États musulmans dont le meilleur exemple est l'Arabie saoudite – ont tout fait pour contrôler au mieux ce moment, en bâtissant des mosquées de plus en plus imposantes, censées accueillir le plus grand nombre de fidèles. Bien que chômée ou fériée dans de nombreux pays musulmans, la journée du vendredi – contrairement au jour de repos du Seigneur Dieu dont parle la Genèse[4] – ne correspond pas à un éventuel arrêt dans la Création. Le Coran stipule clairement, dans la sourate *Qaf*, que : "Nous avons créé en six jours les cieux, la Terre et ce qui se trouve entre les deux, sans éprouver aucune fatigue" (L, 38).

Au plan symbolique, le vendredi est le pivot de la semaine, et par conséquent celui du temps liturgique. Il occupe à ce titre la même place que la mosquée pour l'espace.

1. El-Bokhari, *Les Traditions islamiques*, t. 1, p. 299, Paris, Adrien Maisonneuve, 1984.

2. *Ibid.*, p. 303.

3. Al-Qayrawâni, *La Risâla*, p. 95, Alger, Éditions populaires de l'armée, 1975.

4. Genèse (I, 31).

IMAM ET MUEZZIN

MUEZZIN, *KHATIB* ET *IMAM* SONT LES TROIS ACTEURS PRINCIPAUX DE LA CONDUITE DE LA PRIÈRE

Juché au sommet du minaret (*al-manara*), le *muezzin*, du mot arabe *al-mou'adhdhîn*, est préposé à l'appel des croyants en vue d'effectuer leur prière au sein de la mosquée. C'est une obligation canonique instituée par le Prophète lui-même et appliquée dans la première mosquée de l'islam qui fut élevée à Médine l'Illuminée (*al-Mounawara*).

Après avoir été un esclave d'Abou Bakr as-Saddiq (570-634), l'un des plus proches compagnons du Prophète, l'Abyssinien Bilal a occupé cette fonction. C'est l'une des plus importantes du rituel. Depuis le VIIe siècle, la paume de la main ouverte en conque sur le côté de la bouche, le *muezzin*, officiant spécialement formé aux techniques vocales, lance invariablement un appel à la prière composé de sept formules très précises :

– *Allahou akbar, Allahou akbar* : Allah est (le) plus grand, Allah est (le) plus grand ;
– *Ach-hadou anna la-ilaha ilal-Lah* : Je témoigne qu'il n'y a point de divinité autre qu'Allah (deux fois) ;
– *Ach-hadou anna Mohamad rassoul Allah* : Je témoigne que Mohamed est le Prophète de Dieu (deux fois) ;
– *Haya 'ala as-salat, haya 'ala as-salat* : Venez à la prière (deux fois) ;
– *Haya 'ala al-falah, haya 'ala al-falah* : Venez au salut ou à la délivrance (deux fois) ;
– *Allahou akbar* : Dieu est (le) plus grand (deux fois) ;
– L*a ilaha ila ilal-Lah* : Il n'y a point de divinité (autre) qu'Allah.

Une variante intervient dans la prière de l'aube, puisque le *muezzin* précise à deux reprises à l'intention de ceux qui, induits en erreur par Satan, préféreraient continuer à dormir que : "La prière est plus méritoire que le sommeil" (*As-salât khaïrou mina-nawm*) avant de prononcer la formule finale. L'importance de cet appel (*adhân*) tient à la valeur spirituelle de toute prière effectuée en commun, laquelle est vingt-sept fois supérieure à celle de la prière individuelle.

Le *khatib* ou prédicateur est souvent un théologien de renom, un émissaire prestigieux ou un érudit issu de la communauté des musulmans, et disposant d'une science incontestable. Sa fonction principale consiste à prononcer un prêche, un sermon ou un prône appelé *khoutba*, lors de la prière du vendredi. Il est en général assis sur une estrade surélevée ou une chaise haute appelée *minbar* et située à droite, pour les fidèles, du *mihrab*.

Le rôle du *khatib* est principalement religieux et théologique, ce qui explique la profusion de citations coraniques et de références à l'épopée islamique. Il lui arrive cependant aussi de traiter de connaissances générales ou de questions sociales, politiques et juridiques.

Par le passé, l'influence du pouvoir califal sur l'orientation idéologique des discours du vendredi était réelle. Il fut même un temps où cette fonction était l'apanage de la famille régnante ou de ses représentants désignés qu'ils fussent cadi (jurisconsulte), *'alam* (théologien) ou même *talib* (étudiant avancé en sciences religieuses). Même sans y réussir totalement, le pouvoir politique actuel tente d'imprimer à cet exercice la marque de sa légitimité et de sa popularité.

Après avoir été avertis par le *muezzin* et avoir écouté le sermon du prédicateur, les musulmans sont invités à se mettre debout pour exécuter la grande prière dont la direction est confiée à un *imam*, littéralement "Celui qui se tient devant (les autres)". L'*imam*[1], qui se place sous la voûte du *mihrab*, est une personnalité de premier plan, car elle conduit et règle la mécanique d'ensemble de la prière collective tout en assurant sa validité aux yeux de Dieu. Il est choisi parmi les musulmans sains (et de condition libre, particulièrement au temps du Prophète), de préférence de bonne constitution physique et disposant d'un niveau de connaissance suffisant et d'un savoir-faire confirmé. Dans les petites mosquées, l'*imam* peut être également le *khatib* (prédicateur) ; il arrive que la même personne cumule les charges de *muezzin*, de *khatib* et d'*imam*.

Au plan spirituel, l'*imam* est un bon modèle. Il sert aussi parfois d'intercesseur entre les musulmans et l'institution, soit pour des questions d'exégèse théologique liée au dogme ou pour des problèmes privés. L'*imam* intervient également dans les différentes controverses qui animent les fidèles en dehors de la prière et les aide à préciser leur pensée, contribuant ainsi à l'éducation permanente caractéristique de l'islam.

En animant la prière collective, ces trois personnages, *muezzin, khatib* et *imam*, assurent un service renouvelé cinq fois par jour.

Dans la mesure où elle est très suivie, la prière du vendredi donne au *muezzin* et au *khatib* la possibilité d'exprimer toute l'étendue de leur talent : phonatoire dans le cas du *muezzin* qui doit avoir une voix puissante et musicale, créatif et inspiré en ce qui touche au prône du *khatib*, mesuré et réglé quant à la conduite de la prière.

1. Depuis le IXe siècle, le sens du mot *imam* s'est enrichi d'une acception nouvelle. Alors que chez les Sunnites il n'est qu'un titre parmi d'autres que l'on applique à toute personne qui conduit la prière collective, l'*imam* devient chez les Chi'ites un titre religieux attribué à quelques grands dignitaires. Idéalement, cette hiérarchie théologique et religieuse est structurée autour de l'avènement du douzième *imam*, l'*imam* occulté qui est censé clore, à la fin des temps, le cycle inauguré et incarné par les onze autres *imams*.

LA MADRASSA

ÉTABLISSEMENT DE TRANSMISSION ET D'ACQUISITION DES SCIENCES ISLAMIQUES ET LIEU DE CONVIVIALITÉ

L'un des apports principaux de l'islam a été de favoriser l'accès à la connaissance et plus particulièrement à la connaissance religieuse. Aucune barrière n'est en effet dressée entre ceux qui savent et ceux qui ne savent pas encore, entre les étudiants (*talib*) et l'objet de leur quête. La connaissance en islam comporte trois degrés différents :

– Allah est Celui qui sait tout, Celui dont le savoir embrasse aussi bien les choses révélées aux hommes que ce qu'ils ignorent, ce grand mystère de l'Univers que les mystiques désignent par le vocable *al-ghaïb*. Le Coran rappelle évidemment ce savoir incommensurable et en fait l'une des articulations de la vérité céleste : "Dieu suffit comme témoin entre moi et vous; lui qui possède la Science du Livre" (*Le Tonnerre*, XIII, 43). La notion de "science de Dieu" (*'ilm Allah*) apparaît, avec de nombreuses acceptions (Dieu sait tout, connaît tout, même le mystère, l'Heure du Jugement final; il est parfaitement informé de l'action des hommes, de leurs bienfaits ou méfaits, de leurs pensées, etc.), dans plus de trois cents versets coraniques et la quasi-totalité des sourates;
– la science du Prophète Mohamed continue la science de la prophétie inaugurée par le premier des prophètes reconnus en islam, Adam. En tant que dépositaire du plus récent monothéisme, Mohamed est riche des mille et une facettes de la croyance et de la foi de tous les temps. Lui-même, à l'intention de ses partisans et des fidèles, avait prêché pour l'acquisition des connaissances, ceux-ci dussent-ils aller quérir jusqu'en Chine. Ce propos prophétique est considéré comme authentique, car il a été rapporté par plusieurs collecteurs de traditions, dont les plus éminents sont El-Bokhari (810-870) et, au même siècle, Mouslim (817-875) ;
– une troisième catégorie de lettrés est constituée des érudits musulmans et des savants, qu'ils soient versés dans le domaine des sciences islamiques, qu'ils apprennent le Coran par cœur, qu'ils l'interprètent ou qu'ils s'orientent vers la résolution des conflits sociaux et interpersonnels en se spécialisant dans la jurisprudence islamique (*fiqh*). Ceux qui s'engagent dans des disciplines plus "intellectuelles", comme la grammaire, l'historiographie, la rhétorique et toutes les disciplines spéculatives comme la logique et la philosophie, que les musulmans regroupent sous le nom de *'ilm al-kalam*, en font aussi partie.

C'est dans ce contexte que l'on peut situer l'émergence et l'épanouissement fulgurant de la *madrassa*, "lieu d'étude" – du verbe *darassa*, "étudier" et *darrassa*, "enseigner" – où se perpétue la tradition du savoir en islam, en particulier celle qui concerne le Coran et le *hadith.* Cette école-université peut légitimement se réclamer de deux institutions fameuses, d'un côté la *Baït al-Hikma*, la "Maison de la Sagesse" abbasside que l'on édifia à Bagdad dès le IXe siècle[1] ; de l'autre, la mosquée-université fatimide d'Al-Azhar qui vit le jour en 972 après J.-C. au Caire, une ville également construite par les Fatimides en 969.

En réalité, la *madrassa,* ou *médersa,* selon la formulation maghrébine, n'est pas uniquement le lieu où se déroulent les cours et les longues heures de récitation du Coran (la mosquée les abrite avec plus d'efficacité et de confort), elle est surtout un lieu de vie pour les nombreux étudiants qui la fréquentent, dont certains viennent des régions les plus reculées du monde musulman.

Chaque grande mosquée abrite en son sein une *madrassa,* mais certaines sont si belles et si prestigieuses qu'elles ont fini par acquérir une réputation universelle.

Ainsi, la *madrassa* Nouriya, dans le quartier des Khawaçin, à Damas, construite en 1167 et que décrivit Ibn Jobaïr (XIIe siècle) : "L'une de celles qui, en ce monde, offrent le plus beau spectacle aux yeux est celle de feu Nour-ad-Dîn, où se trouve son tombeau. Que Dieu l'illumine ! C'est un palais des plus magnifiques : l'eau y vient couler, descendant d'abord dans une rigole du milieu d'un grand cours d'eau, puis s'écoule dans une fontaine de forme oblongue, avant d'aller tomber dans un bassin au milieu de l'édifice. Le regard est surpris de la beauté de ce spectacle. Tous ceux qui en jouissent réitèrent leurs oraisons en faveur de Nour-ad-Dîn[2]." La somptuosité des *médersas* marocaines, en particulier celles de Fès ou de Marrakech (*médersa* Al-Attarine, XIVe siècle ; *médersa* Bou Inania, XIVe siècle ; *médersa* Ech-Cherratine, XVIIe siècle), est aussi remarquable.

En marge de la mosquée et comme complétant la *madrassa,* il faut signaler l'existence de la *zaouiya,* sanctuaire abritant le mausolée d'un saint. Édifice caractérisant l'islam maghrébin, la *zaouiya* est le lieu de transmission d'un héritage et d'une mémoire de l'islam populaire. Le Coran et les disciplines qui en découlent y sont habituellement enseignés.

Par ailleurs, la *zaouiya* des campagnes, édifice modeste, sert également de mosquée. Ceci accentue son image de sanctuaire para-islamique ou même hérétique compte tenu des pratiques maraboutiques qui s'y déroulent parfois.

1. Mais c'est Nizam al Mulk (XIe siècle), puissant vizir du sultan Malik Chah, qui lui donna son impulsion.

2. Ibn Jobaïr, *Voyages*, *t.* 3, p. 330, Paris, Paul Geuthner, 1953-1956.

FÊTES ET RITUELS

L'ÈRE HÉGIRIENNE EST LE FONDEMENT DU CALENDRIER MUSULMAN TANDIS QUE L'ANNÉE LUNAIRE RYTHME LA VIE DES CROYANTS

Les rites de la naissance, de la protection et de la mort sont un savant mélange de coutumes et de prescriptions religieuses. Dans la vie quotidienne, les musulmans ne croient à aucune force extérieure à Allah, mais il leur arrive dans des moments de désarroi de recourir à des talismans pour se protéger du mauvais œil et de la *jettatura*[1]. Ces talismans comportent des versets coraniques et rappellent la supériorité de Dieu sur Satan.

Les rites et interdits alimentaires sont particulièrement importants. Les pratiques alimentaires musulmanes sont rigoureusement codifiées. Les ouvrages de théologie et de jurisprudence détaillent à l'excès les mille et une situations – médicales, purificatrices, sacrificielles… – qui permettent à une viande d'acquérir le statut de viande *halal* ou qui, à l'inverse, la rendent impropre à la consommation. Les interdits alimentaires s'étendent par exemple aux viandes licites qui ne proviennent pas d'une bête immolée au nom d'Allah ou qui a été capturée à d'autres fins que la consommation. "Voici ce qui vous est interdit : la bête morte, le sang, la viande de porc ; ce qui a été immolé à un autre que Dieu ; la bête étouffée, ou morte à la suite d'un coup, ou morte d'une chute, ou morte d'un coup de corne, ou celle qu'un fauve a dévorée – sauf si vous avez eu le temps de l'égorger – ou celle qui a été immolée sur des pierres" (*La Table servie*, V, 3). Une réprobation similaire touche les viscères et la charogne, car en effet il est dit que : "Ni leur chair, ni leur sang n'atteindront jamais Dieu" (*Le Pèlerinage*, XXII, 37).

Quant au sacrifice et à l'immolation, héritages de l'Arabie ancienne, ils ont été renforcés et confirmés par le Coran : "Nous avons placé les animaux sacrifiés au nombre des choses sacrées de Dieu. Il y a là un bien pour vous. Invoquez le nom de Dieu sur ces animaux prêts à être égorgés puis, quand ils gisent sur le flanc, mangez-en et nourrissez celui qui s'en contente et celui qui mendie" (*Le Pèlerinage*, XXII, 36). En islam, le plus important des sacrifices rituels est l'immolation d'une bête, mouton, chameau, taureau ou chèvre. Les musulmans commémorent ainsi le geste d'Abraham qui, suivant les injonctions divines, devait sacrifier son fils Ismaël. Cette fête, dite "fête de l'Immolation" (*'Aïd al-ad'ha*), est appelée *'Aïd al-kébir* (Grande Fête) pour la distinguer de la fête qui clôt le ramadan. Elle a lieu le 10 du mois du pèlerinage sacré (*Dhou al-hijja*). Mouslim (816-873) rapporte le mot suivant, attribué au Prophète : "Quand vous égorgez un animal, égorgez-le d'une excellente manière : que chacun de vous aiguise sa lame et qu'il ne maltraite pas l'animal qu'il va sacrifier[2]."

Pour qu'une telle viande soit licite (*halal*), il faut que le sacrificateur – tout musulman majeur, en état de pureté canonique et habile dans ce domaine – se soumette à des prescriptions rituelles très précises : direction de La Mecque, invocation du nom d'Allah, gorge tranchée avec dextérité sans que pour autant la tête ne soit séparée du cou. Certaines bêtes sont impropres à la consommation : chien, chat, loup, renard, sanglier et porc. Il en va de même pour le corbeau, en raison des mauvais présages qui lui sont associés, et plusieurs rapaces. Ces derniers, qui ne répugnent pas à se nourrir de la chair humaine, peuvent créer des précédents d'anthropophagie.

Les jurisconsultes musulmans en déconseillent la consommation. En Europe, le caractère licite de la viande est établi par les services vétérinaires de la grande mosquée. Mais ce rite sacrificiel, l'*Aïd al-Kébir*, est loin d'être le seul. Il s'inscrit dans le cadre plus vaste des rites alimentaires arabo-musulmans qui font encore place à certaines croyances populaires.

Le rite de la circoncision tient lui aussi une place très importante. Même si le Coran ne la mentionne nulle part, la circoncision (*khitan*) est une pratique arabo-bédouine et sémitique fortement recommandée pour les enfants mâles. Progressivement, elle a su trouver sa place dans le dispositif rituel du monde musulman, notamment dans sa partie centrale (Iran, Turquie, Égypte, Arabie, Afrique musulmane et Maghreb). Elle s'est imposée comme tradition collective pour symboliser une forme d'achèvement, mais sans se substituer à la foi. La circoncision répond autant à des impératifs religieux qu'à des exigences médicales, hygiéniques et sociales. Selon les régions, elle est pratiquée entre 3 et 9 ans. La tendance actuelle vise à la rendre moins douloureuse, notamment en la préconisant à un âge plus précoce et en la faisant pratiquer par un médecin pédiatre ou un chirurgien, censés opérer dans des conditions d'asepsie satisfaisantes.

Les rituels renforcent l'adhésion et le respect du musulman pour sa religion. Source de dogme et de loi, ils sont également un différenciateur de croyance, ainsi que l'exprime le Coran : "Nous avons établi des rites pour chaque communauté afin que les hommes invoquent le nom de Dieu" (*Le Pèlerinage*, XXII, 34). Enfin, puisqu'ils sont des relais d'identification pour des millions de gens, les rituels sont des pôles de respiritualisation de la vie religieuse.

Autres moments forts de la vie religieuse, les fêtes qui marquent l'année musulmane. Le calendrier musulman (ou ère hégirienne) repose sur l'année lunaire. Celle-ci débute officiellement le 24 septembre 622 après Jésus-Christ, ce qui correspond au 12 *Rabi' al-awwal*, de l'an I de l'hégire[3]. Le mot *hijra* signifie "s'exiler", "émigrer", "s'expatrier", ce qui explique que l'année musulmane soit l'avènement d'un cycle nouveau et non pas seulement le refus du calendrier païen du Hidjaz préislamique. Cet exode rappelle que le 16 septembre de l'an 622, persécutés par leurs adversaires de La Mecque, le Prophète et ses compagnons ont dû émigrer vers Yathrib, ancien nom de Médine. Médine devint ainsi le refuge de la communauté islamique, le lieu d'adoption de la nouvelle foi et la première cité-État. L'année musulmane est une année de douze mois lunaires de vingt-neuf ou trente jours. Elle est de 355 ou 356 jours, soit une différence d'environ onze jours avec l'année solaire d'où provient l'écart annuel entre le calendrier hégirien et le calendrier grégorien. Les noms des mois musulmans sont les suivants : *Moharram, Safar, Rabi' al-awwal, Rabi' at-thani, Joumada al-oula, Joumada at-thaniya, Radjab, Cha'ban, Ramadan, Chawwal, Dhou al-qa'da, Dhou al-hijja.* Les mois sacrés évoqués par le Coran sont au nombre de quatre et sont appelés "mois de Dieu" :

– *Moharram* (littéralement interdit, prohibé et, par conséquent, sacré) est le premier mois de l'année hégirienne ;

– *Radjab* est un mois qui était déjà vénéré avant l'arrivée de l'islam ;

– *Dhou al-qa'da* qui signifie "le mois du repos" est le onzième mois de l'année. C'est un mois de trêve pendant lequel les clans suspendent tout conflit et vaquent à leurs occupations commerciales ;

– *Dhou al-hijja* est le douzième mois de l'année musulmane et aussi le mois du pèlerinage à La Mecque.

De nombreuses fêtes et cérémonies marquent également l'année musulmane :

I. Le Nouvel An (*Ras al-'am*), le 1 *Moharram.* C'est le début du calendrier musulman. Les Iraniens restent quant à eux attachés au *Now-Rouz* (littéralement : "Lumière nouvelle"), nouvel an sassanide ayant survécu à l'avènement de l'islam et dont la fête a lieu après l'équinoxe de printemps (21 mars).

II. 'Achoura, le 10 *Moharram.* Au cours de cette journée, beaucoup de musulmans jeûnent, prient et s'adonnent à des activités rituelles. Il en va autrement chez les Chi'ites pour lesquels ce jour faste équivaut à un deuil national. En effet, la *'achoura* rappelle le souvenir douloureux de la mort de Houssaïn – deuxième fils de l'*imam* 'Ali – qui survint le 10 *Moharram* 680 à Kerbala (Irak).

III. La nativité du Prophète (*Mawlid an-nabi*), le 12 *Rabi' al-awwal.* Pendant cette fête anniversaire très suivie dans le monde musulman des séances d'oraisons mystiques et de lecture du Coran sont organisées. Au Maghreb, elle prend le nom de *al-Mouled.*

IV. La nuit de l'ascension du Prophète au ciel (*Laïlat al-mi'raj*), le 27 *Radjab*. Elle eut lieu, selon les récits hagiographiques, dans le courant de la deuxième année de prédication. Bien qu'elle soit peu fêtée par les croyants, la nuit de l'ascension du Prophète est propice aux réunions de méditation, d'invocation à Dieu. Des libations rituelles y sont offertes.

V. La nuit du Destin, dite aussi nuit du Décret (*Laïlat al-qadr*), le 27 *Ramadan*. Elle est la plus importante du mois, puisqu'il s'agit de la nuit de la révélation coranique : "Nous l'avons fait descendre durant la nuit du Décret" (*Le Décret*, XCVII, 1 et 3). Spirituellement, elle vaut mille mois réunis, tandis que le Coran la définit comme une nuit "[de] paix et [de] salut jusqu'au lever du jour" (*Le Décret*, XCVII, 5).

VI. La fête de la rupture du jeûne (*'Aïd al-fitr*), également appelée la "Petite Fête" (*'Aïd as-saghir*), le 1er *Chawwal*. Elle doit son importance à ce qu'elle clôt le mois du jeûne annuel. Elle est célébrée le premier de *Chawwal*, le mois suivant. Une prière importante, faite à la mosquée, marque le début des réjouissances qui durent parfois deux ou trois jours.

VII. La fête du sacrifice (*'Aïd al-ad'ha*), le 10 *Dhou al-hijja*. Elle est aussi connue comme la "Grande Fête" (*Kurban baïram* en Turquie) car elle commémore le sacrifice d'Abraham. Le don et le partage en sont l'essence. C'est dans ce cadre strictement religieux que s'inscrit l'abattage du mouton de l'*Aïd*. Une fois sacrifiée, dépecée et découpée, la bête est destinée à la famille, aux pauvres et aux amis. Il en est de même pour ceux qui se trouvent à La Mecque au moment du pèlerinage. Leur mouton est immolé en des endroits prescrits, tandis que la viande excédentaire est destinée aux plus démunis.

À ce calendrier rituel il faut ajouter d'autres solennités à caractères social et familial comme le mariage (*zawaj*) ou la fin de l'apprentissage coranique (*khatma*). Le mariage par exemple requiert la disponibilité active et complète de toute la famille, parfois même de tout le clan. Le prestige du mariage en terre islamique est si grand qu'il arrive que des familles très modestes tiennent banquet une semaine durant, quitte à se charger de lourdes dettes. Quant à sa signification religieuse, elle vient du fait que, l'islam refusant le célibat, les musulmans suivent l'exemple du Prophète et de ses proches compagnons qui n'ont cessé d'en faire l'apologie. L'apprentissage coranique obéit quant à lui à des règles d'ordre pédagogique et de transmission de la mémoire. Il débute à la petite enfance, dans l'école coranique la plus proche, et se poursuit jusqu'à l'université. La *khatma* ne concerne en théorie que ceux qui ont appris le Coran tout entier, mais les familles sont déjà très heureuses lorsque leur enfant n'en a appris que la moitié ou les trois quarts. Souvent un repas réunissant toute la famille marque l'aboutissement de cette formation.

1. Un mot cependant sur un objet caractéristique du folklore arabe : la main de Fatma. Elle est aussi répandue que le fer à cheval que l'on met au fronton des portes pour éloigner le mauvais sort ou que le dessin du poisson dans les villages de pêcheurs. Si la main de Fatma est un symbole social qui relève surtout de la culture populaire arabo-berbère, elle ne correspond à aucune prescription rituelle, coranique ou traditionnelle.

2. Nawawi, *Les Quarante Hadiths*, p. 46, Paris, Les Deux Océans, 1980.

3. En réalité, la décision de faire débuter le nouveau calendrier à l'époque de l'hégire revient à 'Omar, deuxième calife. Les historiens situent cette décision vers l'an 17, soit en 639 après J.-C.

POSTURES ET ATTITUDES

LA SOBRIÉTÉ COMMANDE TOUS LES ACTES DU MUSULMAN

Pour qu'elle soit identifiée et validée, la croyance suppose, aux yeux des théologiens musulmans, une série d'attitudes significatives par lesquelles on la rend visible à soi et à autrui.

Ces attitudes concernent la conduite sociale et individuelle : manière de s'habiller, prière, coupe des cheveux et des ongles, port du voile pour la femme, hygiène corporelle. Abou-Horeïra (VIIe siècle) rapporte que le Prophète Mohamed avait déclaré que cinq actes étaient recommandés pour le musulman, outre ceux qui sont prescrits par le Coran, ou la *sounna* : la circoncision, le fait de se raser le pubis et les aisselles pour les femmes, se couper les ongles et se tailler la moustache. L'islam est ainsi riche de mille gestes qui le distinguent sans coup férir des autres grandes religions du Livre, judaïsme et christianisme, mais également du bouddhisme, du shintoïsme, des religions animistes, du chamanisme et, enfin, des religions amérindiennes.

– Le corps et la prière : l'aspect extérieur le plus manifeste de la prière musulmane tient aux multiples postures successivement données au corps : inclinaison, agenouillement, prosternation, position verticale, gestes de salut et de bénédiction en direction d'Allah, etc. L'extension de l'index – le doigt de la profession de foi (*chahada*) – est requise à la fin de chaque prière musulmane. Toute cette gestuelle procède d'une injonction coranique d'humilité (*khouchou'*) qui apparaît des dizaines de fois dans le Coran (dix-sept fois pour la seule prosternation) et dont le prototype pourrait être ce verset de la sourate *al-Fath* : "Tu les vois (les musulmans) inclinés, prosternés, recherchant la grâce de Dieu et sa satisfaction. On les reconnaît car on voit sur leurs fronts les traces de leurs prosternations" (*La Victoire*, XLVIII, 29).

L'inclinaison et la prosternation servent même à caractériser les musulmans car il est dit que ce sont ceux qui "s'inclinent et se prosternent" (*L'Immunité*, IX, 112). Grâce à cette obéissance, ils s'opposent à Iblis, archétype du démon en islam, qui a refusé de se

prosterner, ainsi que le rapporte le Livre saint : "Lorsque nous avons dit aux anges : 'Prosternez-vous devant Adam !', ils se prosternèrent, à l'exception d'Iblis qui refusa et qui s'enorgueillit. Il était au nombre des incrédules" (*La Vache*, II, 34).
– L'hygiène : l'attitude de l'islam face à la propreté corporelle (*tahara*, *nadhafa*) est liée à la foi selon les termes d'un propos prophétique très connu : "La propreté est partie intégrante de la foi[1]." Toute la philosophie islamique du bain et des ablutions, petites ou grandes, ainsi que celle qui préside à l'hygiène générale du croyant, prend sa source dans ce précepte. Il en va ainsi par exemple du hammam, établissement de bains situé à la charnière de deux univers complémentaires, l'un sacré, celui de la mosquée, et l'autre profane, celui de l'échange, de la rue, du souk, etc. Dans tous les autres cas, la bonne odeur et la propreté sont recommandées, même si – odeur de sainteté oblige ! – "le relent de la bouche de celui qui a jeûné est plus agréable à Dieu que l'odeur du musc[2]."

La taille des éléments cornés est codifiée. Le Prophète portait une barbe qui tenait, dit-on, dans la paume d'une main, sans dépasser la base du cou (*tolia*). Il la nettoyait, la lissait et la parfumait. Depuis, la taille de la barbe et *a fortiori* celle de la moustache sont devenues des conditions d'hygiène que l'islam encourage. L'excès étant mal vu, dans ce domaine comme en toute chose, une barbe qui descend jusqu'à la poitrine n'est pas un signe de plus grande vertu. Les ongles doivent être coupés et les extrémités toujours tenues propres. Selon les mots mêmes du Prophète, rapportés par Abou Horeïra et, à sa suite, par El-Bokhari, l'épilation et le rasage du pubis féminin sont bienvenus, ainsi qu'une coiffure correcte.
– Les interdits : outre la viande de porc et toute autre viande non immolée au nom d'Allah, l'islam interdit la consommation de toute boisson alcoolisée, même si le degré d'alcool est imperceptible. Il en va ainsi par exemple des apéritifs, des vins, des gâteaux où une larme d'alcool aurait coulé, des chocolats fourrés, des sirops, des civets arrosés, trempés ou parfumés à un vin ou un alcool quelconque, même un résidu. L'islam interdit également les jeux de hasard, condamne les gains illicites, les jeux à gages et les prêts à intérêt, réprouve les béné-

fices obtenus grâce au loto, casino, etc. Ces interdictions découlent d'une prescription coranique : "On t'interrogera sur le vin et le jeu de hasard, réponds : 'Il y a dans l'un et l'autre un grave péché et des avantages pour les hommes. Mais le péché l'emporte sur les avantages (qu'ils procurent)'" (*La Vache*, II, 219).

La volonté affichée de l'islam est de faire prévaloir le contrôle de l'individu sur son libre arbitre, car il y a dans la liberté de choix un risque non négligeable d'abandonner au profit du jeu et de ses "attraits diaboliques" les obligations religieuses les plus rudimentaires.

1. *Hadith* du Prophète.

2. *Hadith* rapporté par El-Bokhari, *Les Traditions islamiques*, t. 4, p. 127, Paris, Adrien Maisonneuve, 1984.

LE CHAPELET

MISBAHA
LA RÉCITATION INDÉFINIE DU NOM D'ALLAH

La récitation des quatre-vingt-dix-neuf attributs d'Allah au moyen d'un rosaire appelé *soubha* ou *misbaha* est une vieille pratique mnémotechnique en usage dans tous les pays musulmans. Le symbolisme lié au chapelet est celui de la "chaîne des mondes". À cela s'ajoute une référence discrète à la numérologie sacrée, car le symbolisme des nombres traverse de part en part l'activité du méditant.

L'usage veut que l'on récite, avec dévotion et de manière indéfinie, des litanies appelées *wird*[1], les grains du chapelet ayant ici pour fonction de favoriser la concentration et le rythme et de ponctuer l'exercice. Grâce au chapelet sont également égrenées des formules rituelles plus classiques comme la *chahada*, qui consiste à rappeler l'unicité divine, et le *tahmid*, le fait de remercier Allah pour sa bénédiction. La structure ternaire du chapelet (trois sections de trente-trois grains chacune) contribue à lui donner une signification symbolique particulière. Il existe par ailleurs des chapelets de trente-trois grains utilisés pour clore les prières. Pour l'islam, les grains sont au nombre de quatre-vingt-dix-neuf et correspondent aux beaux noms d'Allah, *al-asma al-housna*, alors que le centième attribut constitue le mystère le plus complet.

En réalité, ce centième chiffre ne manque qu'en apparence, puisque les deux bouts du fil réunissant les quatre-vingt-dix-neuf grains se rejoignent dans une sorte de corne longiforme qui symbolise le nom Allah. Mais les théologiens demeurent partagés sur cette explication, certains d'entre eux répugnant à voir l'essence du Dieu créateur se résumer à cet appendice.

On ne connaît pas exactement l'origine du chapelet, mais il est probable que ce soient les courants de la mystique *soufi* des deux premiers siècles de l'islam, inspirés par de lointaines origines indo-iraniennes qui en introduisirent l'usage. Les longues séances de méditation (*zikr*) impliquent en effet des oraisons qui requièrent l'usage du chapelet.

Le chapelet est devenu une réalité visible de la cité islamique. Certains croyants ne s'en séparent jamais. Souvent faits de bois, ils peuvent aussi être réalisés en matières plus précieuses comme l'onyx ou l'ivoire. Tout en traduisant l'attachement du croyant à sa foi, l'usage du chapelet sert au renforcement de la croyance du fidèle et à son perfectionnement permanent.

1. "Que Dieu soit glorifié, louange à Dieu, Allah est le plus grand" (*Sobhane Allah, Al-Hamdou lillah, Allahou akbar*).

LE VÊTEMENT

SIGNE DE DÉCENCE ET D'ADHÉSION À L'ESPRIT DE LA RELIGION

Pour se vêtir, surtout au moment des fêtes ou pour se rendre à la mosquée, les musulmans préfèrent les longues tuniques blanches (*qamiç*) qui masquent leurs formes et qui les protègent en même temps des ardeurs du climat.

Le turban et la calotte, couvre-chefs traditionnellement attachés à l'aire islamique, ont la même fonction. Le vêtement de ville fait une large place aux matières fines, coton, lin, soie ; celui de la campagne est plus rude et la laine y est souvent plus présente. L'origine du terme turban est imprécise, car chaque pays le nomme différemment. En Algérie, on utilise de préférence le mot *a'mamâ* et, en Tunisie, le terme *tarbouche* qui est également employé en Égypte. Réservé surtout aux dignitaires musulmans, le turban a pris des formes très variées selon les régions musulmanes, surtout pendant la période où l'islam unifié était le limon et le ciment de vastes régions du Globe. En effet, le mariage souvent réussi entre le turban et le fez ottoman, ou la tiare sassanide, la calotte moghole, le litham targui et le chèche maghrébin, tous destinés à couvrir ou à envelopper la tête, a favorisé l'émergence et la préservation d'une spécificité du vêtement local et de ses accessoires. Ceci est également vrai pour l'islam asiatique, africain ou celui des Balkans et même pour l'Andalousie almohade, où l'on observe une tolérance réciproque entre le costume dit arabe et certains éléments du costume ibérique.

À partir du XIXe siècle, à la faveur de la colonisation, le costume européen s'est répandu. Le vêtement en islam apparaît comme un indice de vitalité de la religion, car, comme pour l'architecture religieuse (mosquées, mausolées, *médersas*), il s'est imposé dans certaines contrées nouvellement islamisées.

Idéalement, les femmes doivent se voiler chaque fois qu'elles sortent de leur foyer, soit pour aller à la mosquée, soit pour vaquer à leurs occupations. Il s'agit là d'une prescription coranique qui ne doit souffrir aucune exception.

Porter le voile[1] équivaut pour la femme à une manifestation de vertu : "Dis aux croyantes : de baisser leurs regards, d'être chastes, de ne montrer que l'extérieur de leurs atours, de rabattre leurs voiles sur leurs poitrines, de ne montrer leurs atours qu'à leurs époux, ou à leurs pères, ou aux pères de leurs époux, ou à leurs fils, ou aux fils de leurs époux, ou à leurs frères, ou aux fils de leurs frères, ou aux fils de leurs sœurs, ou à leurs servantes ou à leurs esclaves (personnes dépendantes), ou à leurs serviteurs mâles incapables d'actes sexuels[2], ou aux garçons impubères" (*La Lumière*, XXIV, 30-31).

Au VIIe siècle, le voile caractérisait le harem du Prophète ; c'était un signe de distinction grâce auquel une femme de bonne extraction entendait montrer qu'elle était vertueuse : "Ô Prophète ! Dis à tes épouses, à tes filles et aux femmes des croyants de se couvrir de leurs voiles : c'est pour elles le meilleur moyen de se faire connaître et de ne pas être offensées" (*Les Factions*, XXXIII, 59). Plus tard, au temps des Mamelouks égyptiens, entre 1258 et 1512, le voile, qui symbolisait toujours la distinction sociale, était surtout porté par les citadines du Caire.

Le voile définit les limites de l'inviolabilité des personnes, surtout des femmes, car il s'agit moins de les cloîtrer – un concept nouveau – que de symboliser leur pudeur, leur respectabilité. Face à la question du voile, l'attitude officielle des pays musulmans est très contrastée.

Des pays comme l'Iran, le Soudan et, depuis peu, l'Afghanistan imposent le port du voile, d'autres comme l'Égypte et l'Algérie l'acceptent plus difficilement. D'autres encore, comme la Tunisie, le combattent ouvertement. Depuis longtemps, en Arabie, au Yémen et dans les autres pays du Golfe, les femmes portent un voile sans que jamais cette situation n'ait paru étrange ou sujette à exégèse.

En France, où il est l'un des signes de différenciation de la femme musulmane, le voile continue à être un sujet de polémiques alors que la Grande-Bretagne par exemple le tolère beaucoup mieux. Il y va souvent du leadership des partis en présence, surtout lorsque les musulmans, individuellement ou collectivement, sont en contact avec des milieux laïcs où, traditionnellement, la femme est découverte. Un problème similaire se pose pour la mixité. Alors qu'elle est totalement prohibée dans le monde musulman, elle est considérée comme un acquis social dans les pays européens.

En tout temps et en tout lieu, la fonction du vêtement est d'assurer sobriété, décence et pudeur. Ibn 'Abbas (VIIe siècle), un compagnon du Prophète, a dit : "Mange ce que tu veux, porte comme vêtement ce qui te plaît, pourvu que tu ne commettes aucune de ces deux choses : la prodigalité et la parcimonie."

1. Selon les pays, le voile est appelé : *litham* (monde arabe), *tchador* (Iran) et *tchadri* (Afghanistan), *tcharchaf* (Turquie), *safsari* (Tunisie), *hidjab, haïq* (Algérie)...

2. Très exactement : "aux gens de leur suite sans désirs concupiscents".

L'EAU

SOURCE DE VIE ET ÉLÉMENT IMPORTANT DU RITE

En islam, plus que tout autre élément, l'eau est bénie, car elle est un jaillissement qui inonde l'homme de sa providence divine et de sa faveur : "Nous faisons descendre du ciel une eau bénie grâce à laquelle nous faisons croître des jardins, le grain que l'on moissonne, les palmiers élancés porteurs de régimes bien ordonnés, pour nourrir nos serviteurs" (*Qaf*, I, 9-11).

L'eau a différentes origines et fonctions : il y a l'eau des ablutions, l'eau du puits de *Zemzem*, l'eau de l'outre des caravaniers, l'eau du puits ou de l'oasis, l'eau des fontaines et des robinets.

On peut lire dans la sourate *Les Prophètes* : "Les incrédules n'ont-ils pas vu que les cieux et la Terre formaient une masse compacte ? Nous les avons ensuite séparés et nous avons créé, à partir de l'eau, toute chose vivante. Ne le croient-ils pas ?" (*Les Prophètes*, XXI, 30).

Au regard du dogme musulman et compte tenu des très fortes prescriptions d'hygiène de l'islam, l'eau est présente au commencement de la plupart des rituels de sacralisation ou de purification.

Dans cet ensemble symbolique qui relève autant de la mythologie régionale que des allégeances aux ancêtres fondateurs, l'eau sacrée de *Zemzem*, dont la source est située dans la cour du Hijr, au pied de la Kaaba est l'un des éléments qui impressionne le plus le pèlerin.

Ibn Battuta (1304-1377), géographe et voyageur tangérois, rapporte une croyance des Mecquois de son temps selon laquelle l'eau de *Zemzem* augmente et gonfle miraculeusement toutes les nuits du jeudi à vendredi[1].

L'historiographie musulmane avance que la fontaine de *Zemzem* a jailli sous les pieds d'Ismaël, fils aîné d'Abraham, lorsque sa mère Hagar, manquant d'eau, en chercha désespérément entre deux monticules voisins de la Kaaba, Safa et Marwa. À en croire le grand historien arabe Tabari (838-923), c'est Ismaël qui déclencha le miracle : "Ismaël se mit à pleurer, suivant l'usage des enfants lorsqu'ils se trouvent sans leur mère, et ayant frappé du talon contre terre, comme font encore les enfants, une source parut sous son talon[2]."

Si *Zemzem* tient une telle importance dans le dispositif rituel du pèlerinage, c'est parce qu'elle rappelle et symbolise au mieux la mythologie des anciens Arabes, qui accordaient à l'eau une importance démesurée.

Rappelons enfin la puissance majestueuse qu'occupe le quatuor fluvial Kawtar, Salsabil, Euphrate et Nil. Les deux premiers, appelés "fleuves intérieurs", sont au paradis. Les deux autres, dits "fleuves extérieurs", sont l'Euphrate et le Nil. L'Euphrate coule en Irak où, avec le Tigre, il forme un immense delta sur le golfe arabo-persique. Le Nil est un fleuve immense, le plus long du monde (6 671 km). Il traverse successivement le Kenya, le Rwanda, le Burundi, le Congo, l'Éthiopie, le Soudan, et l'Égypte pour se jeter en Méditerranée. De l'Antiquité (Plutarque en parlait déjà) jusqu'à la construction du barrage d'Assouan par les Soviétiques, à partir de 1958, son débit a été particulièrement dévastateur pour l'agriculture égyptienne et parfois pour les habitants eux-mêmes.

Dans le paradis musulman, immense jardin verdoyant, coulent Kawtar et Salsabil, deux rivières citées par le Coran, mais également des ruisseaux de lait, de vin, de miel et d'eau : "Voici la description du Jardin promis à ceux qui craignent Dieu. Il y aura là des fleuves dont l'eau est incorruptible, des fleuves de lait au goût inaltérable, des fleuves de vin, délices pour ceux qui en boivent, des fleuves de miel purifié. Ils y trouveront aussi toutes sortes de fruits et le pardon de leur Seigneur..." (*Mohamed*, XLVII, 15).

Il est également question de fontaines jaillissantes dont la vertu est de rafraîchir les élus qui séjournent au paradis. Enfin, pour idyllique qu'il soit déjà, ce tableau serait incomplet si on le privait des évocations de verdure, d'oasis, de récipients gorgés d'eau et des gobelets d'argent où coule un vin rare et cacheté. La bénédiction dispensée par l'eau est à la fois immédiate (l'eau maintient la vie du chamelier dans le désert) et complexe (l'eau est à la fois purificatrice, bienfaisante, régénératrice). L'eau opposée au feu, et parfois aussi à la Terre, représente la partie froide de la nature humaine mais il ne semble pas que l'islam ait été sensible à cette dimension, privilégiant au contraire son jaillissement, son mouvement et son dynamisme.

Ne symbolise-t-elle pas aussi la nature régénérée, la toute-puissance divine, la miséricorde d'Allah ? D'autant que dans la sourate *an-Noûr* le Coran atteste clairement que : "Dieu a créé tous les êtres vivants à partir de l'eau" (*La Lumière*, XXIV, 45).

1. Ibn Battuta, *Voyages*, t. 1, p. 319, Paris, La Découverte, 1982.
2. Tabari, *Chronique traditionnelle*, t. 1, p. 164, Paris, Sindbad, 1980.

LA COULEUR

TOUTES LES COULEURS SONT RESPECTÉES EN ISLAM. CERTAINES, COMME LE VERT, SONT PRIVILÉGIÉES

La couleur de l'islam est le vert, car le vert est d'abord la couleur de l'étendard du Prophète et de la robe d'ʿAli (mort en 661), le quatrième calife de l'islam. Depuis, les descendants du Prophète (*charif*) ont considéré le vert comme la marque de leur règne, la couleur étant l'un des liens qui renvoie, même indirectement, à la période prophétique.

Dans la vie quotidienne le vert joue un rôle qui confirme et renforce une position acquise au fil du temps. En Syrie, on dit d'une personne qui a la *baraka* qu'elle a la "main verte". Cette personne est de bon augure.

Symbole du renouveau printanier, autre signe du vivant, le vert est la couleur de la joie, de la réussite et du bonheur. Le vocabulaire arabe qui traduit les nuances du vert est très étendu. Il est en vigueur dans le Coran, imprègne la langue théologique et s'impose autant dans la littérature que dans la poésie classique. Enfin, un nombre important de corps de métiers, teinturerie, décoration, enluminure, chimie, botanique, horticulture, agriculture, lui réserve une place de choix. Même s'il n'existe aucun lien véritable avec le Créateur, le vert est tellement respecté que certains musulmans, très pieux, hésitent à prier sur un tapis vert de peur d'offenser l'islam.

Au contraire, pour bien exprimer la foi et l'attachement au dogme, et puisque le vert symbolise l'espoir et la paix, les mosquées, les catafalques, les intérieurs de maisons ainsi que les emblèmes royaux, tribaux et familiaux sont souvent revêtus de vert.

On connaît enfin la place dominante qu'occupe le vert dans la symbolique héraldique et dans la confection des drapeaux nationaux : royaume d'Arabie saoudite, Libye, Pakistan, archipel des Comores,

Mauritanie, etc. Il est très présent dans de nombreux autres drapeaux : étoile chérifienne du drapeau marocain, bandes latérales ou transversales des drapeaux algérien, koweïtien, jordanien, irakien, iranien, etc.

À la force du vert viennent s'ajouter quelques autres couleurs porteuses elles aussi d'une symbolique ou d'un signe d'appartenance.

La couleur noire a acquis une importance qui s'est maintenue des siècles à partir de l'utilisation qu'en a faite la dynastie abbasside, dynastie établie à Bagdad dès la fin du VIIIe siècle. Dans la Perse antique, l'Iran actuel, le noir représentait le diable, tandis que le jaune était la couleur du deuil, parfois de la jalousie. Aujourd'hui, le vêtement des mollahs est ou noir, ou blanc, ou utilise les deux. Depuis la mort de l'*imam* Houssaïn, lors de la tristement célèbre bataille de Kerbala (680), le noir, signe de deuil, est devenu le symbole du chi'isme dans son ensemble et en particulier celui du clergé. La signification du voile noir des Iraniennes (*tchador*) se rattache à ce contexte.

Le blanc (blanc du linceul, blanc des anges, etc.) est une couleur complexe chez les musulmans. Elle est celle de la *gandoura* du grand cheik et du *qamiç* (longue tunique) de l'étudiant, mais aussi celle du linceul. Cependant, si l'on se fonde sur un *hadith* du Prophète : "Dieu aime les vêtements blancs, et il a créé le Paradis blanc", on peut estimer que cette couleur est plutôt positive en islam.

Au Maghreb et en Égypte, les couleurs de terre s'imposent, même si le vert et le blanc continuent à symboliser des sentiments nobles ou abstraits. La *kachabia* des hauts plateaux algériens est de couleur brune ou sombre, tandis que dans le Constantinois le voile est noir.

Au temps de l'Espagne andalouse, le rouge, couleur de feu et de sang, couleur de la passion, a dominé le costume, ainsi qu'on le voit, de nos jours, dans le vêtement de la danseuse flamenco. Aujourd'hui encore, le rouge se maintient solidement dans les usages les plus divers, notamment ceux du folklore et de l'habillement. Par ailleurs, les drapeaux nationaux de plusieurs pays musulmans sont dominés par le rouge : Tunisie, Indonésie, Maroc et Turquie. Dans ce dernier cas, le rouge rappelle les origines ottomanes (XIII-XXe siècles) de l'emblème national. Enfin, le rouge intervient partiellement dans d'autres drapeaux, notamment ceux qui, peu ou prou, s'inspirent des quatre couleurs du panarabisme défunt (rouge, blanc, noir et vert), comme l'Égypte, l'Irak et la Syrie, mais aussi la Jordanie, le Koweït, les Émirats arabes unis, le Soudan, le Yémen, etc.

Les musulmans ont une perception colorée de l'au-delà. Le paradis lui-même, outre qu'il est "blanc" comme on l'a vu précédemment, est riche de mille autres couleurs. Elles sont évoquées par l'abondance de soieries, de boissons délicieuses et de bruissements d'eau. À propos des Élus, le Coran précise : "Ils seront parés de bracelets d'or; ils seront vêtus d'habits verts, de soie et de brocart; ils seront accoudés sur des lits d'apparat" (*Le Récit*, XVIII, 31). Et dans la sourate *al-Insân* : "Ils porteront des vêtements verts, de satin et de brocart" (*L'Homme*, LXXVI, 21).

Ainsi, dominé par l'ombre apaisante et joyeuse du vert, le champ chromatique de l'islam se veut une réponse adaptée aux aspirations de calme et de sérénité du musulman.

Remerciements

Marc-Alain Ouaknin

Ce livre est le fruit d'un dialogue et d'une belle amitié entre des passionnés du livre ; je salue et remercie ici Martine et Prosper Assouline.
Un livre, c'est aussi tous ceux qui lui permettent d'exister physiquement et de circuler pour transmettre la passion des idées qui nous apprennent à toujours aller au-delà de nous-mêmes. Que soient chaleureusement remerciés l'équipe de la rue Casanova et de la place Vendôme.
Ce livre est pour moi l'occasion de dire ma reconnaissance amicale et d'adresser mes remerciements particulièrement chaleureux à nos ambassadrices de talent, Valérie Solvit et Emmanuelle Ribes.
À tous encore merci et aux prochaines rencontres…

Dom Robert Le Gall

Au terme de l'élaboration de ce livre, je remercie vivement le cardinal Jean-Marie Lustiger, archevêque de Paris, pour sa confiance : il a souhaité que je l'écrive. Je suis reconnaissant à ma communauté pour son soutien : elle a pris à cœur cette mission. J'ai accepté ce travail dans la conviction qu'il pouvait être un instrument de nouvelle évangélisation, en faisant découvrir ou redécouvrir aux nouvelles générations leurs racines spirituelles.
L'initiative est venue des Éditions Assouline, renommées pour la qualité de leurs livres d'art. Merci à toute l'équipe pour son efficacité tonique.
Je remercie enfin cordialement Bernard Huchet, chartiste, pour son aide amicale lors de la révision du texte pour cette édition destinée à un large public.

Claude B. Levenson

À tous ceux qui, par leurs connaissances et leur savoir-faire, ont contribué à réaliser cet ouvrage dans une atmosphère de cordiale collaboration. À Marc-Alain Ouaknin, pour le clin d'œil. À Claudio Tecchio, de Carmagnola. À Tenzin Geyche Tethong et au vénérable Lhakdor, à Pémala, de Dharamsala. À mon premier et plus fidèle lecteur de toujours. À Sa Sainteté le Dalaï-Lama qui m'a ouvert la voie.

Malek Chebel

Je tiens à remercier mes trois familles : ma famille immédiate, ma femme et mon enfant, ainsi que mes proches parisiens. Je dois à ma mère et à mon frère, restés à Skikda, des remerciements anciens qui n'ont jamais été formulés et qui prennent tous les jours plus d'importance. Je dois enfin des remerciements à ma grande famille, très pieuse. Elle m'a permis de découvrir les profondeurs insoupçonnées du savoir, des peuples et des continents.

Que ces trois familles trouvent ici les marques de mon profond attachement à eux.

Chez le même éditeur :
Collection “Symboles des religions”

Symboles du judaïsme
Auteur : Marc-Alain Ouaknin. Photos : Laziz Hamani.

Les Symboles catholiques
Auteur : père Dom Robert le Gall. Photos : Laziz Hamani.

Symboles du bouddhisme
Auteur : Claude B. Levenson. Photos : Laziz Hamani.

Symboles de l’islam
Auteur : Malek Chebel. Photos : Laziz Hamani.